包摂の学級経営

若手教師は現場で主体的に育っていく

中村 映子　著

はじめに

　「子ども主体」や「児童尊重」、「多様性を尊重する学級づくり」の重要性が言われて久しい。しかし、具体的な実践は依然として困難な状況にある。そうした中、学級の全ての子どもの状況をより良くする「包摂の学級経営」の実現を目指し改善に取り組んだ若手教師の職能発達過程を紹介したのが本書である。

　これからの学校教育にとって「包摂」は必要な概念であり、公立小中学校において全ての子どものニーズや多様性に対応する子ども主体の学級経営の具現化は重要である。とりわけ小学校の若手教師の場合、どのような学級経営を目指すかという方向性は、一人の教師としてどのような職能発達を辿るかに関連する重要な点である。教師の若年化が進行する今日、学級経営実践の当事者である若手教師自身の意思決定プロセスや声、視点に基づく職能発達研究の蓄積が必要である。

　本書では、「包摂の学級経営」の実現を目指すアクションリサーチを通した学級経営改善を契機として、小学校の若手教師がどのように職能発達をとげていったのか、その「過程」を実証的に明らかにした。具体的には、社会経済的に厳しい地域にある公立小学校に勤務する教職経験4〜10年の若手教師2名を事例とし、特別活動や生徒指導を中核にした実践や同学年の他の教師との協働を通して、いかにして主体的に教師としての力量を高めていったのか、その「過程」を若手教師自身の「声」を丁寧に掬い取りながら検討した。

　子どもや教師、学校に関わる問題は山積しており、それらの根本的な解決には、制度的、構造的な改革議論も勿論必要であろう。一方、現場で教育実践に携わる教師の立場では、子どもとの相互作用や同僚教師との協働を通して日々の学級経営を見直し、周辺化されがちな子どもの見えにくさにも向き合い、全ての子どもが潜在的な力や可能性を発揮できるよう、できるところから改善していくことが必要である。本書は若手教師の職能発達という窓から実践事例を発掘、可視化して広く共有することを試みた。こうした実践の中に、紛れもなく教職の専門性が存在すると考えるからである。

　著者としては、現職の先生方や管理職の先生方、若手の先生を支援（応援）する全ての方々に本書を手に取っていただきたい。「学級経営」「特別活動」「生徒指導」と「教師教育（職能発達）」を複合的・横断的に追究する本書が、包摂の学級経営の推進と若手の先生方に希望をもたらす一助となれば幸いである。

目　次

第Ⅱ部　アクションリサーチを通した学級経営改善過程
　　　　　―管理主義(教師主導)から包摂(子ども主体)へ

第3章　強い教師主導から子ども主体への学級経営改善
　　　　　―ナカニシ先生の事例

結論部　「包摂の学級経営」の実現を目指す若手教師の職能発達

第 I 部

「包摂の学級経営」
とは何か

第1章　なぜ「若手教師の包摂の学級経営」なのか

1. 本書の目的と背景

（1）本書の目的

　本書の目的は、公立小学校における包摂の学級経営の実現を目指す取り組みを通した若手教師の職能発達の特徴を、アクションリサーチを契機とする学級経営実践の変容過程と教師[1]の意識変容過程[2]の連関に着目して明らかにすることである。

　本書は、すべての子どもの立場を尊重し、子どもの多様性を包摂する子ども主体の学級経営である包摂の学級経営を志向する。具体的には「多様な価値観や行動様式を有する子ども、社会的に多様な文化背景をもつ子どもを排除しないで包摂するように配慮されている学級」（白松 2017：pp.48-49）のことであり、アクションリサーチを契機とする包摂の学級経営の具現化（改

---

[1] 本研究では、原則「教師」と表記し、必要に応じて「教員」と表記する。両者の意味の違いを踏まえたうえで（浜田 2014：pp.12-13）、本研究が参照する先行研究では「教師」の方がより広く使用されている点を考慮し、「教師」を使用する。ただし、「教員」を使用している文献は、できる限り出典に従う。

[2] 山﨑（2002）によると、ライフコースは、変容性、多様性、コーホート性、歴史性の4つの特性を有した複合的性格のものであり、これらのうち「変容性」については、フロイト（Freud,S.）の発達段階論からエリクソン（Erikson,E.H.）のライフサイクル論等の系譜を踏まえたうえで質的な転換を伴う概念として捉えている。教師のライフコースは、職業生活及び個人・家庭生活において、定まった段階を順を追って移行していくことだけではない質的な変容性を帯びており、教師が創り出す教育実践も、目的・方法・内容などが変容していく（pp.13-14）。教師としての発達と力量形成の様相を捉えるには、多様性と変容性という視点が重要である（p.357）。本書では、本章第5節（4）で言及するように、教師の職能発達の定義をライフコース研究から導かれた「選択的変容型」発達観（山﨑 2002、2012a）に依拠するため、質的な転換を含む概念としての「変容性」に依拠し、類似の概念である「変化過程」ではなく「変容過程」を適用する。そこでは、実践における行為の変容の過程と教師の意識変容の過程を見ていく。

善）と若手教師の職能発達との繋がりを追究することを念頭に置いている。

　近年、学校現場においては教師の若年化が進み、若手教師にとっては受難の時代である（町支・脇本2015）。これまで教師の成長・発達に関する先行研究では、例えば熟達教師との比較において若手教師は未熟な存在として位置付けられてきた（佐藤・岩川・秋田1990、勝見2011）。しかしながら、学級経営実践の当事者である若手教師自身が学級経営をどのように捉え、実践をどのように位置付けながら発達を遂げていくのかについては明らかにされてきたとは言い難い。若手教師の声を丁寧に掬い取り、「教師になっていく過程」（安藤2000：p.99）の内実を追究することで、発達主体としての若手教師の職能発達の特徴を明らかにしたい[3]。

　ここで先に、本書における研究の経緯の全体像について述べておきたい。本研究は、第一次調査と第二次調査という研究目的の異なる二つの調査に基づく（本章第3節、図1-1参照）。第一次調査の目的は、アクションリサーチ[4]による2名の若手教師の包摂を理念とする学級経営改善方策の実施とそれを通した学級経営実践の変容過程を明らかにすることであったが、アクションリサーチの過程や終了以降において2名の若手教師に重要な職能発達が見られたため、包摂志向の学級経営改善に取り組むことが小学校教師としての職能発達にどのように、なぜ繋がるのかという新たな問題意識に移行した。よって、第一次調査終了後8か月間を経て、目的を改めたうえで追跡調査として第二次調査を実施することとした。第二次調査の目的は、第一次調査において実施したアクションリサーチを契機とする包摂の学級経営を目指す実践の変容過程と教師の意識変容過程との連関に着目して、長期のスパンで若手教師の職能発達の特徴を明らかにすることである。つまり、本書の根本的な問いの対象として、「学級経営」と「若手教師の職能発達」の両方の要素を含んでいるが、本書全体としては後者を主題とする。ただし本章第

---

[3] 本研究では、「教師になっていく過程」を「小学校教師が、包摂を理念とする子ども主体の学級経営を実現する力量のある教師に主体的に育っていく過程」と定義する。

[4] アクションリサーチの有効性については、第2章で詳述する。なおアクションリサーチの表記については、中黒のある「アクション・リサーチ」も見られるが、本研究では原則「アクションリサーチ」と表記し、「アクション・リサーチ」と表記している文献は出典に従う。

6節で詳しく述べるが、「包摂」という概念はプロセスで捉えるものであり、だからこそ「包摂の学級経営」の実現を目指す実践を通した若手教師の職能発達過程の解明は、「教師は現場で育つ」という側面が一体的に論じられる必要があると考える。よって本書では、「学級経営」と「若手教師の職能発達」を切り離すのではなくその連関を検討することを軸に置く。

（2）小学校教師の職能発達における学級経営実践の重要性

　以上の経緯を踏まえて、ここでは小学校教師の職能発達における学級経営の重要性について整理する。

①学級経営実践に着目する意義

　臨床の知とは、「個々の場合や場所を重視して深層の現実にかかわり、世界や他者がわれわれに示す隠された意味を相互行為のうちに読み取り、捉える働き」を特徴とし、抽象性・普遍性・分析性を特徴とする科学の知と区別される（中村 1992：p.135）。換言すれば、個々の場所や時間のなかで、対象の多義性を十分考慮に入れながら、それとの交流のなかで事象を捉える方法であり、フィールドワークの知とも言えるものである（中村 1992：pp.9-10）。「反省的実践家」モデルにおける教師の専門的成長の中核的な場は、実践問題が生起する教室と学校である（佐藤 1997）。だとするならば、一人の学級担任教師が教育活動の大部分を担う小学校教師の職能発達の特徴を明らかにするには、学級をフィールドワークの対象とし、教師の学級経営実践に着目

<hr>

5　2022年度より小学校高学年において教科担任制の導入が始まったが、自治体により実施の程度や形態は異なる。こうした制度的な過渡期であることを踏まえると、小学校は学級担任制であると一概に捉えることはできなくなっている。よって本書ではとりあえず、「一人の学級担任教師が教育活動の大部分を担う小学校」として捉えておきたい。その理由として、現時点では教科担任制は高学年を対象としていること、教科担任制になる教科は限定されていること、小学校と中学校では子どもの発達段階が異なること、中学校で通常配置されている副担任が小学校では配置されていないこと等により、小学校高学年に教科担任制が導入されても、現時点では担任教師の子どもへの関わり方は中学とは大きく異なると考えるからである。また、学級経営における生徒指導や特別活動に関わる実践は、担任教師が中心となって担うことが求められることも変わらないと推測される。よって、小学校の担任教師にとって学級経営実践のあり様が職能発達に深く関連するということは変わらないと考える。

する必要がある[5]。

②教師の意識変容として学級経営観に着目する意義

　本書では、本章第5節（2）で述べるように、教師の意識変容として子ども観や指導観、授業観、学級観などを構成要素とする学級経営観に着目する。

　今津（2012a）は、教師の資質・能力を六層で捉える層構成において、第五層に「授業観・子ども観・教育観の錬磨」を位置付け、六層の根底の「教職自己成長に向けた探究心」に隣接させている（p.64）（本章第4節で詳述）。こうした指摘は、知識や技術の獲得のみならず、子どもとは何か、学級とは何か、望ましい指導とはどのようなものかを考え、目指す学級経営観（子ども観・指導観・授業観・学級観）を問い直し、再構成していくことが職能発達にとって重要であることを示唆している。

　教師の専門性や力量形成における「観」の重要性については、これまでも指摘されてきた。例えば浅田（1996）は、教師教育の観点から、授業場面における教師行動が教師の信念（子ども観、授業観、学級観、指導観）に影響を受けていることを示唆している。佐藤ら（1990）は、教師の熟達化を根底において支えているのは授業観や学習観として概括される信念であると論じている（佐藤・岩川・秋田1990：p.196）。今泉博（2006）[6]は、自身が小学校6年生の学級担任として経験したことを基に、教師が自身の「観」そのものを問うことの必要性について次のように述べている。

　　「学級崩壊」が一時のように報道されなくなったが、現場では困難な状況が続いている。私の身近にも、子どもとの対応がうまくいかず、休職を余儀なくされている教師もいる。現場の困難は、従来の子ども観や指導観では、子どもたちとうまくいかなくなってしまっていることを物語っている。教師の「観」そのものが問われている時代だ。私が根本的に子ども観・指導観を変更せざるを得なくなったのは、誰も担任希望の

---

[6] 田中孝彦（2006）「教師教育の再編動向と教育学の課題—3年間の特別課題研究についての報告—」『教育学研究』第73巻第3号、p.219において、今泉博の経験が引用されている。

13

なかった「いじめ」、「暴力」、「仲間外し」ありの学級（6年生）を1年
間担任した時であった。教師が何かを話したり説教したりして何とかす
るなどということは不可能であった。否応なしに、子どもは教師から独
立した存在であることを認識させられた。(p.219)

　また今津（2012b）は中学校の事例ではあるが、川上敬二による実践記録[7]
を引用し、学校再生の過程における教師たちの生徒観や指導観、教育観など
の転換の軌跡に注目している。それは、教師たちが「地域で大きく変化する
生徒の生活に見合った教育指導の価値や方法を検討しないまま」(p.35)、伝
統的な生徒観や指導観、教育観に無意識的にとらわれていたことに気付き、
それを根底から転換していくことにより生徒との対話が蘇った事例である。
　今泉（2006）と今津（2012b）は、共に教師による実践の振り返りからの
指摘であり、教育実践の改善にとって教師のものの見方や考え方の基盤であ
る「観」の問い直しがいかに重要であるかを示唆している。言うまでもなく
同じ個別学校であっても、毎年出会う学級の子どもの実態に合った学級経営
のあり方が求められる。社会や地域、家庭、子どもの変化に対応する柔軟な
学級経営の実践には、教師が自身の学級経営観（子ども観・指導観・授業観・
学級観）を問い直し、再構成していくことが必要であろう。
　一方、小学校教師の学級経営観の基底を成す学級観や教育観について、小
松ら（2002）が質問紙による全国的な規模の調査研究を行っている[8]。そこ
では、学級は生活共同体であるという学級観・教育観をもつ教師は現在では
少数派であること、多くの教師は学校を能力主義的なものと捉え、同僚との
共同関係は希薄で、日々の教育行為も教師主導で行っていることを明らかに
している。そして、そのような教師は、孤立的・個人主義的に教育行為を行っ
ており、子どもにとっても教師自身にとっても望ましい結果を導いてはいな
いと言う。また、1980年代に批判された統制＝管理主義の学級観が強まっ

[7] 川上敬二（1983）『校内暴力の克服』民衆社。
[8] 小松ら（2002）は、全国604校の校長と教員を対象に、「学級崩壊」の生成・変容及び教師の学級観・
教育観等の構造を読み解く知見を提示している。

てきているという指摘もある（白松2014）。こうした指摘は、教師の指向する学級観や教育観などが、学級経営や同僚教師との関係性のあり方に影響を及ぼすことを示唆している。よって、教師の学級経営観は学級経営のあり方のみならず、同僚教師との関係性や職能発達にも重要な影響を及ぼすことが推察される。

③若手教師同士の学級経営を通した相互行為や協働に着目する意義

　今津（2012a）は、教職を子どもや保護者、同僚教師との「対人関係」を核とする「対人関係専門職」と捉え、多様化・困難化している現代のクラスの諸問題の解決には、担任教師が一人で抱え込む「個業」から個々の教師が個性をもちながら諸課題に向けて異なる力量を発揮してコラボレート（協働）する「協業」への転換の必要性を主張している（pp.60-62）。こうした指摘を踏まえると「個々の教師の職能成長というラインの中で『協働』がどのように機能しているのかということを検討する」必要がある（藤原1998：p.18）。広田（2009）によると、日本の学校では、伝統的に同僚性や協働性を基盤とした教員文化を形成してきており、「若手教員の成長の土壌」（p.18）であった。しかし、近年の数値目標の達成を重視する教育改革により、「同僚との関係は、協働的なものではなく、相互の不干渉化が進んでしま」い、若手教師が職場でのコミュニケーションを通じたスキル形成ができなくなるのではないか（p.18）と指摘する。したがって、「同僚性と協働性の教員文化の再強化」（p.19）が重要であると提言する。

　他方、日本の教師には、「同僚教師との調和を第一とする」規範が求められてきた（永井1977）という指摘もある。今津（2000）は、日本の協働文化の問題として、教師が「『共同』のような同質的同調性をあたかも『協働』であるかのように混同している」（p.310）点、さらには、「『協働』関係が未確立ななかで、教師のプライバタイゼーションが広がり、いっそう協働文化の確立が困難」（p.316）になっている点を指摘している。「教師の連携や協働性を追求する中でこそ、教師発達が実現できる」（今津1995：p.124）のであり、専門性を高める教師発達をもたらすような教師の連携や協働のあり方

としての協働文化について改めて検討する必要性がある（今津 2000：p.311）。これらの指摘は、教師の職能発達との関連で教師の連携や協働を再考することを要請していると言えるであろう。

　教師の若年化が進行する学校現場においては、20 代の若手教師同士の学年団編制も珍しくなくなっているという現実がある。子どもの立場を尊重し子どもの多様性を包摂する学級経営を実現していく力量のある教師に若手教師が育っていくことを促す教師間の連携や協働をいかに創出していくかという課題を考慮すると、学級経営を通した若手教師同士の相互行為や協働の内実を分析し、職能発達との関連を明らかにする研究が必要である。

（3）問題の所在

　それでは小学校の学級経営に関する現代的課題とは何か、また小学校教師の職能発達に関する現代的課題とは何なのか。

①小学校の学級経営に関する現代的課題

　今日の小学校における学級経営の第一の課題は、多様な社会的・文化的・発達的背景を有するすべての子どもを包摂しながら、一人一人の子どもの主体的な参画を促す学級経営が求められているという点である。近年、学級崩壊[9]や不登校、いじめなど、学級での児童の生活や人間関係に関わる諸問題が社会的関心を集めているが、解決の兆しは見えない。学級崩壊は、いじめや不登校を生む要因になることもある。とりわけいじめは子どもの命に関わる深刻な問題であり、近年では SNS[10] を通じたいじめも多発しており、学校の外での子ども間の関係性や問題が学校（学級）内に持ち込まれ潜在化し、教師の目に触れにくくなっている。こうした現象は、学級経営において、学習指導のみならず生徒指導問題が重要な位置付けにあること、「教科の授業

---

[9] 学級経営研究会（2000）は、全国の公立小学校を対象にした「学級崩壊」に関する実証的研究であり、学級崩壊の事例に共通する特徴を類型として挙げ、その要因を考察している。そこでは「学級崩壊＝学級がうまく機能しない状況」と捉えているが、便宜上「学級崩壊」と称しているため、本研究でもこれに依拠し、「学級崩壊」と表記する。

[10] ソーシャルネットワークサービス（social network service）の略称である。

が成立するかどうかも、『学級経営』にかかわっている」（松下 2012：p.1）ことの再認識を促している。

　加えて発達障がい、外国籍、貧困、虐待等、配慮や支援の必要な児童生徒の多様性は増しているため、子どもや学級の問題は複雑化・多様化しており、担任教師が学級経営において抱える困難は従来以上に大きいことが推測される。白松（2017）は、多様な価値観や行動様式を有する子ども、社会的に多様な文化背景をもつ子どもを排除しないで包摂するように配慮されている学級を、二十一世紀型学級経営と捉え、そのような学級経営への転換を提起している。そこでは、児童生徒の立場を重視し、児童生徒の学級経営への参画や児童生徒との協働の立場を重視する「広義の学級経営」が指向される[11]。

　このような学級経営（観）は、前述のように配慮や支援の必要な子どもの多様性が増している今日、より重要になっている。個人主義や能力主義、管理主義の傾向の強い学級経営においては、子どもの多様性は包摂されにくく、子どもの立場を尊重したり子どもの学級経営への参画を促したりする実践は具現化されにくいであろう。藤原（2000）は、学校という場に存在する協働の多層性に留意し、それまでの学校経営における協働論では抜け落ちていた子どもを学校の組織成員として認め、特別活動領域等での子ども同士の協働の質と相互関係について問い直すことを求めている[12]。これは、「広義の学級経営観」（白松 2017）と軌を一にするものである。

　一方、教育政策動向に目を向けると、上述したような教育の諸問題を受けて例えば近年の学習指導要領改訂では、生徒指導と密接な繋がりのある特別活動において、人間関係の形成や学級経営への着目が位置付けられてきた。

---

[11] 白松（2017）は、学級における学習のための秩序をつくること（条件整備）をねらいとした学級経営を「狭義の学級経営」、この「狭義の学級経営」に、児童生徒の自律的・自治的活動による学級づくり（児童生徒と教師による協働的な学級づくり）を包含したものを「広義の学級経営」と定義している（pp.17-18）。「広義の学級経営」観は、下村（1982）の「学級教育＝学級経営論」と通底する。

[12] だが藤原（2000）は同時に、組織成員を教職員に限定した「子ども本位主義」に立脚する協働の陥穽について以下のように警鐘を鳴らす。「そこに子どもとの間の『民主的協働』が欠けていれば、教職員の価値や合意事項を半ば強制的に押しつけるという『権威主義』になりかねない。さらに、その合意事項や方針が、学校という場に存在するもう一つの協働、すなわち自主的な特別活動の自主運営、児童会や生徒会における自治活動や自主的な協同学習といった子ども同士の協働を抑圧し、学びの孤立化を推進するものであれば、十分な教育効果を期待することはできない」（p.173）。

1998 年改訂の小学校学習指導要領総則（文部省、現文部科学省 1999：p.126）に「日頃から学級経営の充実を図り、教師と児童の信頼関係及び児童相互の好ましい人間関係を育てるとともに児童理解を深め、生徒指導の充実を図ること」と明記された。2008 年改訂の学習指導要領では、特別活動の目標に「人間関係」が付加された（文部科学省 2008）。さらに 2017 年改訂の新学習指導要領の特別活動では、「学級経営の充実」がこれまでの小学校のみの記載から中学校にも記載されることになり、学級活動における児童生徒の「自発的、自治的な活動」を通して、学級経営の充実と生徒指導との関連を図ることがこれまで以上に重視されている（文部科学省 2018）。特別活動における学級活動は学級経営の要とも言える教育活動である。学級活動のなかの話合い活動である学級会は、児童が学級や学校の生活上の課題について話し合い合意形成を図る活動であり、児童の自主的、自発的な学級経営への参画を促す。よって、学級活動のあり様は、教師が志向する学級経営に大きな影響を及ぼすと考えられる。

　しかしながら、小学校において学級活動が十分に実践されているとは言えない実態がある。文部科学省（2005）による「平成 16 年度特別活動実施状況調査」では、学級活動について、小学校教員の 44.0％が「十分満足できる状況にない」と回答している。また、小学校を対象とする「平成 24 年度学習指導要領実施状況調査」（国立教育政策研究所 2013）では、「児童は、学級会の進め方を理解して、話し合いができていますか」の質問に、約 3 割の教員が「そういう児童は半数以下である」、「そういう児童はほとんどいない」と答えている。さらに、教員の若年化による学級会実践の不活性化の傾向（国立教育政策研究所 2018）が指摘され[13]、学級会実践の活性化／不活性化[14] の二極化の流れが窺え、子どもの主体的な参画を促す学級経営の第一の課題と

---

[13] 国立教育政策研究所（2018）では、以下のように指摘している。「近年のベテラン教師の退職により特別活動の指導技術の継承が円滑に行われなかったりするなどの課題が見受けられました。」「小学校学習指導要領準拠　みんなで，よりよい学級・学校生活をつくる特別活動　小学校編」まえがき。https：//www.nier.go.jp/kaihatsu/pdf/tokkatsu_h301220-01.pdf（最終アクセス日：2020/10/30）

[14] 本書では便宜上、活性化を「学級会の取り組みが活発に実践されている状況」、不活性化を「学級会の取り組みが下火になっている状況」と定義する。

して指摘される。

　第二の課題は、学校全体の教育を考える視点から学級経営のあり様を問わなければならないという点である[15]（安藤 2013b：pp.115-129）。つまり、公立小学校における学級経営には、地域や家庭などの実態や文脈を考慮して学校全体の教育を考える視点が必要である。

　わが国では、戦後多様な学級経営論が多様な理論研究を背景に展開されてきた[16]。その経緯をまとめると、次の2点に集約できる。第一は、学級集団全体から個人の心へと焦点が移行したという点である。戦後当初は、アメリカ型民主主義的な「個」が注目されたが、その後、「集団づくり」を目的にした生活綴り方運動の復活や集団主義的「集団」へと重心は移った。しかし、それへの批判から、準拠集団的「集団」へと視点は移行し、現在は集団への関心は薄れ「個の心」へ焦点が当てられるようになった。第二は、第一とも関連して学級経営の全体に関わる教育実践というよりも、個の心に焦点化した心理主義的アプローチへの関心が強くなっているという点である[17]。特定の手だてや道具の普及は進んでいるものの、学級経営の幅広さに対する関心は希薄化してしまったと思われる[18]。こうした動向は、1990年代以降、学級経営の処方箋的知識や技術が流通し、教師がそれを消費する技術志向を強めている傾向（朝倉 2016）とも通底する。

　このような学級を対象とする研究の展開を踏まえた今日の状況は、理想的

---

[15] 安藤（2013b）によると、「今日の学校が置かれている状況に目を向ければ、保護者の生活スタイルや価値観の変化に伴う子どもの変容への対応、国際的に通用する学力の向上、特別支援教育やESD（Education for Sustainable Development：持続発展教育）への対応など、学校は多様な課題に応じることを求められている」のであり、「学校全体の教育を考える視点から学級の有り様を問わなければならない」（p.127）。そして、「それは、当然個々の学級担任が自学級のことを考えているだけでは見えてこない」のであり、「学級経営実践論は、必然的に学校経営実践論の展開へと拡大される必要があるのである」（p.128）。社会経済的に厳しい地域や家庭の実態を考慮し、多様な背景を抱える子どもを包摂する学級経営を志向する本研究には、こうした安藤の知見は重要である。しかしながら、本研究では、学校経営にまで視野を広げて追究するものではなかったため、補章として組織的観点から校長のリーダーシップに焦点を当て検討した。

[16] 安藤（2013b）の「図7-1　学級集団研究マップ」（p.123）では、戦後のわが国において注目されてきた学級経営論や関連する理論基盤が10年刻みで整理されていてその変遷が分かりやすい。

[17] 鈴木（2002）は、こうした動向を「心の教育」といわれるものも含めて「心理主義的学級経営」と批判的に捉えている（p.65）。

な学級像をそれなりに描き、実践したいと考えている教師にとっては、選択肢が多様にありうる状況であるが、まだ自らの教師としてのあり方も確立していない若い教師にとっては、逆に何を参照してもよいということであってモデルがないというにも等しく、非常に困難な状況であるとも言えるのである（安藤 2013b：p.127）。

　こうしたなか、朝倉（2016）は、学級経営に関する処方箋的知識や技術の消費にかたよることなく、よい学級とは何かという学級観を問い続けることの重要性と学級の枠を超えた開かれた実践の必要性を指摘している。冒頭でも触れたように学校は多様な背景を抱える子どもを包摂し、複雑で多様な諸課題に対応していくことが求められていることを踏まえれば、学校全体の教育を考える視点から学級観や学級経営のあり様を問わなければならない（安藤 2013b：p.127）。当然そこでは、子どもが生活する地域や家庭の実態が捨象されてはならない。つまり、今日における学級経営は、個々の教師が学校教育や学校環境との連関を通して、望ましい学級や学級経営とは何かを問い続けていくことをベースに置くことが求められている（安藤 2013b：p.128）。

　第三の課題は、ホリスティックな視角を備えた学級経営の理論と実践の必要性である。前述のように、特定の手だてや道具の普及、個の心に着目する心理主義的アプローチの広がり、学級経営の処方箋的知識や技術への指向の高まりが見られるが、現場は「複雑多岐の要因が連関する全体的・統合的場」（やまだ 1997：p.167）であり、学級もまさにそのような場である。学級集団は、複雑多様に日々変化し、それに対応する学級経営は複合的な教育活動や実践であり、ダイナミックに変化する関係性や集団を捉えるにはホリスティックな視角が必要である。「ホリスティックな知」について、吉田（1999）は「視線がある一つの部分に収斂して分析的に見ているのではなく、視界を柔らか

---

[18] 1990年代以降、教師が活用するための多様な「手だて」や「道具」が関心を集めるようになってきた。例えば、構成的グループエンカウンターやソーシャル・スキル・トレーニング、アサーション・トレーニングのように集団での望ましい行動やコミュニケーションの取り方を訓練するもの、診断ツールとして河村茂雄が開発して標準化された「楽しい学校生活を送るためのアンケート（Questionnaire-Utilities：Q-U）」などのプログラムやツールである。それらは一つのまとまった学級経営論というよりは学級経営実践の一部分にあたると言える（安藤 2013a：p.22）。

く広げておいて、部分と部分をバラバラにではなく、それらの＜間＞で織り
なされている『結びつけ合うパターン』のようなものを、全体直観的に把
握」することであると述べる（pp.33-34）。さらに、佐藤（2012：p.65）は吉
田の論考を受けて、ホリスティックな視点からの問いとして、「学校組織や
学級・子どもの様子を柔軟に見ているか。子どもと同僚と接する時に、思い
込みはないか。ミクロな動きばかり見て、背後にあるものを見過ごしていな
いか」という問いを発することになると指摘する。例えばいじめや不登校な
どの問題の背景には、学級内の子ども間の関係性が要因となっている場合が
多い（森田1991、2001）。個の心に焦点を当てる児童生徒理解も重要である
ことは論を俟たないが、子ども間の関係性にも着目して学級全体を捉えるホ
リスティックな視角が現代の学級経営論には不足しているように思われる。

②小学校教師の職能発達に関する現代的課題

　こうした学級経営の現代的課題は、同時に教師の力量形成や職能発達の現
代的課題と密接にリンクする。何故ならば、教科担任制をとる中学校と違っ
て学級担任教師が多くの教育活動を担う小学校においては、学級経営はすべ
ての教育実践の核をなしているからである。

　教師の職能発達に関する第一の課題は、行政主導による学校組織の「改善」
や教職員の「成長」を統制する諸スタンダード策定の広がり（浜田2017）
のなかで、個々の教師の職能発達過程をいかに掬い取っていくかという点で
ある。1980年代以降のいじめ、不登校、学級崩壊、校内暴力等は、「教職の
専門性とは何か」という根源的な問いを教師教育研究や教育政策、学校現場
そして広く社会に問い続けてきている。そして、「80年代半ば以降の教育政
策の必要性の根拠とさ」（藤田2015）れ、1980年代の臨時教育審議会以降今
日に至るまで、いわゆる政治主導の改革が矢継ぎ早に行われてきた。

　また、1980代に「実践的指導力」という言葉が提起されたのを契機とし
て教師教育政策は、「実践力」特化へと舵を切ってきた。さらに2012年中央
教育審議会答申（以下、中教審答申と表記）以降は「学び続ける教員」がキー
ワードとなり、2015年の同答申「これからの学校教育を担う教員の資質能

力の向上について〜学び合い、高め合う教員育成コミュニティの構築に向けて〜」に引き継がれた。教師の若年化への対応や学び続ける教師を支える目的で、国と行政主導による教員育成指標や教員研修等のスタンダード策定が進行している。しかし、これらの施策は、行政権限により教職を他律化する指向性が強く（浜田 2017：p.53）、「高度なスタンダードを求める一方で教師たちの自律的判断が侵食さ」（A・ハーグリーブス 2003=2015：p.29）れ、個々の教師の自律的な成長や発達過程が捨象される危険性を孕む。そこでは、教師の職能発達のあり方は画一化され、垂直的なキャリア発達がトップダウンで要請されている。「教師になっていく」成長・発達の過程は一人一人異なるものである（安藤 2000：p.99）。したがって、諸スタンダード化による教職の他律性の強化（浜田 2017：pp.48-49）のなかで零れ落ちる危険性のある個々の教師の発達過程の内実を丁寧に掬い取る知見や議論が必要である。

　第二の現代的課題は、現職研修において「教師になっていく過程」（安藤 2000：p.99）をどのように捉えていくかという点である。今日の知識基盤社会における教師像は、世界的に見て教師は教える者として養成され教育される存在から、教えることを学び、子どもに教材を教えることを通して学ぶ学び手としての存在へと転換してきている（秋田 2009：p.46）。前述したように、日本の政策動向においても「学び続ける教員」がキーワードとなり今日に至っている。

　こうした動向を受けて教師教育では、「教師の学習過程自体」として焦点化して明らかにする事例分析の蓄積が求められている（秋田 2009：pp.47-48）。「『教師になっていく』過程には、個々の教師の個別性や行動決定の際の他律性、教師自身の悩みや迷いといった現実の成長過程を一人一人異なったものとする諸要素への着目」（安藤 2000：p.99）が必要である。

　こうした点において山﨑（2002、2012a）による「選択的変容型」発達観が示唆的である。山﨑は、教師の発達観は、従来の「垂直的」発達モデルではなく、「水平的、ないしはオルターナティブな（選択的変容型）」発達モデルにより解釈されるのが妥当であり、「選択的変容型」の発達がもたらされた転換期は、教師としての新たな力量が獲得された時期であり、その力

量は発達主体としての教師自身によってその意味内容がたえず産み出され構成されていく「自己生成型で文脈・状況依存性」であるとしている（山﨑2012c：p.162）。そもそも学級経営は、複雑で状況依存的な教育実践である。よって選択的変容型発達観に基づく教師一人一人の発達のあり方として「教師になっていく過程」（安藤 2000：p.99）を捉える議論が必要である。

　ところで、近年、ベテラン教師の大量退職と新任教師の急増による教師の若年化は、若手教師が学校で育つことを難しくしていることにも影響を及ぼしていると推測される。教師の職能発達に関する第三の現代的課題は、若年化する学校現場において若手教師の育ちを促す教師間の連携や協働をいかに創出していくかという点である。

　わが国の教師の成長や発達に関する議論は、1970年代から1980年代において、それまでの主として教師の資格要件や役割・地位、養成教育のあり方や内容に関するものから、個々の教師の成長や発達そのものが対象とされるようになった（安藤 2000：p.99）。1990年代以降、それまでの科学的な知識や技術を合理的に適用することに長けた「技術的熟達者」像から実践場面における省察と反省を通して複雑な状況に適応していく「反省的実践家」像への転換が議論され、一定の位置を占めてきた（秋田1996、佐藤1997など）。先鞭をつけた佐藤（1997）は、「反省的実践家」モデルにおける教師の専門的成長の中核的な場は、実践問題が生起する教室と学校であり、「同僚性」（collegiality）と先輩教師の「援助的な指導（メンタリング）」（mentoring）が決定的な役割を果たすと述べる（p.70）。つまり、わが国における「反省的実践家」像の嚆矢は、熟達者からの経験や知識の伝承が可能な学校環境を前提としたモデルの一面を有していたと言えるであろう。また、これまで日本において「協働（collaboration）」という言葉は、長きにわたって学校経営や学校改善を論じる際のキー概念として位置付けられてきた（今津1995、佐古1996[19]、2006[20]、藤原1998[21]、2000[22]、広田2009[23]、波多江2013[24]）。授業

---

[19]　佐古（1996）は、「自明の公理」として位置付けられてきたと述べている。

[20]　佐古（2006）は、協働化は統制化よりも強く学校改善志向に作用することに加えて、協働化は教師の指導困難さも低減させることを明らかにしている。

研究の観点から教師同士の協働を捉えたものもある（秋田2006[25]）。藤﨑・越（2008）は、教師間の協働関係におけるソーシャル・サポートが、教師の教育観にどのように影響を及ぼすかを分析し、例えば教師として支持・承認するサポートや生徒指導及び児童理解を確認し合うサポートは有用な影響を及ぼしていることを指摘している。

一方、今津（1995）は、教師の職能や成長を「質」の視点で捉え、自己完結型の教職観である「教師個人モデル」から協働性の教職観である「学校教育改善モデル」への転換を提示している。言うまでもなく、「教師は一人では学び続けられないし、専門家として成長しない」（佐藤2016：p.31）。教育活動は教員一人一人の仕事であり、その意味で個業であるし個業を支え促す知としての専門性であり、同時にその専門性はそれぞれ補い合うという部分や性質をもっていて、協働としての専門性である（小島2008：p.192）。したがって「教師の連携や協働性を追求するなかでこそ、教師発達が実現できる」のである（今津1995：p.124）。A・ハーグリーブスは、教師集団での探究を主導する機会として、アクション・リサーチやチーム・ティーチング等を挙げている（2003=2015：p.243）。

2015年の中教審答申「チームとしての学校の在り方と今後の改善方策について」に関する議論や学校現場の「多職種構成」（横山2016）の現実は、教師に教師間のみならず多様な他者（支援員、専門家等）との連携や協働を求めているが、それは容易ではない。私事化（プライバタイゼーション）（油布1994）や孤立化・個人主義化、若年化の進行により、そもそもの前提となる教師間の連携や協働はこれまで以上に困難になっていることが推測され

---

[21] 藤原（1998）は、それまでの「協働」のあり方の意義と限界を踏まえ、新たな「協働」の意義として、個々の教師がもつ豊かな知識を共有し、新たな知識を創造するプロセスであるとしている。

[22] 藤原（2000）は、わが国の伝統的な協働論に欠けていた「共存的協働」論を提起し、「共存的協働」を重視しつつ必要に応じて「民主的協働」を展開することが望ましいと指摘する。

[23] 広田（2009）は、同僚性や協働性のような組織文化が、学校に評価や競争が持ち込まれることにより揺らぎつつある問題を指摘している。

[24] 波多江（2013）は、先行研究における「協働」概念を整理したうえで、「共同」「協同」「協働」のそれぞれの違いを析出している。

[25] 秋田（2006）は、校内での授業研究会に焦点を当て、協働的な知識構築モデルを提起している。

るからである。子どもの課題が複雑化・多様化している現在においては、個業や自己流での学級経営が限界に達し、他者との協働を取り入れる学級経営実践へと転換することが求められているが、教師の若年化の進行により学校現場におけるメンター的機能は低下しつつあるなかで、今改めて教師間の協働のあり方の探究が必要である。

　小学校教師であれば誰もが直面する学級経営実践上の課題の解決を図っていくプロセスは、若手教師の職能発達促進に重要な意義をもつと考えられる。その際、単にハウツーを受動的に教わることの積み重ねでは長い教職生活のなかで直面する多種多様な課題を解決する力量の習得は困難である。学級経営実践は教育の目標や内容が所与ではないだけに教科等の授業実践よりもはるかに文脈依存的で不確実性が高い。実践経験が乏しく経験値をもたない若手教師が単独で学級経営上の諸課題に対峙することはきわめて困難である。だからと言って、ベテラン教師が蓄えてきたハウツーを継承するだけでは主体的な職能発達には繋がりにくい。そこで着目されるべき点は、若手教師同士の協働である。ベテラン教師の豊かな経験値を参照しつつも、自身の主体性のもとで固有の学級経営実践を創造していくうえで、若手教師による試行錯誤を含めた協働は重要であると考える。しかし、小学校教師の職能発達に不可欠とも言えるそのような視点をもって若手教師の職能発達過程を明らかにした研究の蓄積は十分であるとは言い難い。

　以上の問題意識から、本研究では学級経営を通した小学校若手教師の職能発達過程を研究対象とする。

2.　小学校若手教師の職能発達に着目した先行研究

　そこで本節では、本書が対象とする小学校若手教師の職能発達に関する先行研究の動向と課題を整理し検討する。まず、小学校教師の職能発達に関する先行研究について、主な動向と課題を整理する。次に、年齢や経験の違いに着目した研究について蓄積された知見と課題を整理する。そして最後に、「若手期」に焦点化して関連研究をレビューし、その動向や知見、課題を整理する。

（1）小学校教師の職能発達に関する研究の動向と課題

　ここでは、本研究の問題関心との関連から、①教師としての学習過程、②教師の自律性や信念、③アクションリサーチによる学級経営改善、④学級経営観、を対象とする先行研究を検討する。

　日本では例えば、Clarke & Hollingsworth（2002）による教師の「職能成長の相互連関モデル（Interconnected Model）」を援用し、教師の学習過程として教師の成長を捉える研究がある（北田2009、石原2012、平田2013、中村2016a）。北田（2009）は、中学校教師が対象ではあるが授業研究会における同僚教師との相互作用に注目して教師の成長を描出するためにクラークらのモデルを発展させた「協同的相互関連モデル」を提示している。石原（2012）は、北田（2009）を補完するモデルとして、小学校の初任期の教師への研究者等の外部資源による授業力育成支援として「拡張的協同的相互関連モデル」を提示している。これらは、専門的力量としての授業力の育成を目指すものである。

　一方、平田（2013）と中村（2016a）は、特別活動においてクラークらの「職能成長の相互連関モデル」を援用し、教師の学習過程として教師の成長や発達を解明したものである。前者は、小中学校教師を対象とした質問紙調査により、学校掃除教育プラン「自問清掃」に子どもと共に取り組んだ教師の成長を分析し、「自問清掃」に継続的に取り組んだ教師にだけ、＜自己成長感＞と同時に＜子ども成長感＞をもつ傾向があることを明らかにしている。後者は、学級会初心者の若手教師の学級会実践の契機と定着の過程における教師の意識変容と職能発達プロセスの関連を考察している。

　一般化された成長モデルは個別性の捨象という問題を孕むが、これらは事例研究として個別性を視野に入れながら教師の実践化と省察を通じて教師の知識や信念が変化していくという学習過程の分析を可能にしている点で本研究も多くの示唆を得ている。

　教職の専門性や教師の職能発達にとって、教師の自律性や信念は極めて重要であり、さまざまなアプローチからの知見が蓄積されている。例えば、前者については、教師の同僚性の構築と自律性の尊重がいじめなどの問題解決

の手がかりになると指摘するもの（中塚2010）、自律性と組織性の二つの因子に正の相関関係があり、教師の対話や校長のコーディネーションなどが両者を高めることを示唆しているもの（上山ほか2014）、個々の教師の自律性を促す充実した信念の確立は学校の自律性の確立に繋がることを指摘するもの（黒羽2012）等がある。これらは、いずれも小学校教師を対象としている。こうした研究は、教師を発達の主体として捉え、自律性と同僚性や組織性との関連を視座に入れたものであり、教育実践に関わる教師の自律性が侵食されていることが指摘されるなか（金子2005）、重要な意義がある研究である。

　黒羽（1999a、1999b）は、教師の専門家としての力量形成を促す信念に焦点を当て、授業観や子ども観、学級観、教職観などを信念体系として捉え、教師の教育行為の事例を通して特に教職観に着目してその内実を解明している。こうした研究は、学級経営観に着目する本研究に重要な示唆を与えてくれる。教師の信念に着目する研究は、自律性と同様に教師を発達の主体として捉えその内面に迫るものであり、重要なアプローチである。

　こうしたなかで、研究方法と学級経営改善という点で示唆的なのは、子ども同士の関係に着目して学級経営のアクションリサーチを行った秋田・市川・鈴木（2000）、秋田（2001）である。これらの研究は、学級内の子ども間の関係や個々の子どもの教室での振る舞いの変化を、カンファレンスにおける教室談話の分析によって明らかにしている。そして、カンファレンスが教師の児童理解や個々の子どもへの関わり方を省察し改善を図るだけでなく、教師自身が吟味しデザインする過程としての意義をもつことを考察している。教師の成長・発達を方向付けていくプロセスを解明するためは、当事者個人の意思決定プロセスに着目する研究が必要であることが指摘され（安藤2000：p.99）、その方法として学校現場の実際において実践に関わるアクションリサーチが有効であることが示されており（秋田2005、小柳2004、島田2008）、本研究の関心とも重なる点があり示唆に富む。だが、「朝の会」と「帰りの会」というきわめて限定された場面を分析対象としている点、またビデオ録画を通した分析である点、直接実践の場に関わった研究ではないという点に課題が残る。

　このように教師の成長や発達に関する研究は、教師の実践化と省察を通じた教師の知識や信念の変化という学習過程、教師の自律性や信念の確立の重要性、個々の教師の意思決定プロセスに着目することに有効なアクションリサーチやカンファレンスの方法を用いた研究などの射程で知見を蓄積してきている。しかしながら一方で、小中学校の課題の差異が明確にされずに学校種を混同しているものが散見される。また小学校に焦点化した研究においても、例えば授業観や子ども観、学級観、教職観などの信念体系に迫りながら学級経営を通した学級経営観や若手教師の職能発達との関連を視野に入れた研究などはほとんど見られない。

　こうした視野を含んだ先行研究として、笹屋ら（2016）が挙げられる。そこでは小学校の教師がもつ学級経営に関する信念である学級経営観が教師の他種の信念とどのような関係にあるのか、また、授業実践にどのような影響を与えるのかを検討し、教師の学級経営観と授業観・教科観に関連があること、教師の学級経営観は教師による児童の行動観察によって形成されること、一斉指導の場面における教師の個別対応方略に教師の学級経営観が影響を与えていたことを明らかにしている。本研究とは問題関心や目的は異なるものの、通底する側面があり示唆を得ることができる。ただ、授業だけに焦点付けて職能発達を論じる研究が多いなか、笹屋ら（2016）も教職経験12〜33年の3名の教師を対象とした授業実践や授業観・教科観に限定した学級経営観の分析にとどまっている。多様性を包摂する学級経営改善には、教科の授業に限定しない生徒指導や特別活動領域も含めた学級経営に視野を広げた研究が不可欠であろう。加えて、教師の若年化の課題を考慮すると、同僚教師との関係性などの学校環境の影響も含めた若手教師の職能発達への着目が必要である。

（2）教職経験・年齢の違いに着目した研究の動向と課題

　それでは、小学校教師の職能発達における若手教師の位置や固有性とはどのようなものとして捉えられてきたのであろうか。ここでは、まず教職経験の違いに着目した研究の動向と課題を整理し、次項で「若手」という時期に

着目した研究の動向と課題を検討する。

　教職経験の違いに着目した研究として、「省察」概念の流布の端緒となった教師の「実践的思考様式（practical wisdom）」に関する熟練教師と初任教師の比較研究（佐藤・岩川・秋田1990、秋田1994、佐藤1997）が挙げられる。

　佐藤・岩川・秋田（1990）は、熟練教師が、初任教師には見られない「実践思考様式」——実践過程における即興的思考、不確定な状況への敏感で主体的な関与と問題表象への熟考的な態度、実践的問題の表象と解決における多元的な視点の総合、実践場面に生起する問題事象相互の関連をその場面に即して構成する文脈化された思考、授業展開の固有性に即して不断に問題表象を再構成する思考の方略——を形成し機能させていることを明らかにしている（pp.195-196）。

　小学校教師の鑑識眼に関して、熟達教師（教職32年目）と若手教師（教職2年目）の授業解釈の差異性に着目して考察した論考に、勝見（2011）がある。そこでは、経験差による鑑識眼の特質の内実を授業場面において3点に焦点化して明らかにし、熟達教師には若手教師に見られない鑑識眼を機能させている実践的知識があることに言及している。

　こうした研究は、教師の専門性や熟達化に関わる視点を提供しており、職能発達において重要な意味をもっているが、そこにおいては初任教師や若手教師は、熟達教師の有する豊かな実践的思考様式や実践的知識を特徴づける未熟な存在として位置付けられている。

　教職経験を積んだ先輩教師がメンター（mentor）として経験の浅い教師のメンティー（mentee）に発達援助を行うメンタリングに関する研究もある。メンタリングは、メンターにとってもメンティーにとっても専門的な成長に重要な意味をもつことを論じているもの（岩川1994、佐藤1997）、教師の若年化の傾向を踏まえ1対1ではなくメンターチームやグループをつくって、複数の先輩教員が複数の初任者や経験の浅い教員に支援する組織的なメンタリングの事例を分析するもの（小柳2013、2014、脇本・町支2015）、などがある。脇本・町支（2015）は、メンターチームの「自律的活動が若手教師の

問題解決に寄与すること」（p.190）を指摘し、小柳（2013、2014）も、伝統的な手法としての 1 対 1 のスタイルではなく、若手支援に関わるグループ・メンタリングの方法を提示している。

　こうしたメンタリングの研究は、教師の若年化の課題を抱える今日、初任者や経験の浅い教師が学校で育つことを援助する関係を学校組織にいかに構築するかという点において重要な意義をもっている。一方で、例えば、メンターとメンティーが互恵的な関係になることの重要性に言及はされているが（小柳 2013、2014）、若手教師は中堅・ベテラン教師から発達の支援を受ける存在という構図が前提とされている。教師の若年化の進行は、若手教師同士の学年団編制を促進し、加えて少子化による単級化の進行は、若手教師が単独で学級・学年経営を担う状況を促進している。こうした現況を考慮すると、発達の主体としての個々の若手教師の職能発達の態様を明らかにする知見の蓄積が必要である。

　そうしたなか、25 歳以下の教職経験 3 年前後までの教師群の特徴を 30 歳の教師群との比較を通して分析し、「若い教師の力量およびその形成の独自性」の解明を試みた永井ら（1981）の考察は示唆に富む。そこでは、「『意味ある他者（significant others）』の重要性は、若い教師の職業的社会化（vocational socialization）の過程、若い教師の成長の過程において忘れられてはならないが、教師の場合、意味ある他者は同僚教師であり、それは文化の規範的要素の内在化においてはもちろん、技術的要素の内在化のプロセスにおいても重要な役割をはたしている」（p.109）と指摘している。約 40 年ほど前の論考であるが、教師の職能発達にとって同僚教師の重要性を「意味ある他者」として位置付ける知見は、今日においても重要である。しかし、その当時の意味ある他者は、多くの場合年長者を指していた（永井ほか 1981：p.109）。

　教師の成長や発達に関する研究として、山﨑（2002、2012a）のライフコース研究がある。彼は、コーホート性に着目し、教師の力量形成の契機と時期を分析している。そこでは、教師の成長に最も影響を与えたのは、学校内での優れた先輩や指導者との出会いであることが明らかにされている。

これらの知見は、若手教師の力量形成や職能発達を教師個人の経験に矮小化しないで、他者（同僚教師など）との相互行為や関係性に広げて捉える視座を提供している点において、価値ある研究である。

　以上で見てきたように、初任教師や若手教師は、熟達教師の有する豊かな実践的思考様式や実践的知識を特徴づける未熟な存在、あるいは中堅・ベテラン教師から発達の支援を受ける存在という構図のなかで、指導されるべき受け身の存在として位置付けられてきた側面がある。一方で、若手教師の成長・発達には、意味ある他者——同僚教師、優れた先輩教師、指導者など——との出会いが重要であるという、発達の当事者・主体として位置付けられてきた側面がある。だが、いずれの研究も学級経営との関連で若手教師の職能発達の内実の解明に関心を寄せるものではない。前節で述べたように、小学校若手教師の職能発達の現代的課題を踏まえると、学級経営との関連で深く掘り下げる研究が必要である。

(3)「若手」という時期に着目した研究の動向と課題

　若手期の捉え方は、新任期〜2・3年、新任期〜4・5年、新任期〜10年未満等、多様であり、新任期と初任期の区別も論じる主体により異なる場合があるため曖昧である。例えば、和井田（2015）は、自治体レベルで新任期から2〜3年間を初任期として発達サポートが実施されていることに言及している（p.47）。この場合は、初任期に新任期が含まれていると考えられる。伊藤・石川（2013）は、岐阜県教育委員会の方針を参考に、若手期を新任から6年目までと捉える。ライフコース研究から教師の力量形成を分析した山﨑（2012a）は、若手期を新任から10年目までと設定している。そうしたなかで、近年、特に教師の若年化の進行により、従来よりも短いスパン——入職時から3〜4年目——を若手期とする傾向が窺える。こうした背景には、団塊世代の大量退職や中堅層の薄さへの対応から早い時期でのいわゆる「中堅教員」としての役割期待が、教育行政や学校経営から要請されていることが推察される。

　一方、秋田（1997）は、教師の生涯発達の観点から、教師のライフコース

を新任（1年目）・初任（2～3年目）、中堅、熟練という時期に分けて提示する。そこでは若手期という明確な位置付けはなされていないが、ヒューバーマンの教職のライフサイクルモデルを援用し、1～3年までを一つのまとまりをもつ時期として捉えている。そのなかで、入職直後の新任期を他の時期には見られない特徴を有する時期として初任期と分けて論じている。ヒューバーマンは、1～3年の教職の課題を、「生き残り」と「発見」がテーマであるとしている。よって、ここではとりあえず新任期と初任期の混同を避けるため、秋田に倣って教職経験1年目を新任期として捉え、論考のタイトルに「初任」の文言が含まれていても1年目を対象とするものは新任教師として扱う。そのうえで、タイトルに「新任」「初任」「若手」の文言が入っているものを若手教師を対象とした先行研究として位置付けたい。また、本研究における若手期の捉え方は、本章第5節（3）で詳述する。

　「若手」という時期に着目する先行研究を概観すると、主に二つの特徴が捉えられる。第一に、近年とりわけ新任教師への関心が高くなっている点である。第二に、質問紙やインタビュー調査による意識調査への関心が高いことが窺える点である。

　新任教師に焦点を当てたものは、授業研究や協働学習、研修、入職後の経験過程や適応・葛藤等を主な対象としている（石原2010、2011、曽山2014、山下・榎2015等）。石原（2010、2011）は、小中学校新任教師への量的・質的調査を実施し、新任教師がどのような不安や困難を抱えているのかを分析している。そこでは、新任教師は教師の仕事の根幹に関わる学習指導や生徒指導に最も多くの不安や困難さを感じていること、初任者研修や指導教員のような公的システムが十分に機能していないこと等が挙げられている。

　一方で、新任教師の固有性を不安感や困難性を抱える非力な存在としてのみ捉えるのではなく、潜在的な力強さを有する存在として分析した研究がある。山下・榎（2015）は、一人の新任小学校教師の責任感に焦点を当てて、入職直後の葛藤や主体的・積極的な自己形成・変革契機を明らかにし、新任教師の成長・発達について非力さのみに着目した慰撫だけではなく、彼らの力強さに向き合うような関わりの重要性など3点の理論的・実践的示唆を提

示している。こうした知見は、新任教師の成長・発達の捉え方を、適応や支援という自明視された構図からさらに新任教師自身の主体的・積極的な自己変革という視座に開いている点において意義がある。

　曽山（2014）は、新任小学校教師９名を対象に１年間の継時的インタビュー調査を実施し、新任教師の経験過程を明らかにし、新任教師へのサポートのあり方として主体性の発揮が大きなテーマであることを論じている。新任教師の成長・発達には、最初に赴任した学校の同僚関係や学校環境が重要な影響を及ぼすことが論じられており、個々の教師の意識や内面にのみ関心を向けることの限界に言及していて示唆に富む。

　また、多くはないが新任期以降の若手教師の意識に着目した研究に、徳舛（2007）、小笠原・石上・村山（2014）、伊藤・石川（2013）がある。徳舛（2007）は、１〜３年目の11名の若手小学校教師を対象とした質問紙調査とインタビュー調査を実施し、若手教師の実践共同体への参加の過程を正統的周辺参加（Lave & Wenger1991）概念を分析の視点として検討している。そこでは、「教師になる」[26] とは、個人主義的に達成されるものではなく、社会的相互交渉（児童・他の教師・保護者）によって社会的に達成されることであると論じている。小笠原・石上・村山（2014）は、入職２〜７年の若手教師に着目した研究として、授業研究や授業研修を対象とするものである。

　これらの研究では新任期を含めた若手教師の成長・発達には、同僚関係や学校環境が重要な影響を及ぼすことが論じられており、個々の教師の意識や内面にのみ関心を向けることの限界を示唆している点で意義があり、前述の曽山（2014）等の論考と軌を一にするものである。

　伊藤・石川（2013）は、新任から６年目までの小中学校若手教師を対象に質問紙調査を実施し、彼らがどのような力量を身に付けるべきだと考えているのか、どのような悩みを抱えているのか、管理職は若手教師の課題をどのように捉えているのかを分析している。小学校若手教師が考える必要な力量

---

[26] 徳舛（2007）は、「教師になる」とは、「共同体の成員が相互に教師実践の意味を共有しつつ、互いに実践や共同体を構成する一員になること」であると定義しており（p.35）、本研究が着目する「教師になっていく過程」（安藤 2000：p.99）の捉え方とは異なる。

として最も割合が高い項目は、「学級経営の力」と「教科指導の力」である。こうした分析結果は、小学校教師にとって「学級経営」が重要な課題であることを如実に表している。しかし、小中学校の教師の課題が混同されている問題が残る。

　そうしたなかで、アクションリサーチの方法を用いて小学校新任教師の学級経営に直接関わりながらその育成を追究した研究に、後藤（2011、2013、2014）がある。後藤は、質問紙調査やアクションリサーチを取り入れ、指導者の立場で新任教師の主体的な学びに寄り添い、新任教師の成長・発達の契機や学習プロセス、学習サイクルを実証的に明らかにしている。だが後藤の研究は、アクションリサーチの方法で直接新任教師の学級経営に関わってはいるが、学級経営に主な関心を寄せるものではない。

　以上を踏まえると、小学校若手教師の力量形成や成長・発達に関わる先行研究には、以下の6つの課題が浮かび上がる。第一に、学級経営の視点が入っている研究はほとんど見られない点である[27]。第二に、小中学校を対象にした質問紙などの意識調査が見られるが、そこでは、学級担任教師が多くの教育活動を担う小学校と教科担任制をとる中学校の課題が明確に意識されていない点である。第三に、学習指導の力量形成に関わる授業研究や研修などに焦点化した研究に比べて、生徒指導の力量形成にも関わる特別活動領域などへの関心が薄い点である[28]。第四に、新任期への関心の高さに比べて、それ以降の若手期に関する知見の蓄積が薄い点である。先にも述べたように、ライフコース研究において山﨑（2012a）は、若手期を入職時から10年目までと捉えているが、それに照らし合わせると、4〜10年の時期に焦点化した研究はほとんど見られない。第五に、質問紙やインタビュー調査による若手教師の意識調査などへの関心が高いが、例えば、後藤（2011、2013、2014）

---

[27] 姫野（2013）は、教師研究の特徴と課題について、以下の点を指摘している。「例えば、教師の知識・技術・信念に関する研究では、授業を行うための知識や技術に特化して研究を推進してきており、学級経営や子ども理解に必要な知識や技術はほとんど扱ってこなかった」（p.97）。
[28] 和井田（2015）によると、自治体レベルで新任時から2〜3年間を初任期として発達サポートが実施されつつあるが、「こうして行われている若手教員対象の研修内容は大半が授業実践研究である」。つまり、自治体レベルの研修においても、授業研究への関心の高さが窺えるのである（p.47）。

のように実際に学級に入って長期のスパンでアクションリサーチの方法を取り入れながら若手教師に直接関わる研究はほとんど見られない点である。そして第六に、若手教師間の相互行為や協働に焦点化した研究は、管見の限り見られない点である。

　以上の先行研究と関連付けながら、本研究を位置付けると、第一に、本研究では授業ではなく学級経営（実践）に着目する。冒頭でも述べたように、小学校教師の職能発達にとって、学級経営（実践）は重要な課題である。とりわけ、若手期の職能発達にとって、どのような学級経営を目指すかは、その後の中堅期やベテラン期の職能発達に大きな意味をもたらすことが推察される。また、学級経営に関しては、子どもとの関係、同僚との関係、学校環境との関係の３面から職能発達の態様を捉えることができると考える。

　第二に、本研究では、若手教師の学級経営実践を通した意識変容過程として学級経営観に着目する。教師の職能と学級経営（実践）を繋ぐ中心的要素は、教師が子どもをどう捉え、どのような指導観をもち、どのような学級（経営）を志向するかという子ども観や指導観、学級観等を含む学級経営観にあると考えるためである（本章第5節（2））。教師が学級経営の課題をどのように捉え、学級経営改善のための実践をどのような意思決定のもとで行い意味付けているのか、その基盤をなす教師の信念である学級経営観（子ども観・指導観・学級観等）の変容過程の内実を捉えることによって、職能発達との連関を考察することができると考える。

　第三に、教職経験4〜10年の若手教師に焦点を当てる（本章第5節（3））。若手期を重要な時期として先行研究では論じられており、そのなかでも特に新任期や初任期に関する関心が高いが、それ以降の知見の蓄積は不十分である。小学校教師の中心的課題は学級経営であるとするならば、1〜3年の「生き残り」の時期を終えた4年目以降をいきなり中堅期と捉えるのは現実的ではないと考える。学級経営（改善）に課題が多い若手教師の職能発達に焦点化した研究は多くはないなかで、教職経験4〜10年に焦点を当てる研究が必要である。

　第四に、学級経営に直接関わるアクションリサーチや参与観察の質的研究

の方法をとることである。質問紙調査などの量的調査では、個々の教師の「教師になっていく過程」（安藤 2000：p.99）は、捨象されることが危惧される。若手教師の学級経営のあり様や学級経営に対する考え方等の意識変容過程の内実の詳細を解明するためには、学級経営改善に関わるアクションリサーチや参与観察の質的研究が適していると考える。

3.　本書の課題と構成

　以上を踏まえ、本研究では、先述の研究目的を達成するため、以下の３つの研究課題を設定する。課題１は、第Ⅱ部（第３章・第４章）に、課題２は、第Ⅲ部（第５章・第６章）に、課題３は、結論部（第７章）に対応している。本研究の構成と方法は以下の通りである。図１－１は、本研究の全体構造図である。

【課題1】同一小学校（初任校）に勤務する２名の若手教師の包摂を理念とする学級経営改善方策の実施とそれを通した学級経営実践の変容過程を明らかにする。（第Ⅱ部：第３章・第４章）

【課題2】２名それぞれの包摂志向の学級経営実践の変容過程と意識変容過程との連関を明らかにする。（第Ⅲ部：第５章・第６章）

【課題3】課題１・課題２を踏まえて、包摂を理念とする学級経営実践を通した小学校若手教師の職能発達の特徴を明らかにする。（結論部：第７章）

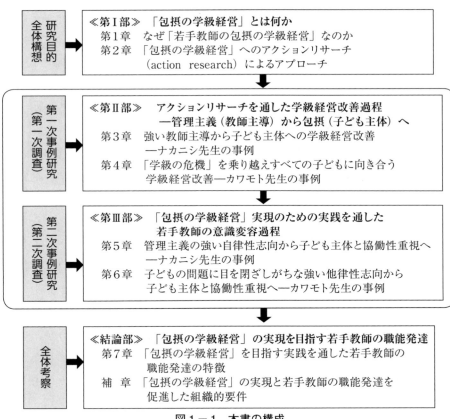

図1－1　本書の構成

　第Ⅱ部（第3章・第4章）では、公立小学校における2名の若手教師の包摂を理念とする学級経営改善方策の実施とそれを通した学級経営実践の変容過程を分析し、その特徴を明らかにする（課題1）。具体的には、5年生2クラスを対象に、学級担任教師2名及び協力指導教師1名と筆者の協働による学級経営改善を意図したアクションリサーチを行った。X年4月から7月まで週に1回ずつ、各教室で終日参与観察を行い詳細な記録を取った[29]。主に放課後、3名と筆者が協議の時間を設けて学級の実態や課題を確認し、特に

---

[29] 当初は、週に1日ずつ曜日を決めて各教室に入る予定であったが、その後、その日の予定や行事、担任教師の希望等を考慮しながら、適宜、各教室に入るという柔軟な方法に変更していった。

「教師による児童間関係理解」に着目した改善方策を協議して教師がそれを
各学級で実践するというサイクルを継続した。1学期が終了したX年7月に、
参与観察で得たデータを検証するための聴き取り調査を3名の教師と校長・
教頭を対象に実施した。その後、X年10月に追加の聴き取り調査を3名の
教師を対象に行った。また学級の変化の様子を児童の目線で捉えるため、児
童を対象とするアンケートを行った。

　まず、第3章では、学級経営改善の方策を通した実践の変容過程事例とし
て、1組のナカニシ先生の事例を取り上げる。ナカニシ先生が、学級経営の
課題や困難を実際にどのような場面でどのように認識していたのか、アク
ションリサーチにおいてどのように実践したのか、変容したこと／しなかっ
たことは何か等、学級経営実践の具体的な場面の内実を析出し、ナカニシ先
生の学級経営実践の変容過程の特徴について整理する。第4章では、学級経
営改善の方策を通した実践の変容過程事例として、2組のカワモト先生の事
例を取り上げる。ナカニシ先生の事例と同様に、カワモト先生が学級経営の
課題や困難を実際にどのような場面でどのように認識していたのか、アク
ションリサーチにおいてどのように実践したのか、変容したこと／しなかっ
たことは何か等、学級経営実践の具体的な場面の内実を析出し、カワモト先
生の学級経営実践の変容過程の特徴について整理する。さらに、そのうえで、
2クラスのアクションリサーチにおける「教師による児童間関係理解」に基
づく学級経営実践が学級経営改善にもたらした意義と特徴について考察す
る。

　なお、このアクションリサーチは、本研究全体にとっての第一次調査（第
一次事例研究）に位置付くものである。アクションリサーチ終了後、2名の
教師は主体的にさらなる改善に取り組み、小学校教師として職能発達を遂げ
ていく姿が見られた。そのため、包摂志向の学級経営改善が小学校教師の職
能発達に対して特有の意義を有するのではないかという問いをもち、若手教
師の職能発達の探究を目的とする第二次調査（第二次事例研究）を行うこと
にした。

　第Ⅲ部（第5章・第6章）では、2名の若手教師の包摂志向の学級経営実

践を通した意識変容過程を分析し、その特徴を明らかにする（課題2）。アクションリサーチ終了後、2名の若手教師は主体的にそれぞれの学級経営改善に取り組んでいったことに着目し、各々の教師の学級経営の参与観察とそれに対する聴き取り、ならびに協力指導教師と校長及び4名の関係教師（養護教諭、2名の通級指導教室担当教師、高学年担任教師）への聴き取り調査を実施した。2名の学級担任教師への調査では、学級経営実践の変容と意識変容とを関連付けて参与観察と聴き取り調査を実施した。具体的には、まずX+1年4月からX+2年3月まで、6年生にもち上がった2名の教師の各教室で約月2回の割合で参与観察を行い、詳細な記録を行った。聴き取り調査の主な内容は、アクションリサーチ終了後の5年生後半（X年8月〜X+1年3月）の学級経営実践の振り返りや6年生にもち上がっての学級経営の課題や実践の変容、学年団教師間の関係性の変化、さらにはそうした変化の根底にある各教師の子ども観や指導観、学級観等に関する意識変容についてである。協力指導教師と校長及び4名の関係教師を対象とする聴き取り調査の内容は、それぞれの立場から捉えた当該2学級の児童の様子や2名の担任教師の学級経営（実践）、学年団教師間の関係性等についてである。また、学級経営実践の変容は子どもや学級にどのような影響を及ぼしていたのかを児童の目線で捉えるため、児童を対象とするアンケート調査を行った。さらに、追跡調査として2名の教師の初めての各異動校において、聴き取り調査を行った。学級経営改善の過程や学級経営実践の変容過程、教師自身の意識変容過程を明らかにするには長期的かつ継続的な調査が求められる。したがってA校で見られた学級経営実践の変容と意識変容は、異動校においてどのように展開していたのかという問いをもち、その視角から追跡調査として行った。具体的には、X+2年4月〜X+4年3月の2年間の異動校での学級経営を振り返ってもらい、聴き取り調査を行った。本人以外に各校長を対象に聴き取り調査を行った。その内容は、それぞれの教師の2年間の学級経営実践の様子や学校・地域の実態等についてである。

　まず、第5章では、包摂志向の学級経営実践を通した意識変容過程の事例として、ナカニシ先生の事例を取り上げる。ナカニシ先生が、学級経営実践

を通してどのように意識変容をしていったのか、学級経営観の基盤をなす子ども観や指導観、学級観等に着目し、４年間のスパンでその内実を析出し、ナカニシ先生の学級経営実践の変容過程と意識変容過程の連関や特徴について整理し考察する。第６章では、包摂志向の学級経営実践を通した意識変容過程の事例として、カワモト先生の事例を取り上げる。ナカニシ先生の事例と同様に、カワモト先生が学級経営実践を通してどのように意識変容をしていったのか、学級経営（観）の基盤をなす子ども観や指導観、学級観等に着目し、４年間のスパンでその内実を析出し、カワモト先生の学級経営実践の変容過程と意識変容過程の連関や特徴について整理し考察する。さらに、２名の若手教師の意識変容に学年団教師との関係性や協働が及ぼした影響についても分析し考察を加える。

　結論部の第７章では、これまでの議論を踏まえた総合考察を行い、教職経験がおよそ４〜10年の小学校若手教師の包摂を理念とする学級経営実践を通した職能発達の特徴を明らかにする（課題３）。

　以上が本論にあたる部分であるが、末尾に補章を設け、本論で見てきた事例から「包摂の学級経営」の実現と若手教師の職能発達を促進した背景要因として組織的側面に着目し、その特徴を分析し、考察する。本論の中心的な問題関心が、「包摂の学級経営」の実現を目指す実践を通した若手教師の職能発達の変容過程を明らかにするという点に置かれているのに対し、補論では、そうした「包摂の学級経営」の実現と若手教師の職能発達を促した背景要因として、組織的観点から同学年団教師による協働と２名の校長のリーダーシップに注目し、考察する。

4.　分析枠組み

　ここでは、本研究で援用する３つの分析枠組みについて整理する。

　第一に、研究課題２の若手教師の学級経営実践の変容過程と意識変容過程との連関を明らかにする分析枠組みとして、クラークら（2002）による以下の「職能成長の相互連関モデル（Interconnected Model）」（図１−２）を援用する。具体的には、第５章第２節のナカニシ先生の事例における学級会実

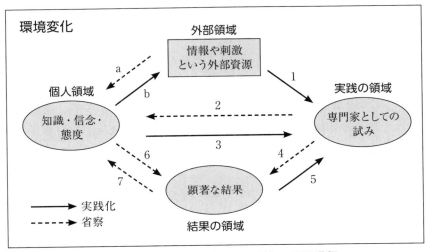

図1−2　相互連関モデルによる教師の学習過程

出典：Clarke ＆ Hollingsworth（2002）p.951, Fig.3 をもとに筆者改変。

践と教師の意識変容過程との関連の分析に援用する。学級経営観（子ども観・指導観・授業観・学級観）は、本章第5節（2）で述べるように個々の教師の価値・信念体系であり、クラークら（2002）による「職能成長の相互連関モデル（Interconnected Model）」（図1−2）の「個人領域」の知識・信念・態度に相当すると考えることができる。このモデルでは、教師個人の学習過程は、「外部、個人、実践、結果」に関する4領域が相互に関連し合うことによって生じる複雑な営みであり、「実際に専門家として何度も実践化と省察を繰り返し、そこに実際に目に見える生徒の変化が起こっていくことによって、教師の知識や信念が変わっていくという道筋」（秋田2009：p.57）として捉えている。さらに、「外部領域」の外部資源として、他者や情報や刺激を位置付けていることも特徴的である。モデル化されているが個別性を有する個々の教師の学習過程に当てはめて検討することが可能であり、選択的変容型発達観とも親和性がある。よって、学級会活動の実践化と省察を通した教師の意識変容過程を分析する枠組みとして有用である。

　第二に、研究課題3の包摂を理念とする学級経営実践を通した若手教師の職能発達の特徴を明らかにする分析枠組みとして、今津（2012a）による教

師の資質・能力の六層構成の概念を援用する。今津（2012a）は、教師の資質・能力を六層（A〜F）で捉え（表1－1）、「勤務校での具体的文脈で発揮される個別対応の力量の層から、どのような具体的文脈であろうと適用されるような普遍的な力量の層へ」（p.63）という順序で整理している。今津によれば、教師の重要な力量としての「実践的指導力」はAの「問題解決技能」に、「教える知識・技術」はBの「指導の知識・技能」に位置付き、深い層のC〜Fに支えられてはじめてBとAが実現する。勤務校での個別問題状況を解決する際には、BとC（マネジメントの知識・技術）を支えるD（対人関係力）とE（授業観・子ども観・教育観）も動員されてこそAに結晶し、幅広い技能として発揮される（p.64）。そして、六層の根底にあるF（教職自己成長に向けた探究心）は、A〜Eの源泉であり、専門職としての自律性を保証する資質である（p.66）。六層を有機的に関連付けながら捉える層構成であり（pp.63-68）、資質的側面の大きいD〜Fが不十分だと、身に付けた力量も勤務校で生かされずに、その結果としてA（問題解決技能）が発揮できなかったり、教職経験年数経過と共にBとCも衰退しやすくなったりする（p.65）。小学校若手教師の職能発達過程を探るには、知識やスキルとして可視化されやすいBやCのみならず、それらを支えるD〜Fにもより注目する必要がある。よって、若手教師の学級経営実践に着目することで、A〜F（表1－1）の内実と関連付けながら、職能発達の特徴を明らかにすることができると考える。ここに、本研究が小学校若手教師の学級経営実践に着目する意義があり、課題3の分析枠みとして有用である。

表1－1　資質・能力の層構成

資質と能力	内　　容	外からの観察・評価	個別的・普遍的状況対応
能力 ↑ ↓ 資質	A　勤務校での問題解決と，課題達成の技能 B　教科指導・生徒指導の知識・技術 C　学級・学校マネジメントの知識・技術 D　子ども・保護者・同僚との対人関係力 E　授業観・子ども観・教育観の錬磨 F　教職自己成長に向けた探究心	易 ↑ ↓ 難	個別的 ↑ ↓ 普遍的

出典：今津（2012a）p.64。

　第三に、研究課題3の包摂を理念とする学級経営実践を通した若手教師の職能発達の特徴を明らかにする分析枠組みとして、具体的には学年団教師間の関係性の変容の分析枠組みにハーグリーブス（Hargreaves, A.）の教師文化論（表1－2）を援用する。教師の協働を教師文化（teacher culture）として取り上げたのは、ハーグリーブスである。ハーグリーブスの教師文化論に関しては、日本でもこれまでさまざまに議論の俎上に載せられてきた（今津 1995、2000、諏訪 1995、秋田 1998、中留 2001、金田 2010）。ハーグリーブス（1992）は、教師文化を「内容（content）」と「形態（form）」の二側面から捉え、前者はメンバー間に共有される「態度、価値、信念、習慣、前提、行動様式」から構成され、後者は「メンバー間に特徴的な関係性のパターンや結びつきの形態」[30] から構成されると整理する。彼は、教師文化の「内容」の変化は、「形態」の変化の影響を受けて現れるのであり、教師発達や学校改善の可能性を探ることは、教師文化の形態を理解することに他ならないと述べる（pp.219-220）。そのうえで、「形態」を、①個人主義（Individualism）、②グループ分割主義（Balkanization）、③協働文化（Collaborative Culture）、④企てられた同僚性（Contrived Collegiality）、⑤自由に動くモザイク型（The Moving Mosaic）の5つに分類している（1994）。表1－2はその概要である。こうしたハーグリーブスによる教師文化論を受けて、日本の学校でも、同僚教師間に相互の開放性と信頼性、支援性をもたらす「協働文化」を根付かせることが求められている（今津 1995）。

　日本の学校現場では今日、チーム学校の推進による組織の多職種構成（横山 2016）が進行しており、教師には他の専門家やスタッフとの協働が求められている。しかしながら、その中核となる教師間の協働の必要性はこれまで認識されてきたにもかかわらず、その内実は十分に検討されてきたとは言い難い。教師の若年化が進行する学校現場においては、20代の若手教師同

---

[30] ハーグリーブスはカナダの現実を踏まえて、教師文化を「内容」と「形態」に分け、「形態」的側面を重視しているが、日本では「形態」については、論じられることが少ない（今津 1995：pp.124-125）。本研究では、教師文化を佐藤（1994）に依拠し「教師の職業意識と自己意識、専門的な知識と技能、『教師らしい』と感じさせる規範意識や価値観、ものの見方や考え方、感じ方や行動のしかたなど、教師たちに特有に見られる様式的な職業文化」（p.21）と定義する。

表 1 - 2 　ハーグリーブスの教師文化論の 5 形態

教師文化の形態	概　　　要
個人主義型 (Individualism)	自身の学級のなかに閉じこもり、相互に孤立するため、学級で起こる問題を自身の力だけで解決しようとする。結果的に、保守主義、個人主義を保持するようになる。しかし、この文化は、個々の教師の自律性、創造性の確保の基盤ともなる。
グループ 分割主義型 (Balkanization)	何人かの教師から構成される小グループがいくつも存在し、互いに反目することが多い。分割主義においては、グループ間のコミュニケーションは減少し、対立葛藤の状態に陥りやすい。
協働文化型 (Collaborative Culture)	少数の学校に見られるものであるが、教師間に日常的な助け合い（相互扶助・支援）、信頼、開放性をもたらす関係性である。失敗と不確実性に対しては、相互に議論する。教育上の価値観に大筋での合意が求められるが、ある程度の意見の不一致は許容し、一定の範囲内であれば、ある程度は積極的に不一致を促進する。自然な温かさが滲み出る同僚関係である。協働文化は、教師の日常業務の中心を占める。しかし、マンネリ化やパターン化を起こしやすい。
企てられた 同僚性型 (Contrived Collegiality)	教師文化の変革は、「個人主義」や「グループ分割主義」が「協働文化」へと転換されることであるが、「協働文化」は自発的には生まれにくいため、過渡的な措置として「企てられた同僚性」を導入することが学校改革や教師発達に連なる。
自由に動く モザイク型 (The Moving Mosaic)	その時々の目的や必要に応じて力動的に柔軟に集団のあり方が変化する。メンバー間の関係は重なり合うことがあり、さまざまな形で繋がり合うという面がある一方で、不確実でもろく、葛藤も生じやすい面がある。

出典：Hargreaves, A.（1992）pp.220-231,Hargreaves,A.（1994）pp.163-239. をもとに筆者作成。なお、
訳出にあたっては、今津（1995、2000）、諏訪（1995）、秋田（1998）を参照した。

士の学年団編制も珍しくなくなっているという現実がある。若手教師の育ち
を促す教師間の連携や協働をいかに創出していくかという課題を考慮する
と、若手教師同士の相互行為や協働の内実を分析し、職能発達との関連を明
らかにすることは、教師教育の重要な今日的課題であろう。本事例に引き付
けて教師文化論を援用して検討する可能性を考えると、学級経営実践を通し
た同学年団 3 名の若手教師に共有されていた特徴的な「態度、価値、信念、
習慣、前提、行動様式」と「関係性のパターンや結びつきの形態」の内実を
分析し、それらが 2 名の学級担任教師の職能発達にどのように関連するのか
を捉えることができると考える[31]。

5. 基本概念の整理

(1) 学級経営

　学級は、公教育及び学校行政の基礎的組織の単位であり、学級経営の「経営」は、学校経営のそれとは概念を異にする（織田 2003：p.78）。しかし一方で、学級経営という用語は「概念的には多分に曖昧さを含んで」おり（高橋 1998：p.163）、現在においても「『学級経営とは何か』という問いに対する見解も一致しているわけではない」（安藤 2013b：p.116）と指摘されるように、「学級経営」の概念はその解釈もさまざまであり一定ではない。

　下村（1982）は学級経営の概念について、「学級経営・機能論」[32]、「学級経営＝経営主体活動論」[33]、「学級教育＝学級経営論」の三つの見解として整理し、「学級教育＝学級経営論」について次のように説明している。「学級教育＝学級経営論」は、教科指導と生活指導、教授と訓練という二つの機能からなる教師の統一的な日常的実践形態あるいは行為を学級経営とみる、いわゆる「学級づくり」の立場である。そこでは、学級における諸活動を経営活動と教育活動に分けることをやめ、学級を単位とするすべての教育活動及び学級担任としてのすべての職務を総称するものと捉えている。

　冒頭にも述べたように学級に関わる現代の諸問題を鑑みると、学級経営において学習指導のみならず生徒指導問題が重要な位置付けにあり、学級担任教師が多くの教育活動を担う小学校では教科担任制をとる中学校に比べて、学習機能と生活機能を明確に分けて議論することはより現実的でないと思われる。したがって「学級教育＝学級経営論」の概念が、学習機能と生活機能を峻別することなく包括的な学級経営を通した教師の職能発達のあり様を対象とする本研究には適切であると考える[34]。

---

[31] 3人の教師の関係性を「教師文化」の概念で捉えることの是非については、議論の余地があると思うが、教師間の関係性と職能発達との関連を協働の観点から探るには有用な枠組みであると考えるため、本研究ではハーグリーブスの教師文化論を参照する。

[32] 学級経営を教授の効果を上げるための条件整備と捉える立場あるいは学級活動や生活をインテグレートする機能とみるもので、教科の学習指導自体は含まない。

[33] 教師の活動から教授を主体とする活動を除いたすべての活動とするもので、言い換えれば前記の条件整備の機能に加えて特別活動をはじめとする訓育の機能を加えたものを、学級経営の内容と見る。

　加えて冒頭でも言及したように、本研究では、すべての子どもの多様性を包摂し、子どもの立場を尊重する子ども主体の学級経営を志向する。そこで、学級経営の定義を下村の「学級教育＝学級経営論」の概念を踏まえたうえで白松（2017）を参照し、「小学校の学級担任教師が、すべての子どもの多様性を包摂するように配慮しながら教育目的に従って子ども主体のさまざまな活動を工夫し、実践することであり、それは学習指導と生徒指導の二つの機能からなる教師の包括的な日常的で開かれた実践である」とする。なお、「包摂の学級経営」の概念については、次節（第6節）で詳述する。

（2）学級経営観

　本研究は若手教師の学級経営実践を通じた意識変容に着目するものである。「意識」の辞書的な意味は、「物事や状態に気づくこと、はっきり知ること」であり、心理学・哲学の用語としては、「知覚・判断・感情・欲求など、すべての志向的な体験」[35] である。

　一方、「観」の辞書的な意味として、接尾語的に用いた場合は、「…に対する考え方・見方などの意を表す」[36]。つまり「ものの見方・考え方」である。人の「ものの見方・考え方」は、「知覚・判断・感情・欲求など、すべての志向的な体験」を通して「物事や状態に気付」き、「はっきり知ること」により、形成されていくものであると考えることができる。

　そこで本研究では、教師の意識変容として教育実践者としてのものの見方や考え方、行為の仕方の慣習的な枠組みとしての「〜観」の変容に着目する。教師の有する子ども観や学級観などの「〜観」は、先行研究において信念体系として捉えられてきた。例えば、西（1981）によると、「その個人の〔価値・信念〕体系は、教師の場合、教育観や生徒観、ひいては教職の社会的使

---

[34] 佐々木（1997）が「学級経営は一定の領域に限定した教育活動ではなく、一般に学級の場で営まれる教育的機能」（p.33）と述べるように、つまり学習効果を高めるとか、児童の生活訓練を果たす学級経営と言われたりするように、学級を場としたすべての教育活動における機能概念だと考えるからである。ただし、下村による定義で「学級経営」がすべて明快に整理されたとは言えない。

[35] 『大辞泉 第二版』上巻（2012）、小学館、p.194。

[36] 『大辞林 第四版』（2019）、三省堂、p.591。

命観といった事項として捉えられる」（p.140）。黒羽（1999b）は、教師の信念を「個々の教師が教育行為の対象について潜在的に保持する暗黙知であり、対教師や対児童と相互作用を通して抱く児童観や授業観等から教師の効力感や自己受容観等を含めた包括的な概念」（p.28）と定義し、「一教師の信念は、関連する信念が結合して授業観や子ども観、学級観等様々な信念体系を形成する」（1999a：p.97）と述べる。また、笹屋ら（2016）は、学級経営観は学級経営に関する信念であり、授業観や教科観に関連があると論じている。

　こうした先行研究を踏まえ、本研究では、学級経営観を「小学校教師の子ども観や指導観、授業観、学級観などを構成要素とする学級経営に関する信念体系であり、教師が望ましいと考え志向する学級経営の見方や考え方である」と定義する。ここでの子ども観とは、教師が子どもをどう捉えるかという見方や考え方、指導観とは、教師が子どもを指導するときの見方や考え方、授業観（教材観）は教師が授業や教材についてどう捉えるかという見方や考え方、学級観は教師が学級をどう捉えるかという見方や考え方である。なお、学級経営の実際において、それらは相即不離の関係にあると思われるため、それぞれを厳密に分けることは困難である。そのため、本研究では便宜上、より傾向が強いと解釈できる「〜観」として捉え、学級経営観として意味付ける。また、これらは相互に関連し、相即不離の関係として学級経営観を構成し、教師という仕事に対する見方・考え方である教職観へと連なっていると考える。それゆえに、学級経営実践を通して変容する学級経営観は教師としての職能発達に深く関係するのである。図1−3は、以上のような認識に基づいて学級経営観と教職観の関連を表したものである。なお、図中の⇔は、

図1−3　本研究が捉える学級経営観と教職観の関連

出典：筆者作成。

学級経営観と教職観が環流する関係にあることを示すものである。

(3) 若手教師

　「若手期」をどう捉えるかという議論においては、教師のキャリアの視点から教職経験年数を基準として若手・中堅・ベテランという段階に分けることが多いと思われる。また、若手・中堅・管理職という枠組みで捉える場合も見られる[37]。「中堅」と類似した表現として、近年「ミドル」という言葉が使われる場合もあるが、両者の差異は明確ではなく、中堅と同様の意味で用いられることもあると言及されている（畑中 2013）[38]。例えば入職時の年齢は多様であるが、年齢に関係なく新任教師として社会的にも制度的にも位置付けられ、その後の各種研修が教職経験年数を基準に設定されていることが多いことを踏まえれば[39]、教職経験年数をキャリアの一つの基準にすることは汎用的である。

　それでは、若手期とは具体的にどのような教職経験年数を対象とするのか。この点に関しては、若手期の捉え方はさまざまである。例えば、新任期〜3年、新任期〜5年、新任期〜10年等、自治体や研究者によって異なる解釈が見られる[40]。近年学校現場では、教職員の年齢構成の偏りによる若年化が進行し「かつてに比べ、キャリアが早回しになっている」（町支・脇本 2015：p.209）という傾向が指摘されてもいる。こうした学校現場の現況を踏まえ、若手期を新任期〜5年内の教職経験年数に措定する傾向が見られる。また当然ではあるが、個別学校においては年齢構成の状況により、教職経験何年目までを若手教師として位置付けるかは不確実であり、流動的にならざるを得ないこ

[37] 文部科学省（1999）「養成と採用・研修との連携の円滑化について」第3次答申。
[38] 本研究では、「ミドル」と同意味として「中堅」という表現で統一する。
[39] 例えば、制度的には法定研修制度として、「初任者研修」がある。また各自治体により、2年目・3年目・5年目等の教職経験年数を基準とする研修が行われている。社会的には例えば、各学校では新年度当初の保護者宛の文書に教職員の新着任者が紹介されるが、その場合新任教員には「新任」と記載されることが多い。なお通常、中堅・ベテランというような表記はされない。
[40] 例えば小島（1983）は、教職経験3年前後までを「若い教師」とし、徳舛（2007）も同様に教師歴1〜3年目を若手小学校教師としている。植木（2017）は、教職経験を10年ごとに区切り、若手期（初任から教職経験10年目）、中堅期（11〜20年目）、熟年期（21〜37年目）としている。

とが推測される。

　松尾（2006）は、熟達者の経験学習の分析[41]を通して、「10年の後半期（入社6～10年の期間）における経験が、その後の業績や知識・スキルの獲得において重要になること」を提示し、「熟達化の10年ルール」（pp.38-39）をさらに深めている。

　こうした議論を小学校教師に当てはめると、次のように推測される。勿論個人差があることは前提としたうえで[42]、1～3年目は、新任時からいきなり学級担任を担うプレッシャーやリアリティ・ショックを経験しながらとにかく業務や職場環境に慣れるのが精いっぱいであることが想定される[43]。教職の経験が乏しいこの時期の教師は、学級経営の複雑さ・困難さに日々直面しながら、目の前の仕事をこなすことに一生懸命にならざるを得ない状況にあると言っても過言ではないだろう。そうしたなかで教職という世界に生き残り、徐々に自身の学級経営や教育実践を対象化し、周囲の状況を相対化して捉えたり他者の言葉に耳を傾けたりする余裕が生まれてくるのが4年目以降である。そしておおよそ10年目までの期間に自身の学級経営観を問い直し、再構成する経験を有するのか／有しないのか、あるいはそのような姿勢を身に付けるのか／付けないのかが、その後の教師としての職能発達において重要になると思われる。つまり、教職経験年数4～10年の期間は、中堅期以降の教師の成長や発達に大きな影響を及ぼす若手期から中堅期への移行の重要な期間として位置付けられると考えるため、本研究ではこの時期に着目する。

　このように考えると、若手期を教職経験年数1～5年内の期間に限定する

---

[41] 松尾（2006）は、営業、プロジェクト・マネジメント、コンサルティングの領域における熟達者の経験学習の分析を通じて、プロフェッショナルへの成長プロセスを明らかにしている。

[42] 例えば、教職の場合は講師経験の有無がそれにあたる。文部科学省の調査によると近年、講師の在職率が増加傾向にありこの点を踏まえても教師の成長・発達を捉えるうえでは重要な視点であると考えるが、本研究ではひとまず講師経験を含めない新任教師としての着任からの教職経験年数を基準とする。

[43] 文部科学省（2013）によると、公立学校における新規採用教員（平成23年度において採用総数28,388人）で、条件附採用期間中に病気を理由として離職した教員（同年度118人）のうち約9割（同年度103人）が精神疾患によるものとなっている。このことからも、新任期の困難さが推測される。https://www.mext.go.jp/component/b_menu/shingi/toushin/__icsFiles/afieldfile/2013/03/29/1332655_04.pdf（最終アクセス日：2021/03/16）

ことは、近年の実践力・即戦力特化の流れを促進する危険性を孕んでおり、そのことは若手教師のサポート体制や研修の内容にも影響を及ぼすことが危惧される。社会や地域・家庭が変化し、子どもの抱える背景や問題が多様化するなかで、学級経営は中堅・ベテラン教師にとっても複雑で困難な実践になっているからである。

　以上を踏まえると、若手期を教職経験年数 1 〜 10 年の期間の幅をもって捉える山﨑準二の次の指摘が示唆的である。「『若手』期とは、入職からリアリティ・ショックを経て、教職アイデンティティの初期形成に繋がっていき、そして『中堅』期へと移行していく期間のおよそ 10 年間を指している」（山﨑 2012a：p.429）。そこで本研究では、山﨑に依拠して若手教師を「小学校教師として入職し、リアリティ・ショックを経て教職アイデンティティの初期形成から中堅期へと移行していく期間のおよそ 10 年間にある教師」と定義する。またそのなかでも、教職経験年数 4 〜 10 年の期間に着目する。

(4) 職能発達

　教師の職能発達概念については、西穣司の論考が示唆に富む。西 (1987) は、「成長」と「発達」の概念については心理学分野の知見から、前者は固体の変化を量的増大において捉える際の概念であり、後者は固体と環境との継時的な相互交渉を通して機能や構造が分化し、より有能になっていく過程であるとして、教師の職能の向上を問題とする場合には、「成長」よりも「発達」が適していると指摘する [44]。このように彼は、「発達」を個人と環境との相互作用を重視する概念と捉え、類似する概念である「成長」と区別した。そのうえで職能発達の概念を「学校教育に従事する教員が、その職業的役割をいっそう効果的に遂行することを企図して行う個人的および集団的な職業的能力の向上・発展の一連の内発的な営みないし過程」（西 1987：p.191）と定義している [45]。発達の主体を教師に置いたのである。

---

[44] 西 (1987) は、教育をめぐる議論において、1970 年代後半以降、現職教育 (in-service education) という用語があまり用いられなくなり、代わりに職能発達 (professional development) という用語が多用されるようになったと述べている。

　佐藤（1997）が述べるように、「反省的実践家」モデルにおける教師の専門的成長の中核的な場は、実践問題が生起する教室と学校である。本研究は、まさにその学校と教室をフィールドワークとし、学校教育に従事する若手教師が学級経営を通してどのような過程で「教師になっていく」（安藤 2000：p.99）のかに関心を寄せる。そこでは当然、他者や環境との相互作用や学校環境は重要な要素となる。したがって、本研究では職能発達の定義を、前述の西の論考に依拠する。

　このような職能発達論は、山﨑（2002、2012a）の「選択的変容型」発達観とも親和性がある。山﨑準二は、教師のライフコース研究の立場から、従来の「垂直的」発達観ではなく、「選択的変容型」発達観に立脚することによってこそ、直面する状況と困難・課題に対応し、主体的な決断と選択による一人一人異なる発達と力量形成の姿を描くことができると述べる（山﨑 2012b：p.184）。「垂直的」発達モデルとは、一定の理想像が想定されていて、それに向けていわば単調右肩上がりに積み上げていく付与型の発達観であり、脱文脈的・脱状況的である。一方、「選択的変容型」発達モデルは、新たな状況に対応して、何がしかのものを獲得したり喪失したりしながら、それまでの旧い衣＝従来の子ども観や授業観等を脱ぎ捨てながら、進みゆくべき新たな方向を選択しつつ非連続的に変容していく型のように描かれるものであるとする（山﨑 2012a：p.23）。学級経営は文脈状況依存的であるため、小学校の学級担任教師は複雑で不確実な状況に対応するため主体的に考え価値判断をすることが日々求められる。また、個々の教師の教師になっていく道筋は異なるため、個人の置かれた文脈を描出する発達研究が必要であろう。よって、本研究では、小学校若手教師の学級経営の事例を通した職能発達に着目するため、「選択的変容型」発達観に依拠する。

---

[45] 秋田（1999）は、獲得や増大を示すことが多い「成長」の概念と比べて「発達」という語はより多層的、多様な変化を捉える概念であり、教師という仕事の変化を捉えるには「成長」という認識だけでは十分でないと述べている。

（5）教師による児童間関係理解

　本研究においては、「教師による児童間関係理解」に着目する。ここでいう「教師による児童間関係理解」とは、教師が児童間の関係性を状況に応じてどう認識し理解するかという観点であり、見極める、見守る、繋ぐ、介入する、育てるなどの適切な指導との一体を目指すものである。これは、教師が児童間の、個対個、個対複数、個対集団の関係性に着目する捉え方であり、図１－４は、それを表すものである。また、図１－５で示す従来の児童同士が相互に理解し合う「児童間理解」とは区別する。本書ではこれ以降、「児童間関係理解」と表記をする場合もすべて「教師による児童間関係理解」を指している。

　子どもは学級において多様な関係性のなかで生活していることを踏まえれば、特に同級生との関係性のあり様は児童生徒理解に必要な要件である。例えばいじめや不登校などの背景に子ども間の関係性の問題があることを考慮すると、教師が子ども同士の関係性に意識的に着目することは必要な視点であると考える[46]。また、肯定的な面でも否定的な面でも、子ども間の関係性が学級の状態に大きな影響を及ぼすことを否定できない。「教師による児童間関係理解」の観点を学級経営に明確に位置付けることにより、第一に教師

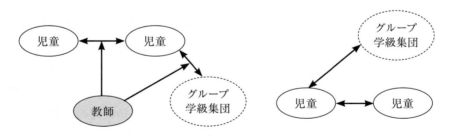

図１－４　教師による児童間関係理解　　　図１－５　児童間理解

出典：筆者作成。

---

[46] 例えば、中原・都丸（2016）はＡ市の小学校（54校、小学生約34,000名）に勤務するスクールカウンセラー54名を対象にした調査（平成26年5月〜27年9月）において、児童からの相談内容で最も多かったのは児童間の関係に関するものであったことを明らかにし、友人との関わりが負担、さまざまなトラブルに悩むという子どもの声を誰がどう汲み取っていくのか、教師の学級経営や相談援助の能力が重要になっていると指摘している。

が個・関係性・集団に着目するホリスティック（包括的）な学級理解の視点
を得ることが可能になる。第二に、児童理解と児童間関係理解の往還による
多面的理解が促されることが期待できる。そして第三に、教師が子どもたち
の関係性を繋ぐ「通訳」の役割（小国ほか 2015：p.9）を担うことに開かれ
る[47]。

6.　本書が目指す「包摂の学級経営」

(1)「包摂（インクルージョン）」とは何か

　辞書的には、インクルージョン（inclusion）は「包み込む」という意味を
もち、「包括」「包含」「包摂」と訳されるが、本書では「包摂」と訳す[48]。

　ここでは、まず、「ソーシャルインクルージョン（Social Inclusion）」「イ
ンクルージョン（inclusion）」「インクルーシブ教育（inclusive education）」
の概念を整理し、そのうえで、本書における「包摂の学級経営」の捉え方に
ついて述べる。

　社会的包摂（Social Inclusion）は、社会的排除（Social Exclusion）と対に
なる概念であり、二つの概念は、1970 年代にフランスに発祥し、その後、ヨー
ロッパ諸国を始め、欧州連合、国際連合などの国際機関において社会政策の
基礎的な理念として確立してきた（日本学術会議 2014：p.2）。そうした流れ

---

[47] 2006 年度に開校した大阪市立大空小学校では、子ども同士のトラブルは貴重な教材であると捉え、教師
が解決のためのジャッジをすることはしないで、あくまでも「通訳」の役割に徹する取り組みを全校で実践した。
「違った特性や個性の子ども同士が、互いの違いを理解し合うためには、教員は『通訳』に徹すること
である。互いの言葉をどう理解し合うか。そのための通訳をするには、その子どもの心の声を聴こうとする
大人の姿勢がなくてはできない。通訳がうまくいけば、必ずと言っていいくらい子ども同士が自分なりに納得
するのである。トラブルがあればあるだけ、子ども同士の学びは広がり深まるのである」（小国ほか 2015：
p.6）。一方、矢野（2016）は、子どもの人間学＝人類学の視点から、子どもを単に社会的有能性の欠
如した未熟な存在と見なし、人間の関係が子どもの成長をめぐる中心課題であると捉える見方に次のよう
に警鐘を鳴らしている。「教育問題を直ちに人間関係の問題として回収する問題理解は、対症療法的に
人間関係の変更をターゲットとして、子どもの心への直接的な教育的介入をもたらしている。道徳教育の
教科化もその現れのひとつである」（p.189）。こうした指摘にも留意が必要であろう。しかし一方で、子ど
も間の関係性の問題が、深刻ないじめや不登校等の要因になることも多々あることを鑑みると、実際の実
践の場で矢野の指摘のような「理論」を「実践」にどう接続していくのかという課題が存在する。こう
した意味において、本書の実践や上述の大空小学校の取り組みは、一つの参考事例になると考える。

[48]『ジーニアス英和辞典』第 4 版（2006）、大修館書店。

のなかでユネスコは、2005年、教育的側面を強調した用語としてインクルージョン（inclusion）を用い、「生徒の多様性に積極的に対応し、個人差を問題視するのではなく、学習を豊かにする機会と捉えるダイナミックなアプローチ」（ユネスコ 2005：p.12）と見なしたうえで次のように定義している。インクルージョン（inclusion）とは、「すべての学習者の多様なニーズに取り組み、それに対応するプロセスと見なされており、それは、学習、文化およびコミュニティへの参加を増やし、教育内外の排除を減らすことを通して行われる」（ユネスコ 2005：p.13）。つまり、「包摂」という概念はプロセスで捉えるものであるということである。

　また、これより先にユネスコは、1994年「特別なニーズ教育の原理・政策・実践に関するサラマンカ声明」において、「万人のための教育（Education for All）」目標実現のためのインクルージョン（inclusion）の原則を示し、通常の学校においてすべての子どもを対象とする個々の特性やニーズに考慮した、インクルーシブ教育（inclusive education）を保障することを求めた[49]。そこでは、「学校というところは、子どもたちの身体的・知的・社会的・情緒的・言語的もしくは他の状態と関係なく、すべての子どもたちを対象とすべきである」（傍点、筆者）ことが明示され、適切なカリキュラムと編成上の調整、指導方略、資源の活用、地域社会との協力を通じ、すべての子に対し質の高い教育を保障しながら、生徒の多様なニーズを認識し、それに応じなければならないとしている。このようにユネスコが提起したインクルージョンやインクルーシブ教育は、すべての子ども（学習者）を対象にしている点が特徴であり、世界各国のインクルージョンやインクルーシブ教育に関わる政策に大きな影響を及ぼした。

　一方、日本の政策動向に目を向けると、文部科学省によるインクルーシブ教育に関する提言と厚生労働省（旧厚生省を含む）による社会福祉に関するソーシャルインクルージョンに関する提言の流れが捉えられる。前者につ

---

[49] インクルージョン（inclusion）の原則、「万人のための学校」として、「すべての人を含み、個人主義を尊重し、学習を支援し、個別のニーズに対応する施設に向けた活動の必要性の認識」を提示している（国立特別支援教育総合研究所「サラマンカ声明『特別なニーズ教育に関する世界会議：アクセスと質』」）。
https://www.nise.go.jp/blog/2000/05/b1_h060600_01.html（最終アクセス日：2021/08/23）

いては、文部科学省中央教育審議会初等中等教育分科会において「共生社会の形成に向けたインクルーシブ教育システム構築のための特別支援教育の推進（報告）」（2012年7月23日）が示された。この報告の影響により今日においても教育界では、インクルーシブ教育は特別支援教育と同義のように見なされる傾向があることは否めないだろう。そのため、ユネスコ（1994、2005）が提起したすべての子ども（学習者）のためのインクルーシブ教育という意味合いは日本では少なくなっていると思われる。後者については、厚生省（現・厚生労働省）「社会的な援護を要する人々に対する社会福祉のあり方に関する検討会」報告書[50]（2000年12月8日）や厚生労働省第22回社会保障審議会「一人ひとりを包摂する社会」特命チーム「社会的包摂政策を進めるための基本的考え方（社会的包摂戦略（仮称）策定に向けた基本方針）」[51]（2011年8月29日）において、すべての人々を対象に社会的排除（Social Exclusion）のリスクを低減する社会福祉政策の理念として社会的包摂（ソーシャルインクルージョン）の考え方が提示された。

　こうした提言を受け、内閣府社会的排除リスク調査チームにより2011年度に実施された「社会的排除の状況にあると思われる人々を対象とした事例調査」報告書、「社会的排除に至るプロセス〜若年ケース・スタディから見る排除の過程〜」[52]（2012年9月）の分析結果が注目される。そこでは、成人後社会的排除の状態におかれる（社会の周縁に位置する）可能性を高くすると考えられる子ども期に発生した潜在リスクとして、障害（発達障害、知的障害等）、家庭環境（貧困、児童虐待等）、教育関係（いじめ、不登校・ひきこもり、学校中退、低学歴（中卒）、学齢期の疾患（精神疾患含む）が指

[50] 社会的包摂について、新たな「公」の創造として「今日的な『つながり』の再構築を図り、全ての人々を孤独や孤立、排除や摩擦から援護し、健康で文化的な生活の実現につなげるよう社会の構成員として包み支え合う（ソーシャル・インクルージョン）ための社会福祉を模索する必要がある」と示されている。https://www.mhlw.go.jp/www1/shingi/s0012/s1208-2_16.html（最終アクセス日：2021/08/27）
[51] 「社会的包摂戦略（仮称）」の策定に向けては、社会的排除のリスクについての実態を調査するとともに、リスクの連鎖や重なりをくい止める現場レベルでの実践を踏まえた検討」を求めている（p.1）。https://www.mhlw.go.jp/stf/shingi/2r9852000001ngpw-att/2r9852000001ngxn.pdf（最終アクセス日：2021/08/27）
[52] https://www.mhlw.go.jp/stf/shingi/2r9852000002kvtw-att/2r9852000002kw5m.pdf（最終アクセス日：2021/08/27）

摘され、福祉・教育・医療の連携、教育現場における早期対応も含めた包括的な社会的包摂政策の必要性が言及されている。ここで挙げられている障害、貧困や虐待、いじめ、不登校などはまさに複雑化、多様化している現代の教育問題であり、したがってそれは同時に学校教育の課題でもある。

　日本学術会議は、心理学・教育学委員会「排除・包摂と教育分科会」提言「すべての人に無償の普通教育を：多様な市民の教育システムへの包摂に向けて」（2020 年 8 月 26 日）において、社会のメインストリームから排除されがちな 6 つのカテゴリーとして、「不登校の子ども」「外国籍の子ども」「障害のある子ども」「貧困家庭の子ども」「被差別部落の子ども」「周辺化される目立たない子ども」を挙げ、教育による社会的排除（教育システムからの排除）の是正の重要性を提起している。これらの 6 つのカテゴリーは、前述の子ども期に発生した社会的排除に至る潜在リスク（内閣府 2012）とおおよそ共通しているが、「周辺化される目立たない子ども」にも着目している点は重要である。何故なら、際立った異質性を有する外国籍の子どもや障がいのある子どもだけでなく、他の子どもをも見えにくいながらも多元的な差異を持つ存在と捉える（森田 2011）ことにより、すべての子どもを対象にすることに繋がると考えるからである。加えて、「周辺化される目立たない子ども」の抱える困り感や生き辛さにもっと焦点を当てる必要性を感じている。

　「教育システムは社会システムの一サブシステムであり、そこからの排除は、社会的排除の帰結（親世代が子世代に影響を与える意味で）と見ることもできるし、あるいは社会的排除の前段階（子どもが大人になる過程において）と考えることもできる」（日本学術会議 2020：p.1）。そもそもすべての子どもを受け入れるのが公立小中学校の役割である。通常の学校においてすべての子どもを対象とする個々の特性やニーズに考慮したインクルーシブ教育（inclusive education）の保障（ユネスコ 1994）は、「教育における排除を減少させ、包摂の度合いを高める」（日本学術会議 2020：p.1）ことに繋がり、子ども期に発生する社会的排除に至る潜在リスク（内閣府 2012）の低減が期待できるのではないだろうか。ただしここで留意しておきたい点は、先述のように日本のインクルーシブ教育は特別支援教育と同義のように見なされ

ている傾向が窺えるため、ユネスコの提唱するすべての子どもを対象とするインクルーシブ教育とは区別する必要があるであろう。

　「格差社会」の解消が 21 世紀の日本の重要な課題となり、「弱者」に対する社会的排除の過程が昂進している（日本学術会議 2010：p.1）。こうした社会のあり様と、複雑化、多様化する教育の問題は、根底で繋がっている（内閣府 2012）。また、「学校は社会の縮図である」（文部科学省 2010：p.14）という指摘もある。したがって、学校教育の社会的な役割を考えると、貧困や不登校、いじめなどの教育問題は、個別の生徒指導の問題として臨床的に対応するだけで済むものではない（日本学術会議 2020：p.4）。それらは「弱者」を社会的排除へ追いやるリスクを有する重大な課題だと捉え、そのリスクを低減させるために現代の学校教育全体が社会的包摂（内閣府 2012）を目指していくことは重要であろう。

　以上を踏まえて、本研究では包摂をすべての子どもの多様性を包摂することと捉え、ユネスコの提唱する「インクルージョン（inclusion）」（ユネスコ 1994、2005）の概念を適用して以下のように定義する。すべての子どもの多様性を包摂するとは、「すべての子ども（学習者）の多様なニーズに取り組み、それに対応するプロセスであり、学習、文化およびコミュニティへの参加を増やし、教育における排除を減らすアプローチ」である。したがって、「包摂」という概念は、これで「包摂」が達成されたと言える状態はなく、プロセスとして捉えるものであり、常にプロセスを更新することが必要になる。

(2)「包摂の学級経営」とは何か

　それでは、本書がその実現を目指す「包摂の学級経営」とはどのようなものか。先に本研究における学級経営の定義を「小学校の学級担任教師が、すべての子どもの多様性を包摂するように配慮しながら教育目的に従って子ども主体のさまざまな活動を工夫し、実践することであり、それは学習指導と生徒指導の二つの機能からなる教師の包括的な日常的で開かれた実践である」とした（本章第 5 節 (1)）。前述のように「包摂」という概念はプロセスで捉えるものであり、したがって「包摂の学級経営」の実現はプロセスと

しての実現を目指し、常にそれを更新することが必要になる。こうした点を踏まえ、本章第5節（1）〜（5）と関連付けながら以下の3つの観点から補足説明を述べる。

　第一に、すべての子どもの多様性を包摂する子ども主体の学級経営である（第5節（1））。特別支援教育だけではない6つのカテゴリー（日本学術会議2020）を含むすべての成長途上の子どもが対象である。具体的には、すべての子どもの特性に考慮し個々の多様なニーズに対応し取り組むことを通して、どの子も潜在力や可能性を発揮し活躍できる学級集団、学級社会[53]をつくることである。さらに、そうした学級づくりに一人一人の子どもが主体的に参画することができる学級経営である。学級経営の実践にあたる教師が、学級集団と捉える視角だけでなく社会に通じる「学級社会」（蓮尾2013）と捉える視角をもつことで、社会的包摂の概念を念頭に置く「包摂の学級経営」が可能になると考える。

　第二に、学級経営を「学習指導と生徒指導の機能からなる教師の包括的（ホリスティック）な日常的実践」と捉える（第5節（1））。学級集団は、複雑多様に日々変化するため、学級経営は極めて文脈状況依存的で動態的、実践的である。包摂志向の学級経営では、すべての子どもの個々の多様性を包摂しながらどう集団をつくっていくかという視角をもった実践が必要である。そのため、ダイナミックに変化する関係性や集団を捉えるホリスティックな視点が求められる。第一で見た個人に対する理解だけでは不十分であり、子ども同士の関係性を捉える必要がある。児童間の「相互行為に影響を与え、相互行為の向かうべき方向を示すのが、担任教師による学級経営である」（安

---

[53] 蓮尾（2013）は、学級が学校内の教授・指導の制度的最小単位であるという捉え方だけでなく、社会構造の一下位体系を構成し社会に開かれた「学級社会」と捉える視点の必要性について次のように言及している。学級社会は、教師と児童生徒による上下的・垂直的関係構造を呈する制度的単位、つまり教授・指導のために定められた公の目標を達成しようとする制度としての学級の捉え方がある。しかし一方で、「社会的相互行為の観点からする学級社会は、教師と児童生徒がそれぞれの抱く固有の要求、つまり現実的な目標を充足させるため、互いに行為者としての立場から自らの生活世界に基づき、相互行為を営む舞台」という捉え方がある。「このように教師と生徒により展開される相互行為の統一体である学級は、決して自給自足（self-contained）の閉じられた集団ではないのである。むしろ、学級集団はこれを取り巻く学校組織内外の集団や社会（役割群）からの期待や拘束にさらされつつ開かれ全体としての社会構造の一下位体系をなして一般社会に通じる存在として理解されなければならない」（pp.136-137）。

藤 2013b：p.115）。よって、個か集団かの二元論ではなく教師が子ども間の関係性に意識的に着目する児童間関係理解の観点が必要である（第 5 節（5））。つまり、個も関係性も集団も意識的に着目するホリスティックな視点の必要性である。加えて、包括的な「場」に意識的に着目するホリスティックな視点が必要である。学級の生活全体に関わる担任教師として、授業時間と授業時間以外のすべての時間（掃除、給食、休憩、放課後等）におけるさまざまな対応（手立てと実践）が求められる。そのため教科学習だけでは限界があり、生徒指導や特別活動への着目も重要である。そこでは、できる限り子ども主体の教育活動、学級を構成する主体としての子どもの学級社会への参画を保障・促進する実践を目指すため、とりわけ、特別活動における学級活動（1）の話合い活動である学級会は、子どもたちが主体的に集団を方向付ける重要な教育実践となる。

　第三に、包摂志向の学級経営では、第一でも述べたように教師主導の管理主義ではなく子どもの立場を尊重する子ども主体の学級経営を目指す。そのため、第一と第二のプロセスにおいては、教師の価値観を一方的に押し付けたり対症療法的な指導に終始したりするのではなく、子どものリアリティから目を背けず直視しながら子どもに寄り添い関わる指導や支援が必要になる。教育の問題が複雑化・多様化する現代の学級経営において、教師主導の管理主義ではなく子ども主体の包摂の学級経営を目指す実践は容易なことではなく、うまくいかない失敗の経験もあるだろう。しかし失敗の経験は、省察や考えることに繋がる。さらにすべての子どもの多様性を包摂する学級経営を目指すことは、担任教師一人の力ではとうてい実現できないことであり、多様な他者との協働が必要になる。よってそこでは知識や技術の獲得のみならず、他者性（子ども、同僚教師等）を取り入れながら教師自身の見方や考え方である学級経営観（子ども観・指導観・授業観・学級観）の問い直しと再検討（変わらない場合も含めて）が繰り返されると思われる（第 5 節（2）（4））。

　小学校若手教師の場合、どのような学級経営を目指すかという方向性は、どういう方向に向かって教師になっていくかという職能発達に連関する重要

な点である（第5節（3）（4））。「包摂の学級経営」を目指す実践は、実践の当事者である若手教師の力量形成、選択的変容型発達（山﨑 2012a）を促すことになると考える（第5節（4））。つまり、「包摂の学級経営」を目指す実践を通してこそ、これからの学校教育を担う若手教師に求められる職能発達が期待できるのである。

　ここで留意しておきたいことは、先にも述べたように「包摂」という概念はプロセスで捉えるものであり、だからこそプロセスとしての「包摂の学級経営」の実現と「教師は現場で育つ」という側面は一体的に論じられる必要があるという点である。よってプロセスとしての包摂の学級経営の実現を目指す実践を通した若手教師の職能発達の解明には、そのプロセスに関わるアクションリサーチや教室に入っての参与観察が有効であると考える。なお、これ以降「包摂の学級経営」という表記はすべて、プロセスとしての「包摂の学級経営」の実現を志向するという意味で使用する。

「包摂の学級経営」への
アクションリサーチ（action research）
によるアプローチ

第2章

　本章では、まず研究方法として事例研究を選択し、若手教師の語りに着目する理由について整理する（第1節）。次に、わが国のアクションリサーチに関する議論を整理し、本研究で行ったアクションリサーチの意義を論じる（第2節）。その際、新しいアクションリサーチの動向として注目されている参加型アクションリサーチから捉える本研究の意義についても、後付けしておきたい。そして最後に、本書における調査の概要について述べる（第3節）。

1. 教師の語りに着目する意義

　ここでは、まず、研究方法として本研究が2名の若手教師の学級経営を通した職能発達の事例研究（case study）を選択する理由について整理し、次に、そのなかでも教師の語りに着目することの必要性について述べる。

(1) 事例研究（case study）を選択する理由

　ウヴェ・フリックは、質的研究を次のように定義している。

> 質的研究とは具体的な事例を重視して、それを時間的、地域的な特殊性の中でとらえようとし、また人びと自身の表現や行為を立脚点として、それを人びとが生きている地域的な文脈と結びつけて理解しようとする分野である。（フリック 1995=2002：p.19）

61

　本研究は、「人間を対象として組織的・実践的に行われる教育」（大谷2019：p.20）の場である学校（公立小学校）で、若手教師が試行錯誤をしながら学級経営を改善していくプロセスを分析対象とする。そこでは、学級経営改善の過程や学級経営実践の変容過程、教師自身の意識変容過程のリアルな姿を明らかにする必要がある。かつ継続的な「過程＝プロセス」を解明するには、ある程度の長期的な事例研究（case study）が適している。その過程での学級経営実践のプロセスを観察し、当事者の語りを汲み取りながら記述することを通して、実践及び当事者の変化を見出したい。つまり、学校という「時間的、地域的な特殊性の中で」生きている教師自身の表現や行為を立脚点として、そのなかで起きる現象を動的に捉えることを指向する（フリック 1995=2002：p.19）。

　大谷（2019）は、従来の量的・実証的方法では研究的に扱うことができなかった研究主題や問題とは、例えば「人の価値観、信念、希望、意欲、意図、意識、意味、意義、気持ち、感じ方などの主観的subjective あるいは間主観的intersubjective で、言語的かつ非言語的で、動的で相互作用的なもの」（p.24）であると指摘する。

　本研究が着目する教師の意識変容としての学級経営観は、教師の価値観や信念という内面に注目するものであり、従来の量的・実証的研究方法では扱うことができなかった主題である。教師自身が学級経営実践や学級経営観をどのように意味付けているのかを、他者（子ども、同僚教師）との関係性のなかで捉え、職能発達との連関を考察する。それは、第1章第5節（4）でも述べた「発達」の概念とも関連する。「職能発達」を個人と環境との相互作用を重視する概念と捉えるからである（西 1987）。

（2）若手教師の語りに着目する理由

　ケネス・ガーゲン（1999=2004）は、社会構成主義の議論において、伝統的な「個人主義的な自己」から「関係の中の自己」という考え方に置き換えることを提起し、「意味は関係の中から生み出される」（p.216）のであり、「記述や説明、そしてあらゆる表現の形式は、人々の関係から意味を与えられる」

（p.73）と以下のように指摘する[54]。

　　世界や自己についての事実であると私たちが見なしているものは、決し
　　て個人の「心」の産物ではありません。「心」が意味を生み出したり、
　　世界の本質を捉えたりするわけではありません。意味は、人々の関係の
　　中で―人々の同意、交渉、肯定によって―作り出されるのです。つまり、
　　私たちの理解は、私たちをとりまく「関係」から要請されるものなので
　　す。（p.73）

　大谷（2019）によると、こうした社会構成主義的なパラダイムに立てば、
インタビューは、「語り手が初めから話す内容を持っているのではなく、聴
き手が語り手にあることを問い、語り手がそれに答えたときに創出されるテ
クストであ」（p.17）り、それは同時に聴かれないことは答えられないとい
うインタビューの限定性でもあるが、そこの関係において「意味」が作り出
される。そうした作業はつねに社会的な文脈、条件、制約に基づいているの
であり、事実は社会的に構成されると考えられる（p.31）。そしてそこでは、
「『意味は解釈によって与えられる』と考えるので、テクストの解釈が重要に
なる」（p.31）。
　つまり、自然科学は、事物・事象などの「実在」を扱うが、質的研究が扱
うのは、事実ではなく「意味」である（大谷 2019：p.90）。質的研究は、経
験を「事実として明らかにする」のではなく、経験に潜在する「意味を明ら
かにする」（大谷 2019：p.62）のである。
　秋田・藤江（2019：pp.8-9）は、学校教育実践研究における質的研究の意
義について、次の2点を挙げている。第一に、教育実践に対する評価ではな
く「意味づけ」である点、第二に仮説生成型である点、である。後者につい
ては、「特定の実践の特定の時空間に限定された『事例』」であるからこそ、

---

[54] ガーゲン（1999＝2004）は、「存在」を関係のなかで捉える3つの流れである、象徴的相互作用論、文化心理学、現象学の意義と限界を論じたうえで、さらにそれらの伝統を超えて社会構成主義が進むべき方向を模索する。

観察したり、当事者の語りを聴いたりしながら、対象を記述することを通して、教育実践を深く理解できるのであり、それは問いを理解していく過程でもある。

本研究では、若手教師自身の「表現や行為を立脚点」（フリック 1995 = 2002：p.19）とするため、当事者の学級経営実践に関する語りを聴くインタビューと参与観察を中心に対象を記述するが、特に教師の語りに重心を置く。なぜなら、「教師になっていく過程」（安藤 2000：p.99）は一人一人異なるものであり、発達主体としての若手教師の職能の様相を捉えるには、指導されるべき受け身の存在としてではなく、学級経営実践の当事者である主体としての語りを重視し、いかに学級経営実践の事実を語ったのかを克明に記す必要があるからである。つまり、そこで語られることは、事実そのものではなく、教師が自身の学級経営実践や他者（子ども、学年団教師）との関係性をいかに捉え意味付けてきたかである。そうした実践を支える基盤となる学級経営観（子ども観・指導観・学級観など）は可視化されにくく、語られることにより顕在化する。

これらと参与観察などによる対象の記述を組み合わせて「事例」の分析を行う。それは、筆者が文字化したテクストと「対話」し、「解釈」することである。「解釈」とは潜在化された「意味」を顕在化させることである（大谷 2019：p.62）。その際、解釈の多義性が前提である事例研究であることを踏まえ、筆者による解釈の妥当性を読み手が検証できるようにするため、できる限り聴き取りや観察等のデータ（トランスクリプト）を提示し、いかに分析したかのプロセスを明示し、手続きの透明化を図った[55]。このことは、筆者の解釈の妥当性に対する読み手の批判に応えることにも開かれる。

大谷（2019）によると、質的研究における測定の妥当性とは、例えばインタビューでは聴こうとすることが聴けている度合い、観察では見ようとするものが見えている度合い（p.69）ということであり、分析の妥当性とは、「そ

---

[55] 桜井（2002）は、ライフストーリー・インタビューにおける「信頼性」の捉え方について、手続きの「透明性」をあげている。具体的には、「語り手の選択、インタビュー・プロセスの記録、トランスクリプト、カテゴリーの抽出、分類の仕方など、調査過程を読み手に分かるように明らかにすることが求められる（p.39）。

のデータから得るべき分析結果が得られている程度」（p.72）である。

　また、本研究における分析の客観性は、先行研究の知見を分析的枠組みとして適用することで担保する[56]。分析に複数の概念的・理論的枠組みを適用することについては、大谷（2019）は次のように述べている。

　　そのデータ全体に、中核的な部分が複数あり、そのデータはそのいくつかの部分の複合体とみなせるような場合には、その中核的な部分ごとに中核的な概念的・理論的枠組みがあるのはかまわない。しかしその場合でも、そのデータの複数の中核的な部分が関係性を有している以上、そのいくつかの枠組みも関係性を有しているのが望ましい。（中略）その研究領域が複合的な性格を有するものであればあるほど、複数の多様な領域からの概念や理論を分析的枠組みとして利用することが必要な場合もあると考えられる。（pp.172-173）

　本研究は、若手教師の包摂志向の学級経営実践を通した職能発達の特徴を追究することが目的であり、複合的な性格を有する研究である。よって、複数の概念的・理論的枠組み（第 1 章第 4 節）及び研究方法を適用した。

2.　アクションリサーチ（action research）の有効性

（1）アクションリサーチとは何か

　そもそもアクションリサーチ（action research：以下、AR と表記）とはどのようなものか。

---

[56] 大谷（2019）は、客観性の担保に先行研究の知見を適用することについて、以下のように述べている。「先行研究の知見は、研究を構想するときに、それを構成する要素あるいは背景として既存の概念的・理論的枠組みが利用されることもあるし、データの分析の時に分析的枠組みとして概念的・理論的枠組みが利用されることもある。その結果、先行研究の知見と合致しない結果が出ても、それは、先行研究と突き合わせをしたことになる。n＝1 の研究は、決して必要なものが欠如した研究ではない。n＝1 だからこそ解明できることがあり、それを解明するのが質的研究に課せられた課題でもある」（p.133）。また、分析の際に適用する概念的・理論的枠組みによって、分析結果は異なるため、どのような分析的枠組みを用いるかは、その研究のオリジナリティに属することがらであると述べる（p.73）。

　ARは1940年代、社会心理学者クルト・レヴィン（Kurt Lewin）によって考案されたが、学際性を特色とする社会実践を伴う研究活動で、分野ごとに異なる経緯で発展してきたため、一つの定義に括ることが難しい（佐藤2004、箕浦2009）。具体的には、心理学、ソーシャルワーク、開発学、教育学、看護学、人類学、社会学などさまざまな分野で活用され、発展してきたため、アクションリサーチの具体的な内容は多様であり、統一した定義は存在しない（武田2011：p.48）。教育研究としてアクションリサーチの理念や方法が形成されたのは、1960年代後半から70年代のイギリスにおけるカリキュラム改革運動のなかであったとされる（秋田2005：p.168）。

　日本でも欧米に比べると歴史は浅いが、教育学、開発学（地域研究）、社会心理学、看護学、公衆衛生学など、さまざまな分野でARに関する議論が蓄積されてきた。

　例えば、教育学の分野では、ARとは、「実践の現場において実践者とともに課題を共同で探求し、研究成果を共有することをつうじて、研究者もまた問題の解決にむけて実践の担い手となり、現場との関係性を発展させていくという双方向のプロセスをともなった研究方法論」（佐藤ほか2004：p.322）とされている。また、開発学では「実践現場のニーズによって発展してきた調査研究手法であり、さまざまな実践活動のもつ動的な変化を把握する手法、分析する手法、評価する手法、実践活動そのものへのフィードバックの手法などから構成され、現在進行形の社会の諸実践の改善につなげていく手法」（草郷2007）という説明がなされている。さらに、社会心理学では「望ましいと考える社会的状態の実現を目指して研究者と研究対象者とが展開する共同的な社会実践」（矢守2010：p.1）と言われている。このほかにも「研究者と実践者との密接な協働のもと、実践的課題に基づいた何らかの介入・支援を計画・実施して、その成果をきちんと分析するとともに実践に活かし、さらに実践の中から研究課題を見つけて再介入・支援を行うというような、実践と研究の密接な結びつきの連鎖を前提とした研究スタイル、ないし研究そのものを指している」（錦戸2017：p.233）や、「当事者が発した課題について、当時者と共に解決に取り組み、検証を行い、よりよい社会を共に創る

という一連のプロセスを継続的に行う活動」（安梅 2021：p.6）等、その説明
のされ方は分野や論者によって多様である。

　このように、日本における AR の捉え方は多様である。ただし、少なくと
も「実践にコミットする研究者の立場が重要であること」（佐藤ほか 2004：
p.324）と、実践的課題の解決に研究者と当事者（実践者）が協働（共同）
して取り組み、社会の改善に繋げることを目指していることは、分野や論者
にかかわらず AR の共通した要素だと言える。

（2）本研究におけるアクションリサーチの意義
①教育研究におけるアクションリサーチ

　それでは、日本の教育研究において AR は、どのように用いられてきたの
だろうか。佐藤ら（2004：p.322）によると、1990 年代前半までは一部の教
授法などをのぞくとあまり言及されておらず、研究方法論として共通理解が
成立しているとは言い難い状況であったという。こうしたなか、1990 年代
後半以降、教育学の領域において、「学校」に焦点を当てた AR の意義や可
能性、方法に関する議論が見られるようになってくる。例えば、佐藤（1998:
p.49）は、通常のフィールドワークとアクションリサーチの双方[57]を調査・
研究してきた経験から、AR の目的を、「教師との協同によって遂行される
学校や教室の変化の過程それ自体を研究するのが目的」とし、さらに教師と
研究者だけでなく、子どもや親、地域の人々や教育行政関係者が協働しなが
ら学校を「学びの共同体」へと変革する AR を行っている（佐藤 1999）。

　志水（2001）は「学校臨床社会学」のイメージを論じるなかで、「アクショ
ンリサーチ」の可能性を「フィールドワーク」的な「見る」スタンスから、「動
く」スタンスへの移行と捉えることだと述べている。秋田・市川（2001）は、

---

[57] 佐藤（1998）は、参与観察によるフィールドワークを二つの種類に大別している。一つは、教室の出来事
を観察し記述してその文化的意味を開示するエスノグラフィーや社会的政治的意味を開示するエスノグラ
フィーの方法である。一般に実施されているフィールドワークの大半は、この「観察・記述・概念化」の
研究であるとする。もう一つの方法は、アクションリサーチである。前者は、調査者であり観察者であって
実践への関与は禁欲されているのに対して、後者は、研究者自身が教師と協同して授業の改善やカリキュ
ラムの改革に関与し、その関与と変革の過程それ自体を研究対象とする方法が採用される（Elliott1991）
としている（p.46）。

ARの定義を「実践の場で起こる問題、実践から提示された問題を分析して探求し、そこから導かれた仮説にもとづき次の実践を意図的に計画実施することにより問題への解決・対処をはかり、その解決過程をも含めて評価していく研究方法である」（p.167）と提示しており興味深い。また、秋田（2005）では、学校や教師と外部研究者が協働して授業実践を通した研究を行うという共同生成的なアクション・リサーチの概念や枠組みが提示されている。

　学校経営研究でも臨床的アプローチやARについての議論が展開され、その研究が行われてきた。藤原（2004）は、日本教育経営学会で展開された「臨床的アプローチとは何か」という議論を受けて「学校経営における臨床的アプローチがアクション・リサーチ」であり、ARに「学校研究と学校現場との溝を埋め、研究と実践という二項対立を越えていく可能性」を指摘している（pp.127-131）。この指摘によれば、ARは、研究と実践とを架橋する方法論とも言えるのではないだろうか。「学校」に焦点を当てたARでは、研究者が「臨床的に動く」（志水2001）ことにより、学校や教師と協働（協同）して学校や教室、授業等を改善していくことがベースになっていることが窺われる。

　レヴィンの「場の理論」に当てはめて考えるならば、学級は教師にとって教育実践の場であり、子どもにとっては学習の場であり、同時にそれは教師と子どもにとって「生活空間」（秋田・市川2001）でもある[58]。そして、学級経営の改善を進めようとする研究は「現場に根ざした問題」の「解決をめざす」ものであり、「その人たち『と共に』（with）、その人たちの『ために、ための』（for）研究」という特徴をもっている（秋田2005：pp.171-172）。

②アクションリサーチを採用した理由

　本書は、同じ小学校に勤務する2名の若手教師が包摂志向の学級経営改善という教育実践を通してどのような職能発達をしていったかを明らかにする

---

[58]「生活空間」とは、人と環境が相互連関して作り出す一つの構造をもつ場であり、学校などの子どもが生活し育つ場（秋田・市川2001：p.163）に関わるアクションリサーチは大きな責任も伴うことを、常に心に留めておかなければならないことは言うまでもない。

ことを目的としている。その際、筆者は 2 名の教師と協働して改善方策を考え、その効果をともに考える立場で学級経営改善のプロセスに関与した。佐藤（1998）はエスノグラフィーについて論じるなかで、「教育の実践的な探究において、観察者の立場から見える世界と実践者の立場に立たないと見えない世界の違いは大きい」（p.47）と述べている。しかし、学級経営の実践にさまざまな困難を抱えている若手教師がその改善に取り組むプロセスでは、可能な限り実践に介入しないという立場は現実的とは言えないし、改善するプロセスを解明することには繋がりがたいと言えよう。

　他方、研究方法論としての AR の課題も指摘されてきた。例えば、佐藤ら（2004）はタンドン（Tandon）を参照して、質的な調査データの収集方法や成果の評価基準の曖昧さなどの問題を挙げている。しかし、教育実践の最前線にいる個々の教師がその改善方策をどのような視点から考え、どのように行動すべきか、を明らかにするために、AR が有効であることは間違いない。

　よって、第一次事例研究において、学級経営の課題に日々直面しながら少しでも改善しようと努力している若手教師との協働で、学級経営改善を図ることを目指す研究としてアクションリサーチを適用した[59]。その際、筆者の教職経験を活かして子どもの支援や学級経営改善、学年会に直接関わってほしいという校長や学年団教師からのニーズがあったこともアクションリサーチを選択した主な理由の一つである。そこにおける筆者の理想や目的は、現職時からの学級経営の課題であった学級崩壊やいじめ等の問題を抑止し、多様な背景を抱える子どもを包摂しうる学級経営の方策を明らかにすることである。

---

[59] 第一次事例研究においてアクションリサーチを採用したのは、最初にアクションリサーチありきではない。研究の方法に関しては、A 校の校長及び調査協力者の3名の教師との面談で得た現場の抱えている課題や筆者へのニーズ及び実際に現場に入ってのクラスの実態等を考慮しながら、筆者の研究関心と突き合わせてアクションリサーチを採用することにした。つまり、アクションリサーチの採用に関しては、研究者側の一方向的な選択ではなく、あくまでも現場の課題を踏まえたうえでの調査協力者との合意が優先されるべきであることは論を俟たない。この点に関連してウヴェ・フリック（2011）は次のように述べている。「質的研究は、研究対象の複雑性に対して開かれた研究の方法を用いて、複雑な対象の研究を行おうとする。このときの重要なポイントは、現実において見られる現象を基準に研究方法が選ばれるのであって、その逆ではないことである」（p.18）。また、アクションリサーチの適用については、「そのアクションが課題の解決に適切かどうか、組織に受け入れられるかどうかなどの検討が必要であるということであり、研究者の資質が問われる」（筒井 2018：p.288）。

③参加型アクションリサーチ（participatory action research）から捉える
意義

　以上のように、第一次事例研究では AR を適用したが、わが国では近年、新しい AR の動向として参加型アクションリサーチ（participatory action research: 以下、PAR と表記）が注目されている。その特徴を見ると本研究が行った AR は、PAR の一種と考えられる。そこでここでは PAR の特徴を捉え、PAR の一種と考える理由を述べる。そうすることで後付けにはなるが、本研究が行った AR の指向性や意義をより明確にすることができると考える。

　2000 年以降、わが国ではさまざまな社会科学の分野で、「AR の代表的な手法」（草郷 2007：p.257）である PAR への関心が高まってきている（武田 2015a：p.12）。飛田（2015）は、2014 年 6 月時点でのわが国における PAR の実践に関する文献的検討を行い、検討候補に挙がった文献 23 編（実際にPAR を使用したものは 14 編）のうち、1 編を除いたすべてが 2000 年以降に掲載されており、その半数（11 編）が 2010 年以降の掲載であったこと、医療福祉分野が多数を占めていたことを明らかにしている。このように、わが国の PAR は比較的新しい手法であり、AR と同様に PAR の定義も多様である（飛田 2015、武田 2015a）。

　飛田（2015）は、さらに文献 17 編（PAR を実際に使用した 14 編と PAR の実践を紹介した 3 編）を分析し、それぞれ PAR の定義は多様であるが共通するキーワードとして「当事者（協働、主体、の声）」「問題解決」「知識創造」「社会・組織変革」「エンパワメント」を抽出している。

　飛田（2015）による検討以降、例えば武田（2015b）は、日本の地域福祉の分野の取り組みを参加型アクションリサーチである CBPR（community-based participatory research ＝コミュニティを基盤とする参加型リサーチ）の枠組みを通して体系的に捉え直すことを試みている。CBPR とは、「コミュニティの人たちのウェルビーイングの向上や問題・状況改善を目的として、リサーチのすべてのプロセスにおけるコミュニティのメンバー（課題や問題に影響を受ける人たち）と、研究者の間の対等な協働によって生み出された

知識を社会変革のためのアクションや能力向上に活用していくリサーチに対するアプローチ（指向）」（武田 2015b：p.8）である。

　Tokunaga（2021a）・徳永（2021b）は、教育における PAR として若者参加型アクションリサーチ（youth participatory action research）のアプローチから、当事者の若者や NPO（非営利団体）、学校等とパートナーシップを構築して協働し、社会経済的にヴァルネラブルな立場にある移民の若者支援のあり方の示唆を提示している。これらの徳永の研究によると、PAR の重要な要素として、以下の 5 点を挙げることができる。第一に、当事者のニーズや声、生きられた経験を聴く。第二に、これまで研究対象として客体化されてきた人々を被験者として関与（参加）させるのではなく、ローカルな知や専門知識をもつパートナー（協働者）として認識する。第三に、すべての段階で参加者と協働し状況改善や社会変革に繋げる。第四に、欠如の視点からストレングス（強み）・アプローチへの移行を図り、当事者のエンパワメントを目指す。第五に、参加者と研究者の間にある力のダイナミクスに自覚的である。

　それでは、AR のなかで PAR はどのような特徴をもつのだろうか。まず PAR の最も重要な特徴は、PAR の対象や指向性、スタンスにある。この点について、武田（2011）は次のように言及している。PAR は、社会のなかで抑圧・周縁化された人たちを対象にした研究方法であり、周縁化された人たちのアドボカシー活動や支援活動では、問題や状況を改善するための行動計画と調査は一体になるべきだという考えに基づいている（p.49）。特に「エンパワメント、不平等、抑圧、孤立といった現代社会の特定の問題に焦点を当て、調査者は調査対象者と協働することによって、調査の計画立案、データ収集、分析を行うとともに、その成果を享受し、状況の改善を目指す」（pp.49-50）。つまり、PAR は、社会で周縁化（周辺化）される人たち／されやすい人たちを主な研究の対象として、そうした人たちの問題や状況の改善に焦点を当てていると言えるだろう。

　こうした指向性やスタンスを基盤にして、あえて「参加型」という言葉をつけることにより、当事者の自発的・主体的な「参加」の程度の重視（藤井

2006）、当事者自身が状況改善や社会変革に繋げるアクションを起こしてい
くことによりエンパワメントを達成することの重要性（武田 2011）、ストレ
ングス・アプローチの重要性（武田 2015b、徳永 2021c、2022）、鍵となる
コラボレーション（協働）のあり方やプロセスの重要性（Tokunaga2021a）、
がより明確になっている。

　本書は、第 1 章第 6 節で述べたように社会的包摂の概念を念頭に置く「包
摂の学級経営」の実現を目指している。そのため、第一次調査では社会経済
的に厳しい地域にある公立小学校において、学級経営に困難を抱える若手教
師と協働し、学級での学習や生活から周辺化されがちな子どもの隠れた排除
に向き合い、問題や状況の改善を図り、すべての子どもの多様なニーズに取
り組む包摂の学級経営の実現を目指す学級経営改善を実践した。つまり、周
辺化される子どもを一人もつくらない、どの子も潜在力や可能性を発揮でき
る学級経営改善を目指したとも言い換えることができる。

　また、本研究では、若手教師を未熟な存在とは捉えていない。教職経験が
短いことによる経験値や実践知の少なさはあるとしても、そうした欠如の視
点のみでは捉えず、若手教師の主体性を重視する立場に立っており、先行研
究を批判的に捉えている。若手教師は教師としての専門知識を有し、学級経
営の実践や実践知（ローカルな知）を創造する主体であり、若手教師が本来
的に有する成長意欲や可能性という強味（ストレングス）を伸ばし、職能発
達を遂げることの重要性に着目した。学級経営実践の当事者である若手教師
自身が、包摂志向の学級経営の改善に取り組むことにより、職能発達を遂げ
ていくことの重要性である。よって本研究で行った AR は、上述のような指
向性やスタンスが特徴である PAR の一種と考えられる。それは、若手教師
参加型アクションリサーチと言えるかもしれない。

　現代の公立小学校が多様で複雑な問題状況にあるなか周辺化されがちな子
どもがいる現実、教師の急激な若年化の進行に伴うさまざまな課題状況の現
実、こうした現況下だからこそ、学級経営実践の当事者である若手教師自身
の意思決定プロセスや声、視点に基づく AR のアプローチをとる意義がある
と考える。

（3）アクションリサーチに臨む筆者の立ち位置

AR に臨む筆者の立ち位置は、以下の 4 点に整理できる。

第一に、筆者は研究に着手するにあたり、顔の見える関係性のなかで直接的に学校現場に貢献する立ち位置を模索していた点である。A 校のアサダ校長は、事前の打ち合わせの際に、当該教師のニーズを尊重することを前提に、筆者の教職経験を活かし子どもや教師に関わる形で現場に貢献することを期待していた。2 名の担任教師は、特に授業中における子どもへの学習支援や学級経営に関する気付きなどの客観的な意見や感想等を求めていた[60]。こうした経緯を踏まえ、筆者の模索していた「貢献」のあり方と学校現場が求める「貢献」のニーズが一致し、「ボランティア」として 5 年生の 2 クラスに入り、教師や子どもに直接関わる立ち位置をとることになった。

第二に、AR においては、「多人称の立場」[61] からの多層の視点を活用する強みがあるが（安梅 2021：p.6）、一方で、筆者自身も実践者（当事者）であるがゆえに、とりわけ筆者の教員としての経験が若手教師である調査協力者に功罪両面の影響を及ぼす可能性について留意しておく必要があった点である。特に、マイナス面の影響として、教師に対して指導的な言動になったり本音の意見が言いにくい雰囲気を及ぼしたりすることも十分に考えられることであり、これらの点に自覚的であることが求められる。よって、AR においては、特に教師の主体性や自律性を尊重する対等な関係性の築きに留意する必要があった。具体的には、例えば、筆者が学級経営に関する知識や経験を紹介したとしても、それを取り入れるか否かの取捨選択は、個々の教師が自律的・主体的に判断するということである。

しかしながら、もう一方で留意しなければならないのは、若手教師の非力さのみに着目した慰撫だけではなく、彼らの潜在的な力強さに向き合うよう

---

[60] こうしたニーズの背景として、2 名の教師は共に年度当初から、生徒指導面や学習面で課題を抱える児童が多いという学級経営の課題、学級経営（実践）に関する自身の「引き出し」が少ないという課題、を抱えていたことがある。

[61] リサーチの基本である客観的に観察する 3 人称に加え、当事者と直接相対する 2 人称、当事者の一員としての 1 人称と、多層の視点を活用する強みがある。当事者に寄り添い、当事者と共に考えることで、新たな視点、これまでなかった方法など、解決の本質に迫るアイデアが生まれるチャンスが拡大する（安梅 2021：p.6）。

な関わりの重要性である（山下・榎 2015）。2 名の担任教師は、前述のように AR においても、また、AR 終了以降においても、自身の学級経営に関する他者からの的確で客観的な意見を求めていた。教師による学級経営のあり様は、子どもの人生に関わると言っても過言ではないだろう。よって、教室に入り、子どもと直接関わりながら教師との協働で学級経営改善を意図する AR に臨む実践者（当事者）として、教師との関係性に配慮しながらも教師とは異なる立場で伝えたいことは可能な限り伝えるという姿勢をとった。それはつまるところ「子どものために」、教職の専門家である教師と「対等に繋がる」ことになると考えたからである。

　第三に、「遠慮」の意識などによりコミュニケーションが停滞することも推測された点である。教職員同士の繋がりに必要なことは「上から下へ」でも「下から上へ」でもないコミュニケーション回路を開くことであり、教職員同士が双方向、多方向で、教育活動（授業や生徒指導）そのものを主題材として行うコミュニケーションの確立が重要である（浜田 2012：pp.120-121）。こうした教師間のコミュニケーション回路を開くきっかけ作りや「繋ぐ」、「促進する」ファシリテーター（facilitator）的役割[62]を教師に委ねるだけでなく筆者が担うことも想定していた。

　第四に、「現場・実践」と「研究」との間で、「揺らぎ」を幾度となく経験することが推測された点である。志水（2001：pp.377-378）は、このような状況は「存在の二重性」と呼ばれる役割葛藤をもたらすことになるが、「二重の困難」に尻込みすることなく、「二つのモードを引き受け、生きる」ことに意味を見出す。揺らぎは省察に繋がる。筆者も、当事者であり第三者、実践者であり研究者、内部者であり外部者という立ち位置に「揺らぎ」を抱えることを引き受けながら、「実践と研究の二重」を生きる覚悟をもたなければならないと考えた。

　では、筆者と調査協力者との相違点は何か。2 点挙げられるだろう。第一に、

---

[62] ファシリテーターの定義については、以下の津村（2010:p.12）に依拠する。「メンバーとのコミュニケーションを大切にして、個人やチームのプロセスに気付き、そのデータを生かしながら個人やチームの力を十分に発揮できるよう支援する人材を指す」。

「『全体』は研究者が構成すべきもの」なのである（志水 2001：p.371）。つまり、筆者は、全体のなかに生きる教師と共に全体のなかに生きつつ、全体を構成する研究者としても生きるということである。第二に、教師の目的は、包摂志向の学級経営改善の実践であり、筆者の目的は、学級崩壊やいじめを抑止し、すべての子どもの多様性を包摂する学級経営改善の方策についての示唆を研究知として呈示することにある。

（4）アクションリサーチにおける「改善協議」の捉え方

　AR の協議と振り返りの装置として改善協議を位置付けた。本研究の AR における改善協議のパターンは、次の二型である。

　第一のパターンは、放課後に一定の時間を確保して協議する形式である。原則として筆者が訪問する週 2 日間のうちのどちらか 1 日とした。この場合の参加者は原則として、学年団教師 3 名（ナカニシ先生、カワモト先生、マツムラ先生）と筆者の 4 名であった。マツムラ先生の参加については筆者が希望し合意を得た。このパターンでの協議が、本研究の AR の基本型と位置付けられる。場所は原則として、職員室奥の小会議用スペース、または、5 年の教室とした。

　第二のパターンは、各クラス別の課題に対応するために適宜柔軟に行う協議の形式である。1 組の課題に関する場合はナカニシ先生とマツムラ先生と筆者の 3 名、または、ナカニシ先生と筆者の 2 名で協議を行った。2 組の課題に関する場合は、カワモト先生とマツムラ先生と筆者の 3 名、または、カワモト先生と筆者の 2 名で協議を行った。時間と場所は、状況に応じて臨機応変に相談をして決めた。このパターンは、最前線の教育現場であることを踏まえ、改善協議の形式にとらわれることなく学級経営改善のための方策を連携をとりながらスピーディに協議し、実践するためである。また、多忙を極める担任教師への配慮としてできる限り筆者が担任団の動向に合わせる形とした。したがって、教室や廊下、その他の場所でのいわゆる「立ち話」も、このパターンに含む。教師は「改善協議」という名称には慣れていないため「学年会」と呼ぶ方が親和性が高い。また「作戦会議」と呼ぶこともある。その

ため、ARを意図した改善協議であるが、実際の調査の現場では名称にはこだわらないことに留意した。

3.　調査の概要

　ここでは、本研究におけるフィールドワークの概要や具体的な手続きについて記述する。

（1）フィールドワークの概要

　本研究は、Y市内の公立小学校3校（A校・B校・C校）において、X年4月〜X+5年3月の5年間にわたって実施したフィールドワークに基づく。フィールドワークは、第一次調査と第二次調査に分けられる。その概要は、表2－1の通りである。

表2－1　事例調査の概要

段階	対象校	調査期間と方法	概　　要
第一次調査	A校	X年4月〜X年7月 アクションリサーチ（参与観察、インタビュー調査）	2名の担任教師と協力指導教師、筆者による5年生2クラスの学級経営改善のためのアクションリサーチを実施（全28回）。アクションリサーチは、X年7月で終了。筆者は、A校を離れる。
		X年10月 3名の教師同席のグループ・インタビュー調査	3名の学年団教師による学級・学年経営の継続。3名の教師を対象にグループ・インタビューを実施。
第二次調査	A校	X+1年4月〜X+2年3月 参与観察、インタビュー調査	2名の担任教師は6年生担任としてもち上がり、児童はクラス替えあり。協力指導教師は交代。筆者は再びA校に入り1か月に約2回の割合で参与観察を実施（全25回）。関係者へのインタビュー調査を実施。
	A校 B校 C校	X+2年4月〜X+5年3月 追跡調査として調査協力者にインタビュー調査	2名の担任教師は初めての異動。ナカニシ先生はB校へ、カワモト先生はC校へ異動。ナカニシ先生、カワモト先生とA校、B校、C校の校長にインタビュー調査を実施。

表 2 − 2 は、第一次調査における AR 協力者の属性である。

表 2 − 2　アクションリサーチ協力者の属性

協力者	年　齢	教職経験年数	留意事項
ナカニシ先生	20 代後半	6 年目（A 校で新採用）	1 組担任、学年主任
カワモト先生	20 代後半	4 年目（講師歴含まない・A 校で新採用）	2 組担任
マツムラ先生	30 代後半	3 年目（講師歴含まない・A 校で新採用）	協力指導担当

（2）参与観察

　第一次調査は、参与観察を全 28 回実施し、調査日以外に休日運動会を参観した。第二次調査は、参与観察を全 25 回（学習発表会、卒業式を含む）実施した。

　第一次・第二次調査においては、筆者が観察して教師や子どもの行動や発言をノートに記録し、記録メモ集として筆者が保管している。記録にあたっては、倫理面への配慮から子どものいる前では絶対に行わないことにした。参与観察の記録方法としてビデオ録画が実施されている場合もあるが、本研究ではあえてその方法をとらなかった。理由は以下の 3 点によるものである。第一に、子どもや教師のプライバシー（肖像権や倫理面）への配慮によるものである。第二に、子どもや教師が日々生きる教室の場での包括的な学級経営を対象とする比較的長期の参与観察であり、第三者によるビデオ録画による精神的負担を考慮したためである[63]。第三に、学年団教師や校長もビデオ録画の方法をとらないことに積極的に合意したことによるものである。

　本研究における参与観察の特徴は、まず、第一次調査・第二次調査共に、研究者側の一方向の観察で閉じるのではなく、教師からニーズのあった授業

---

[63] AR 終了後のインフォーマルな場でカワモト先生と話をしていた際に、5 年生当初の学級の危機のとき、「後ろでビデオを撮られていたら本当に耐えられなかったと思う」「実際に教室に入って子どもたちにも関わってくれたから有難かった」と語った。この点に関しては、ナカニシ先生も同様のことを語っており、こうした思いは教職を経験した立場からも共感できた。結果として、AR の方法をとったこと、ビデオ録画の手法はとらなかったことが調査協力者にとっても良い選択であったことが確認できた。

中の子どもへの学習支援も含めて教師や子どもと双方向で関わりながらの参
与観察であることである。そこでは、筆者の教職経験を活かすことができる
ことも特徴である。その際、当然ではあるが、外部の者として教師や子ども
の心情にも十分に配慮しながら学級に入らせてもらうという感覚を重視し、
教師や子どもと信頼関係を築くことを最優先にした。一時的で場面が限定さ
れた授業や校内研修に関する研究とは異なり、長期にわたる場面を限定しな
い学級での参与観察では、教師と子どもとの信頼関係を築きながら、普段、
可視化されにくい教師や子どものリアリティを掬い上げていくことが可能に
なると考える[64]。

　また、第一次調査の AR における参与観察の特徴としては、本章第 2 節（3）
で言及した立ち位置をベースに、次の点が挙げられる。参与観察を通して当
事者として得た気付きを「実践の場で起こる問題、実践から提示された問題」
（秋田・市川 2001：p.167）として教師と共有し、改善協議の俎上に載せ教師
の学級経営改善や実践に繋ぐことが可能になる。また、筆者が学級（その場）
にいることにより、意図的に子どもや教師に関わることもできる。つまり、
関与している主体として動く（志水 2001）ことに連なっているのが特徴で
ある。

（3）インタビュー調査

　第一次調査においては、原則として個別インタビューを実施したが、X 年
10 月に 1 回のみグループ・インタビューを実施した。インタビュー調査は
すべて半構造化インタビューを行った。インタビュー調査の手順は次の通り
である。まず、インタビュー調査の目的を校長に説明し同意を得た。その際、
校長用、教員用にそれぞれ別に作成した依頼書・同意書・撤回書を校長に提

---

[64] 参与観察での教師や子どもとの関わりにおいて参考にしたのは、柳田（2008）による以下の「2.5 人称
の視点」である。「1、2 人称からの視点が抱える思いを大切にしなければならないのは、もちろんですが、
時に感情に偏りがちです。だから、客観性と合理性を持つ冷静な 3 人称の視点が必要なのですが、往々
にしてひとごとのように、ことを処理しがちです。相手に寄り添う心遣いをもちながら、専門的職業人の務
めもこなす。そんなぬくもりのある『2.5 人称の視点』が大切だし、社会を変えると考えるわけです。」これは、
当事者性を忘れない温かみのある専門家としての視点の必要性である。とはいえ「2.5 人称の視点」を
もつのは容易ではなく、常に意識化することにより内在化していった。

示し、校長と教員を対象とするインタビュー調査に関する手続きも含めて校長の了承を得た。次に、インタビュー調査の協力者にそれらを提示しながら録音すること、メモを取ることも含めて研究内容を十分に説明し、同意を得、同意書を受け取った。また、いつでも撤回できるように撤回書を渡した。同一の協力者への複数回のインタビュー調査では、その都度同意書と撤回書を渡した。そのうえで、インタビューガイドに基づいて実施した。その主な内容は、ナカニシ先生とカワモト先生には、学級経営の課題や実践及び改善等について、マツムラ先生には、協力指導教師として学級・学年経営に参画した内実等についてである。校長には、教師の学級経営や職能発達の様相、教職員の年齢構成、学校や地域及び家庭の実態、学校経営等についてである。

　ただし、インタビューの展開によっては、研究の目的に合致している限り、インタビューガイドに予定していない内容もその文脈から許容した。これは、半構造化インタビューの考え方に基づくものである。さらに自由に回答できることを保障する旨を説明した。

　対象者には、60 〜 90 分程度の半構造化面接法を行った。インタビューは協力者の都合を最優先のうえで協力者と協議し、静穏な時間と A 校内の場所を確保した。録音から得られたデータは逐語録（トランスクリプト）を作成したうえでデータとして使用した。インタビュー調査の協力者、プロフィール、実施日、テーマは表 2 − 3 の通りである。なお属性は、インタビュー調査時のものである。

　グループ・インタビューの目的に関しては、田垣（2007）の以下の論考を参考にした。グループ・インタビューは、「参加メンバーがあらかじめもっていた意見が相互作用によって明らかになるだけではなく、相互作用そのものによって語りが生み出されるという考えに基づいて」おり、その目的は、共通する体験をもつメンバーの体験の共有ではなく、「あくまで研究者の調査にある」（田垣 2007：pp.114-116）。つまり、「データ収集の過程を明確にして、追証可能性を担保することができるというメリット」がある（田垣 2007：p.116）。本グループ・インタビューは、第一次調査の AR 終了以降の学級経営実践や学級経営改善の様子を明らかにする目的で実施した。グループ・イ

ンタビューは、一方で個別インタビューと比べて、他者の評価を気にしたり遠慮したりするデメリットも予測されるため、AR 以降の 3 名の教師間の良

表 2 - 3　インタビュー協力者、実施日、プロフィール、テーマ

対象者	実施年月日	プロフィール	テーマ
ナカニシ先生	X 年 7 月、X 年 10 月、X+1 年 6 月、X+1 年 7 月、X+2 年 3 月、X+4 年 3 月	男性。A 校に初任で着任。X 年当時は 20 代後半、5 年 1 組担任、学年主任。翌 X+1 年度は 6 年 1 組担任としてもち上がる。X+2 年 4 月に B 校へ異動。	<第一次調査>学級経営上の課題や実践及び改善等について<第二次調査>学級経営上の課題や実践、子ども観、指導観、学級観、教育観、同僚教師との協働やその影響等について
カワモト先生	X 年 7 月、X 年 10 月、X+1 年 6 月、X+1 年 7 月、X+2 年 3 月（2 回）、X+3 年 11 月	女性。A 校での講師経験を経て A 校で初任。X 年当時は 20 代後半、5 年 2 組担任。翌 X+1 年度はナカニシ先生と共に 6 年 2 組担任としてもち上がる。X+2 年 4 月に C 校へ異動。	
マツムラ先生	X 年 7 月、X 年 10 月、X+1 年 6 月、X+1 年 7 月	男性。他校・A 校での講師経験を経て A 校で初任。X 年当時は 30 代後半、高学年少人数指導担当。翌 X+1 年度は他学年の担任に戻る。	協力指導教師として学級・学年経営に参画した内実について
D 先生	X+1 年 7 月	女性。20 代。養護教諭	ナカニシ先生・カワモト先生・マツムラ先生の関係性の様相等について
E 先生	X+1 年 7 月	女性。50 代。ことばときこえの教室指導教師	
F 先生	X+1 年 7 月	女性。50 代。日本語教室指導教師。	
G 先生	X+2 年 3 月	女性、40 代、学級担任。	
アサダ校長	X 年 7 月	男性。50 代。A 校で教務主任、教頭を経て X 年度は A 校校長職 2 年目。	教師の学級経営や職能発達の様相、教職員の年齢構成、学校や地域・家庭の実態、学校経営等について
ヨシオカ教頭／校長	X 年 7 月（教頭職）、X+2 年 2 月、X+3 年 11 月、X+5 年 3 月（校長職）	男性。50 代。X 年度は A 校の教頭職 2 年目。X+1 年 4 月に A 校の校長として着任。	
U 校長	X+4 年 3 月	男性。50 代。	
V 校長	X+3 年 12 月	男性。50 代。	

好な関係性も参考にし、事前に 3 名の教師と校長にそれぞれ合意を得て実施した。

　第二次調査においては、すべて個別に半構造化インタビューを実施した。インタビュー調査に関する手続きは、第一次調査と同様である。インタビューガイドの主な内容は、ナカニシ先生とカワモト先生には、学級経営上の課題や実践、子ども観、指導観、学級観、教育観、教職観、同僚教師との関係性や協働の影響等についてである。マツムラ先生には、協力指導教師として学級・学年経営に参画した内実について、養護教諭と通級指導教室担当教師及び高学年学級担任講師には、ナカニシ先生・カワモト先生・マツムラ先生の 3 人の関係性の様相等について、校長には、当該教師 2 名の学級経営や職能発達の様相、教職員の年齢構成、学校や地域及び家庭の実態、学校経営等についてである。

　なお X+3 年以降の追跡調査におけるインタビューの場所に関しては、以下の通りである。ヨシオカ校長（X+3 年、X+5 年実施）は、A 校内の指定された場所で実施した。カワモト先生の異動校である C 校（X+3 年実施）では、カワモト先生と V 校長に指定された C 校内の場所で、ナカニシ先生の異動校である B 校（X+4 年実施）では、ナカニシ先生と U 校長に指定された B 校内の場所で実施した。インタビュー調査の協力者、プロフィール、実施日、テーマは表 2 － 3 の通りである。なお属性は、インタビュー調査時のものである。

（4）アンケート調査

　第一次調査では、AR による学級経営改善が促進しているかどうかを検証する目的で、児童の実態や意識を捉える児童アンケートを AR 終了間際の X 年 7 月に実施した。第二次調査では、特別活動の学級会活動を経験した児童の意識を捉える目的で、X+2 年 3 月に児童アンケートを実施した。いずれも、筆者が事前に校長と担任教師にアンケート調査の趣旨を説明し、了承を得て 2 クラスとも筆者が実施した。

　以上のように本研究では、できるだけ多くの情報源からデータを収集する

ことで記述の信頼性を高める「トライアンギュレーション」の発想（佐藤2008：p.179）を活かし、参与観察、インタビュー、グループ・インタビュー、児童アンケートの方法を併用した。

（5）研究の手続き

①筆者の背景

　筆者が「包摂の学級経営」を志向し「教師による児童間関係理解」に着目するのは、教員としての経験によるものである。まず、「包摂の学級経営」の実現を志向するのは公立小学校で長年教員として勤務し、その間多様な発達特性や価値観、行動様式を有する子ども、社会的に多様な文化的背景をもつ子どもに担任として出会い、日々の実践に向き合ってきたことによる。そうした経験から公立小学校の学級経営において包摂志向の教育実践はとても重要であると認識してきた。また、「教師による児童間関係理解」に着目するのは、特に前年度に深刻な不全状態になったと思われる学級を翌年度に担任として引き継いだ経験が何度かあることによるものである。そこでは、学習機能の不全と同時に生活機能も不全に陥り、いじめの問題が起き、子ども同士の関係は断絶していた。子ども同士が違いを認め合う関係性ではなく、違いを排除し、攻撃する関係性が捉えられ、児童間の関係性への着目の重要性を改めて痛感した。なぜなら、学級が抱えていた課題の多くは、学級内における児童間の関係性の問題であり、子ども同士が自ら修復を図ることは既に困難な状況にあったからである。加えて、1980年代以降、学級経営や生徒指導に求められる重要課題は「児童理解＝心の理解」になり、教師の児童間の「関係性」に対する着目が後退しているのではないかと感じてきた。

　こうした問題意識から学級崩壊やいじめの問題を抑止し、すべての子どもの多様性を包摂する学級経営のあり方を研究するため、退職後大学院に進学して学級経営改善のARに着手した。

②事例校・事例学級選定の理由

　A校を選定した理由は、以下の通りである。本研究はそもそもX年4月

から実施した公立小学校における一つの学年の2学級を具体的な調査対象とした学級経営改善の AR に端を発する。その際、事例校の選定にあたっては、学級経営において担任教師が直面する課題や困難さを抱える学校を念頭におき、機縁法により候補を探索した。そのうちの1校である A 校のアサダ校長と事前に数回面談を行った。その結果、A 校は次の特徴を有していることが明らかになった。第一に過去に学級の荒れや学級崩壊の危機を学校として何度も経験してきていること、第二に社会経済的に厳しい家庭が多く、外国にルーツをもつ子どもや障がいのある子どもを含めた児童の多様性の幅が大きいこと、第三に若手教師の割合が多く、現在進行している公立小学校における教師の年齢構成の偏りが抱える問題を内包していること、である。以上の点において、A 校は若手教師が学級経営に困難を抱えがちな条件を備えていると判断した。

　事例学級選定にあたっては筆者の希望として、新5年生の2クラスを調査対象としたい旨をアサダ校長に伝えた。5年生を希望した主な理由は、発達段階への関心によるものである。5年生という時期は中学生に向けて心身共に重要な変化の時期であり、カリキュラム上も家庭科や保健の領域が付加される。2クラスを希望した主な理由は、第一に、より多様な事例を探りたいこと、第二に、クラスによる事例の比較の視点を得ること、である。アサダ校長は、新4年か新5年の案を提示したので、新5年ということで合意を得た。

　第二次調査における参与観察については、ヨシオカ校長に AR の継続調査として若手教師の職能発達に着目する研究の趣旨を説明し、ナカニシ先生とカワモト先生の学級への参与観察継続の了承を得た。また学年団教師には研究の趣旨を説明し、1か月に2回位の割合（不定期）での参与観察の了承を得た。第二次調査における参与観察の特徴は、第一次調査と同様、教師からニーズのあった授業中の子どもへの学習支援も含めて教師や子どもと双方向で関わりながらの参与観察である。また「参与観察を通して得た気付きを教えてほしい」という教師のニーズにも対応し、子どもと教師支援は変わりなく継続した。筆者の A 校での立場は、第一次調査・第二次調査ともに、管理職と協議して「支援ボランティア」とすることで合意した。児童及び教職

員からの呼称は、A 校の原則に則り「○○先生」と呼ばれることで合意した。

③事例校の概要

　X 年当時の A 校は、Y 市の郊外に立地しており、周囲は住宅・商店等が混在している。社会経済的に厳しい状況の家庭が多い地域である[65]。児童数は約 300 名で全教職員数は約 40 名である。全学年 2 クラス編成であり、特別支援学級、通級指導教室も設置されている。また、数名の外国にルーツをもつ児童が通学している。低・中・高学年にそれぞれ 1 名ずつの協力指導教師の加配、日本語教師や通級指導教室担当教師及び支援員の配置等により、学級数の割に教職員の人数が多いのが特徴である。児童は原則全学年毎年クラス替えが実施され、担任教師はもち上がる場合、もち上がらない場合など多様である。学力向上と共に、生徒指導上の問題や家庭環境を背景とした問題への対応が学校の重要課題であった。

④学年団教師 3 名のプロフィール

　1 組担任のナカニシ先生は教職経験 6 年目で、初任者として A 校に赴任してきた。これまでの担任学年歴は、6 年・6 年・5 年・6 年・4 年である。協力指導担当のマツムラ先生と共に昨年度（4 年生）からこの学年を担任していた。児童はクラス替えがあったため、半数の児童は昨年度からのもち上がりであり、半数は初めての担任となる。

　2 組の担任教師であるカワモト先生は教職経験 4 年目（講師歴を含まない）で、講師として A 校に赴任し 2 年目に新規採用になった。これまでの担任学年歴は、3 年（講師）・4 年・5 年・6 年である。つまり、講師時を含めて同じ学年を 4 年間もち上がってきた経緯がある。

　協力指導のマツムラ先生は、教職経験 3 年目である。他職での社会人経験後、他校での講師経験を経て A 校に赴任し、講師を経て 2 年目に新規採用になった。これまでの A 校での担任学年歴は、2 年（講師）・3 年・4 年である。この学年を講師も含めて 3 年間もち上がってきた経緯があり、児童の様

---

[65] 例えば、要保護・準要保護の家庭の割合が6割を超える状況が長年続いている。

子や家庭的背景等についてよく知っているため、学年や学級経営を支える布陣として配置された。また、正式には高学年少人数加配という立場であり、5 年・6 年両学年への協力指導やいわゆる 7 年（担任以外の教職員のインフォーマルな呼称）という立場上の他の教育活動への関わり等、校内での動きは流動的であり、5 年生に関われる時間には制限があった。

⑤データの表記について

　情報保護の観点から、第一次調査（AR）開始年を X 年とし、トランスクリプトの表記方法は、例えば、フィールドノーツ（X 年 5 月 8 日）は（FN・X/5/8）、インタビューデータ（X+2 年 3 月）は（X+2/3）とする。また、同様の理由から、トランスクリプト作成時に、その一部に必要最小限の改変を加えた。A 校の AR 協力者 3 名の教師名、事例に挙げている児童名、2 名の校長名はすべて仮名である。それ以外の教師名、B 校・C 校の校長名、児童名、学校名はすべてアルファベット表記とする。その際、児童のみ小文字表記とし、便宜上女子児童は「○子」と表記する。なお、児童名にはすべて敬称を付けていない。本文中の FN の表記は、フィールドノーツを指す。

　以下、データの引用文中の「…」は語り手の間、「……」は省略、（　）内は筆者による補足を意味する。

第Ⅱ部

アクションリサーチを通した
学級経営改善過程

―管理主義(教師主導)から包摂(子ども主体)へ

> ### 第3章
> # 強い教師主導から
> # 子ども主体への学級経営改善
> # ―ナカニシ先生の事例

　本章では、若手教師による AR を通した包摂志向の学級経営改善方策の実施とそれを通した学級経営実践の変容過程を明らかにする。具体的には、ナカニシ先生（1組）の事例に着目する。1組の児童数は、約 20 名 [66]（男子児童の方が女子児童より数名多い）である。

　まず、第1節では改善前の学級経営の実態と課題、次に、第2節では担任教師はどのように「教師による児童間関係理解」の観点を取り入れていったのか、そして、第3節では「教師による児童間関係理解」に着目した AR の事例のプロセスと分析について、最後に、第4節ではそれらをまとめて検証する。各トランスクリプトについては、X 年 7 月に実施したインタビューデータによるものであり、グループ・インタビューのみ X 年 10 月に実施したインタビューデータによるものである。したがって、本章の本文中では表記を省き、フィールドノーツのみ年月日を表記した。

1.　改善前―「目立つ子」中心の強い教師主導だった学級経営 の実態と課題

　ここでは、「年度当初の学級経営の実態と課題」を二つの様相から捉える。第一は児童の実態、第二は担任教師はどんな課題に直面して何に苦悩していたのか、である。また、ナカニシ先生は1組の学級経営上の「一番の課題は

---

[66] 学校や学級が判別しないよう、約 20 名と記述する。

タダシである」（FN・X/4/3）と語り、アサダ校長も「この学年の最優先事項は、タダシ」と述べている。学級・学年としてタダシが最重要課題の児童であるとの認識が共有されてきた経緯があり、タダシを中心に据えたクラス替えがこれまで行われてきたということであった。つまり、1組の学級経営改善を進めるためにはタダシの態様に着目することは必須条件であったことを付記しておきたい。

（1）児童の実態―新しいクラス集団を肯定的に受け止める児童と不安感を抱える児童

　子どもたちが4月当初の学級の様子をどのように捉えているのかを把握するために、学級開きから約1週間後に改善策の一環として「児童アンケート」が実施された。このアンケートの取り組みについては、4月15日の改善協議において筆者が提案し具体的な実施内容について協議をし、両クラス共に実施された。目的は、学級開きから1週間経たクラスについて、個々の児童がどう捉えているのかを把握し、担任教師の認識と照合するためであった。質問項目は、①今のクラスの様子をどのように思いますか、②こんなクラスにしたい、の2項目である。児童アンケートの結果から、ここでは「今のクラスの様子をどのように思いますか」の質問に着目し、まず学級全体としての反応について、次に事例で注目している児童の反応について見ていく。

　まず、学級全体としては（当日欠席等有り）、プラス面の反応を示した児童は12名、プラス面とマイナス面の両方を含む反応を示した児童は1名、マイナス面の反応を示した児童は3名、無答は3名であった。

　プラス面の反応については「みんなが笑顔で明るいからいいと思う」というように「笑顔」に触れている児童が2名いた。その他の反応として多く見られたものは「明るくていい」「楽しい」「おもしろい」「今の5年1組でいいと思う」というように学級全体の雰囲気として捉えているものであった。また、「授業のときしっかりできている」というように授業中の様子について触れている反応も見られた。プラス面とマイナス面の両方を含む反応については、「仲良くできて助け合えているときと、まだできていないときがある」

という内容であった。マイナス面の反応については「いやなときのほうが多い」や、遊びのなかでの人間関係について触れたものであった。

　このように、約6割の児童が肯定的な感触で学級のスタートの状況を受け止めていること、無答も含めて約3割の児童は様子を窺ったり不安感を抱えたりしていることが実態として捉えることができる。しかし、アンケートの時期を考えると当然ではあるがクラスの実態が十分に認識できていないがための表面的な反応も含まれる点については考慮しておく必要があるであろう。

　次に、事例で注目している児童の反応は、表3－1の通りである。タダシの反応には、遊びのなかで時々トラブルを起こして、ときにはエスケイプ等の逸脱行動に繋がることもある背景が表れている。また、e子とタダシは4年生時からの同級生であるが関係が良くないままで5年生を迎えていた。二人が口論をする場を当初から何度か見ていたし、5月の連休明けには連休中のトラブルのことで始業前に教室で大喧嘩をしたこともあった。彼女の置かれたその状況が、反応に表れていると思われる。sは同じ少年サッカーチームのタダシのことを何かと気遣い支えながら良好な関係性を築いていく重要な役割の児童であり、ここで彼の「すごくほっとするクラス」の記述に注目しておきたい。

　sはタダシと共に4年生もナカニシ先生のクラスだったが、二人を含む周辺児童との関係についてナカニシ先生は「sとタダシの1対1の関係のなかに、こう後ろにアキラ（2組児童）がいたりとか○○（2組児童）がいたりとか、そういう関係だったのでうまくいってなかったんです」と語る。そして、「今年意図的に離した（クラス替え）ことで、sのいいところがタダシにすごく影響するようになって……s自身もすごく安定したというお互いプラスになる関係になった」という語りからは「クラス替え」における「教師による児童間関係理解」の観点が、タダシとsの良好な関わりやsの安定を生む成果に繋がっていることが読み取れる。

　以上を踏まえると、過半数の児童が年度当初の学級を肯定的に受け止めているが、一方で新しいクラス集団のなかで人間関係等に不安感を抱えながら過ごす子どもたちの姿も実態として捉えることができる。

表3－1　「児童アンケート」の結果より抜粋

事例で着目 している児童	児童の反応
タダシ	みんなあそびの時、こっちにかえてといったりするのがいや。だれとなってもみんなで楽しめたらいいと思ってくれるクラスがいい。
s	やるときはやってやらないときはやらないし、すごくほっとするクラス。
ミツオ	1組はみんな明るくていいと思う。
e子	楽しい時もあるけれど、いやな時もある。いやな時のほうが多い。
ミキ	静かな5年1組にしたい。
ユウヤ	たのしくてとてもいいクラス、遊ぶときもよんでくれるから楽しい。
ショウタ	勉強が楽しい。

(2) 学級経営方針―目立つ児童に強い影響を受ける教師主導の学級経営
①厳しい教師主導型の学級経営のスタンスとジレンマ

　ナカニシ先生のこれまでの学級経営のスタンスはどのようなものであったのか。ナカニシ先生は、「初めて6年生を担任したとき、があーっと僕が強く引っ張っていくような学級経営をしていました」（FN・X/5/8）と話す。そして、年度当初、ナカニシ先生は自分の学級経営に関して「自己流でやってきた」という表現をするのを何度か聞いてきた。その「自己流の学級経営」について「僕が男っていうところで、やんちゃな男の子は最初に僕のこと怖いと思って、まあ、ばちっとこう、うまく僕の軌道に乗ってくれてわりと指導入れやすかった」という語りから、厳しい教師主導型のスタンスを自己流として身に付けてきたことが推測される。そして、このスタンスを支えていた価値観として「まあ、どっちかというと僕は厳しさ中心で、……何か将来もっとしっかりして欲しいしここまでさせたいっていう、そのここまでっていうのにとらわれてやっぱりかなりがーんってやらしてた」と語る。

　しかし、ナカニシ先生は、昨年度初めてタダシを担任して「タダシはそれとはまた違ったなあという、単純に厳しさだけでは、あの子はこう動かせられないなあ」という、これまでの「厳しさ中心」の手法が通じない難しさを感じていた。さらに「もう危険行為しまくってたので、……タダシをどうす

るにとられてしまうから、とても周りがみれないっていう状況があった」と、学級経営に苦悩してきたことを語っている。このようなナカニシ先生の昨年度の学級経営を、アサダ校長は次のように捉えていた。

　　タダシをタダシをっていうて、みんなをがあーっとやって、こういう学級にするってやったからね、周りの子はがんじがらめになるわけや。……タダシのためにこういう教室にという型にはめてしまえば、子どもは息苦しくなるんやな。

　これらの語りからは、昨年度はタダシとの関係性がナカニシ先生の学級経営全般に大きな影響を与えていたことが窺える。そのような背景として「やっぱりそのう、目立つ子にね、意識がね、いってしまうというとこですね。特に悪い意味で目立つ子がいると」という「教師－児童（タダシ）」の二者関係に終始しがちな学級経営の実態があったことを捉えることができる。

②児童間の関係や学級の全体を捉える視野の後退

　ナカニシ先生はタダシとの出会いを通して、これまで自己流でやってきた厳しさ中心の学級経営に行き詰まりを感じていた。そして「4年のときもきちんとやり切れなかった部分があったので、今年はきちんとやらせたい」と思い、「学級経営は初めの1か月が勝負[67]とよく聞いていたので、その時期はとにかくきちんとやらそう」という方針をもってスタートした。しかし、このようなスタートにおいてもナカニシ先生がタダシとの関係性に強い影響を受けることが窺われる出来事が教科書配付のケースにおいて見られた。

---

[67] ナカニシ先生が、「最初の1か月が勝負」という方針をもって学級経営をスタートしたことは、重要なことであると言える。例えば、野中（2011）は、「3・7・30の法則」で学級の仕組みをつくることを提唱している。1年間の学級経営の中でも特に年度当初の、出会いの「3」日間、しくみづくりの「7（1週間）」日間、繰り返しの「30（1か月）」日間が重要であり、始業式からの1か月で、1年間の80％が決まってしまうと教員としての経験から述べている（pp.40-41）。　河村ほか（2008）は、学級づくりの目標を1年間の流れに沿って10シーズンに分けて提示している。このうち、第1シーズンが4月1週目、第2シーズンが4月〜GWで、野中の「7」と「30」にあたる。したがって両者共に、「最初の1か月」を学級づくりの重要な期間として位置付けていることは同じであると言えるであろう。

３限は、新しい教科書配りになっていた。２組の教室に入ると、子ども
たちがカワモト先生と一緒に運んできた新しい教科書が給食台の上に積
まれていたが、カワモト先生は「今日は配付しない」と言う。理由を聞
くと、１組に何かあったみたいでナカニシ先生から今日は配付しないと
いう連絡があったので、「合わせる」ということであった。筆者は、「教
科書は今日配った方が良いと思う」ので、ナカニシ先生にも連絡をして
配ることを勧めた。結果として２クラス共、配付したが、特に問題は起
きなかった。（FN・X/4/9）

　ナカニシ先生から聞いた理由は、ボール使用に関する校内の決まりが新学
期早々という事情もあり教職員に周知徹底できていなかったため、「まだボー
ルを使ってはいけない」という担任の指示を守ったタダシが、運動場でボー
ルを使っている他の学年を見て怒ってキレた状態になり、そのタダシの様子
からナカニシ先生はタダシが新しい教科書を破るかもしれないという最悪の
ケースを想定して、一旦は教科書配付を翌日に延期することに決めたという
ことであった。
　この出来事からは、タダシの影響を強く受ける昨年度からの学級経営のス
タンスが継続されていること、教科書配付という児童全体に関わる事項に「教
師－児童（タダシ）」の二者関係の視点が優先されたことが読み取れる。
　筆者は、初めて１組に終日入った４月16日、クラス全体の雰囲気を感じ
ながらナカニシ先生や個々の児童の様子を観察した。そのときのFNには次
のように記していた。

　ナカニシ先生が、ほとんど喋り通しで細かい指示や指導が終日続く。朝
一番の健康観察時から、個別や全体に対して、授業の準備物、姿勢、次
の時間の用意、食後の歯磨き等、細かい指示や同じ指示の繰り返しが続
く。姿勢に関しては、個々の児童や全体に対して何度も注意が入る。「ピ
シッと！背筋伸ばして！姿勢が大事！」（は、この日以降もよく言って

いた）。物言いはきつくはなく、とにかくきちんとやらせたいという担任としての指導のスタンスが見られた。（FN・X/4/16）

　ナカニシ先生が、一方向で子どもたちに矢継ぎ早に細かい指示を出し続ける特徴的な指導のスタンスが見られ、ほとんどの子どもたちはそれらの指示や指導に従い、また集中して学習に取り組み課題を一生懸命にこなしていた。筆者は、教室の後ろに立って聞いていたが、指導や指示がシャワーのように続いているように感じられ、4時間目あたりからだんだんと息苦しくなってきた。この日の放課後、職員室に戻ってきたナカニシ先生は筆者の顔を見るなり開口一番「あーしんどい一日でした」と呟いた。そして、翌週の4月23日の朝、一緒に教室に向かいながら次のような会話をした。

　　筆　者：先週初めて一日中（教室に）入らせてもらったのですが、先生がほとんど喋り通しで、しかも細かい指示が一日中続くので、後ろで聞いていてとてもしんどかったのですが。
　　ナカニシ先生：喋りすぎだとこれまでもよく言われてきたのですが、僕がしんどかったのは喋り過ぎていたからなんですね。
　　ナカニシ先生：どうしたらいいんでしょうか？
　　筆　者：とりあえず、先生の話を三分の一位減らして、その時間を子どもたちや子ども同士の活動に充てることが必要ではないかと思いますが。（FN・X/4/23）

　ナカニシ先生はこの時期の学級経営について、「とりあえず、スタートは子どもたちもがんばってくれていてうまくいっていると思うのですが」（FN・X/4/24）とある程度の手応えを感じていたようだ。しかし、7月のインタビューでは「最初の1か月は勝負だと思ってこう色々ときちっとしようと思って……こう形にとらわれ過ぎて子どもとの距離を縮めるひまがなかったのが最初の1か月であって」と振り返っている。
　これらの語りからは、とりあえずスタートはうまくいっているという手応

えの反面、きちんとやらせたいという形にとらわれ過ぎて子どもと信頼関係を築く余裕がないというジレンマを抱えていたことが分かる。さらにナカニシ先生は、タダシとの確かな信頼関係が築けていない状況のなかで「この後どういう風に（学級経営を）していったらいいのか、引き出しが少ないから分からない」（FN・X/4/24）というように、1か月後の「次の段階の学級経営」のビジョンが描けない不安感を内包していた。

　以上の状況から、年度当初の学級経営における二つの課題を捉えることができる。第一は、目立つ子（タダシ）への注目から学級理解が「教師−児童（タダシ）」の二者関係に終始しがちであること、第二は、「児童間関係理解」や「学級の全体像」を捉える視野の後退が見られることである。

2. 改善の第1段階—「教師による児童間関係理解」の観点の導入
（1）年度当初の学級経営の課題—引き出しが少ないから改善のビジョンが描けない

　ナカニシ先生が捉えた年度当初の学級経営の課題を整理すると、表3−2にまとめられる。

　表3−2からは、ナカニシ先生自身の学級経営のスタイルとタダシとの関係に影響を受ける学級理解に課題が読み取れる。このような状況にあって、ナカニシ先生は学級経営を改善するための取り組みを始める。

表3−2　年度当初の学級経営の課題

項　　目	内　　容
学級経営の スタンス	・細かいことの指導や指示による教師が強く引っ張る学級経営のスタンスが続いている。 ・形にとらわれ過ぎて、子どもとの距離を縮める余裕がなかったのが最初の1か月である。
学級経営の 方針	・この後（1か月後）どういう風に（学級経営を）していったらいいのか引き出しが少ないから分からない。
学級理解	・タダシ（目立つ子）の態様に影響を受ける学級経営が続いているために、学級全体を視野に入れた学級理解ができにくい。

（2）教師はどのように「教師による児童間関係理解」の観点を取り入れて いったのか

　ここでは、ナカニシ先生が「教師による児童間関係理解」の観点を取り入れていった経緯について記述する。4月15日の改善協議において筆者は、「教師による児童間関係理解」（以下、児童間関係理解と表記）の観点に着目した「学級経営改善」のための実践を協働していきたいというARの目的を説明し、学年集団の教師から合意を得た。その概要を項目化して以下に記述する。

・「児童間関係理解」の観点の提示と説明を図を示しながら筆者が行った（第1章第5節（5））。
・今後の改善協議のもち方と方向性について確認し合った（第2章第2節（4））。
・3名の教師は共に、「児童間関係理解」の観点は大事であると分かっていたが、これまであまり意識できていなかったということであり、強い関心をもって受け入れた。

　1か月後の学級経営のビジョンを模索していたナカニシ先生は、「児童間関係理解」の観点を「言葉として言われて、ああそうや、これ大事だと改めて認識させてもらった」と進んで取り入れていった。しかし一方で「児童間関係理解は大事だなあと思うんですけど、多分その学級経営に手いっぱいの先生に児童間関係理解って言うても多分ね、そこまで心の余裕が行き着かないのが原因なのかなあ」とも語っている。
　この語りからは、児童間関係理解は大事な観点であると認識していても昨年度は学級経営に余裕がなかったので意識することができにくかったという思いが窺われる。そして、今年度は「5年のスタート、僕、良かったんです。……自分自身しんどかったけど手応えはあったので、タダシも落ち着いたなあという思いがあったし、あっ、今や！って」という思いで「児童間関係理解」の観点が受け入れられていった。また、ナカニシ先生はこれまで「児童間関係理解」の観点が意識できにくかった第一の理由として次のように語っ

ている。

　　児童理解に意識が行き過ぎているからだと僕は思うんですけど、こう、
　　教師対子ども、教師対子ども（手で身振り）って、……僕と子どもの関
　　係が良好であればある程度うまくいってるなあっていう錯覚にも陥りや
　　すいのかなあって気がして。

　この語りからは、ナカニシ先生は「児童理解」を学級経営の基本的前提と
して意識をしているが、「児童間関係理解」の観点は意識して位置付けられ
てこなかったことが窺える。そのため「児童間関係理解」は新たな観点とし
て、彼なりの受け止め方で内在化されていった。このことについて「児童間
関係理解をするために、僕が言い過ぎると気付けないからちょっと見ようと
するようになったかなと。だから、任しといたらどういう動きするのかな」
という「任す」姿勢を取り入れていったと語っている。4 月 30 日の FN に、
それを窺わせる次のような記述がある。

　　4 限の「総合的な学習の時間」は、「T 川の自然について調べたい課題と
　　その方法」を各自で設定する内容であった。グループでの話し合いの時
　　間も十分に確保され、全体交流では多様な意見が出された。この時間の
　　導入はとてもうまくできていて、子どもたちがすぐに学習課題に取り組
　　んでいた。ナカニシ先生の子どもたちへの細かい指示や強いコントロー
　　ルの場面が減ってきた。話の量も減り、子ども同士の交流や子ども自身
　　が自分で考える時間が余裕をもって設定されていた。（FN・X/4/30）

　一方、教師にとってこれまで貫いてきた学級経営のスタンスを変えること
は容易なことではなく、ナカニシ先生は「何かまあ、怖かったのかもしれな
いですね。なんかこう任しすぎて崩れたら困るなあとか」という葛藤を抱え
ていたと語る。しかし、「任せてみたらこう心にゆとりができて、子どもの
姿がよく見えるようになって、子どもが話してくることに対してちゃんと返

せるように」なり、「子どもがいっぱい喋りかけてくるようになって」という手応えを看取している。そこでは、子どもの変化を「手応え」として自分の目で確認できたことが、彼の不安を軽減し内面の葛藤や揺らぎを乗り越える原動力になったと推察されるのである。

　さらにナカニシ先生は、児童との距離感について「なんかこう距離近すぎたんです。僕、子どもと。……監視してたみたいな感じが、僕は、振り返るとしてて」、「児童間関係理解っていうことを言ってもらうことによって、あのう楽になりました、自分が」と語っている。この語りからは「児童間関係理解」の観点が、少し下がって児童や学級の様子を捉える学級理解に有効に作用したことが窺える。

3. 改善の第2段階―「教師による児童間関係理解」に基づく実践

　ここでは、学級経営改善の方策として取り組まれた「児童間関係理解に着目した実践」について、事例を通してそのプロセスを見ていく。

(1) 事例1―逸脱行動を繰り返す目立つ児童タダシに向き合う

　ナカニシ先生は、4か月間を振り返ってタダシの変容を「僕、今、ふと思い出しましたが、そういえば、(タダシは)エスケイプなくなったなあと思って」と語っている。また、夏休み前の個人懇談会でタダシの母親から「先生に巡り合ってタダシはものすごく変わった。勉強するようになったし、よく考える子になってくれた」と言ってもらってとても嬉しかったと語っている。このようなタダシの変化とは具体的にどのようなものであったのか。また、その要因として「児童間関係理解」はどう関わっていたのかを検討していく。

①年度当初のタダシの様子

　以下のFNは、筆者が初めて1組に終日入った4月16日の出来事である。ここでは、年度当初の「ナカニシ先生－タダシ」の関係性、タダシの態様と課題、タダシとsとの関係性の一端が読み取れる。

5・6 限は図工だった。5 限は、ｓが絵を描きながら筆者にサッカーの話を仕掛けてきたのでしばらく聴いていた。ｓはタダシのことも話題にしたので、すぐ近くの席のタダシもサッカー談議へ参加してきた。二人は、同じ少年サッカーチームに所属しているということだった。筆者は、同じ目の高さになるようにしゃがみこんで話に参加した。（FN・X/4/16・5 校時）

二人は楽しそうによく語り、聴いていて心地良かった。タダシがｓに対してサッカーを通して一目置いていることや頼りにしていることが会話を通して窺えた。タダシとｓの良好な関係性を感じ、今後も着目していきたいと思った。ところが次の 6 校時になると、彼の様子は変化した。

タダシの調子が 6 限の途中から悪くなった。途中で絵を描くのをやめて廊下に出て窓から外を眺め出した。その後一旦教室に戻り下絵に再チャレンジをするが、やはり「もう無理！」と投げ出してしまった。ナカニシ先生は、……何度も励ましていたが（タダシの）根気が続かず、道具をさっさと片付けて下校の用意を始めた。（FN・X/4/16・6 校時）

ナカニシ先生は、今日はこれ以上は無理と判断をしたようでタダシの行動を黙認していた。その後、タダシは 6 限が終わると「帰りの会」に参加しないで黙ってカバンを持って教室を飛び出した。筆者が後を追うと、階段の途中で止まって手摺りを持ったまま俯いていた。筆者に気付くと、しばらく筆者の様子を窺っていたが、突然言葉をぶつけてきた。

タダシ：（担任の姓を呼び捨て）から聞いてるか！僕な、やんちゃやった！1 年や 2 年のころ、めちゃくちゃ、やんちゃやった！先生蹴ったり、物壊したり…めちゃくちゃやんちゃやった…（担任の姓を呼び捨て）から聞いてるか！
筆　者：（驚きで言葉を失った）…聞いてないけど…そうだったの…し

んどかったんだね…。(FN・X/4/16)

> 中庭に下りても、筆者の様子を窺いながら校舎の壁伝いにゆっくり歩いていた。2〜3メートルの間を保ったまま平行で歩いた。再び、先程と同じような内容のことを筆者に向けてぶつけた。「…しんどい思いをしてきたんだね」。この言葉しか思い浮かばなかった。距離を保ったまま後を付いていき体育館の裏手近くで筆者が座ると、タダシもカバンを置いて横に黙って座った。そこは、校舎からは死角になった場所だった。しばらく運動場を眺めていると彼は話し出した。家族のことで困っていることを一気に話した。その状況はわずか11歳のタダシにとっては非常に厳しいものだったが、家族のことを心配して心を痛めている気持ちが語られた。その後下校していき、姿が見えなくなるまで見送ったが、タダシは何度も振り返っていた。(FN・X/4/16)

　タダシの抱えるしんどさや不安感、心許なさが十分理解できた。放課後、ナカニシ先生にタダシの様子を伝えたが、タダシへの対応に苦悩していた。タダシとの確かな信頼関係が構築されていない状況では、教室を飛び出しても「黙認する」方法をとらざるを得なかったようであった。筆者は、タダシとナカニシ先生や学級とを「繋ぐ」立場で関わりたいという思いを話し、了承を得た。

②ナカニシ先生の指導スタンスの変化
　タダシへの指導の方法について、タダシの実態を見極めながら改善協議を重ねた。ナカニシ先生は、タダシが5年生になって保健室で休みたがる傾向を「甘え」と捉え、どこまでそれを認めるべきか葛藤しつつその都度判断にジレンマを抱えていた。ナカニシ先生は、タダシが時々学校を休んだり保健室で休んだりすることを彼の弱さだと捉えていた。5月8日のタダシに関する改善協議の概要は、表3−3の通りである。

表3－3　改善協議の概要

項　目	内　容
タダシの行動	保健室へ行きたがる。
ナカニシ先生の判断	本当に心身を休めたい。（養護教諭の情報から）
とった方法	○時間目からは教室に戻るとか、がんばるからという見通しを本人にもたせ、言葉にすることで、保健室で休むことを認める。
理　由	タダシの学校生活での課題は、「社会化」の未熟さであり、学級経営でできることは、タダシの「社会化」の育成を図ることである。

　ここでは、タダシの主な課題は「社会化」の育成であると捉えることにより、「育てる指導」へのシフトが図られた。そこでは、事前の養護教諭からの「ほとんどベッドに入っています。暴れたりウロウロしたりすることはありません」（FN・X/5/7）という情報が改善策に活かされた。

　ナカニシ先生は、以下の2点を主に実践に移していった。第一に、タダシへの指導のスタンスを変えたことである。家庭状況や人間関係の築きに不安感を抱えているタダシは、「今、ここで」感じ取れる「人との繋がり」を求めているように思われ、「将来のために」という厳しさをスタンスに置くナカニシ先生との間にはズレが生じていることが推測された。厳しさだけではタダシとの信頼関係の構築は図れないことに気付いていたナカニシ先生は、自身の価値観を優先するのではなく、タダシの実態を捉えながらの指導にシフトを図っていった。第二に、sやミツオとの良好な関係をリソースとして活かしたことであった。

　第一に関しては、児童間関係理解の観点の意識化を図ることにより生まれた視野の広がりと心の余裕は、「余裕もって取り組めるようになった、本当になったんですよ。……だからタダシも良くなったと僕は思うんで」と語るようにタダシへの指導にも有効に作用したことが窺える。第二に関しては、ナカニシ先生は「タダシがいないときは、『先生、タダシどこ行ったん？』って、ミツオとsが言いますね。……いないことをね、ちゃんと気付いてくれている友だちがいるってことは、すごく大事なのかな」と、タダシのことをsと

ミツオが支える役割をしていることに着目している。この改善協議の6日後にあたる5月14日のFNには、ナカニシ先生とタダシとの関係性の変化が窺われる記述がある。

> ナカニシ先生は始業前に「昨日朝からタダシが、自分から今日はしんどいから1時間目保健室で休みたい、2時間目からは教室に戻るからと言いに来ました。そのときに、結構いっぱい話をしました。約束通りちゃんと戻ってきました」と笑顔で話した。筆者は、その時間に「歌のテスト」による自習の支援依頼で1組に入っていたので、タダシが教室に戻ってきた姿を見ていた。タダシは2限の間中、sがサッカーの話をしかけてきても流されずに集中して課題に取り組み、自習用の課題をすべて仕上げていた。（FN・X/5/14）

　ナカニシ先生は、タダシの変化から「手応え」を実感したことにより「保健室で休みたい」と言ってきたときの判断を原則重視ではなく、時には「緩やかなコントロール」[68]を試みる姿勢へとシフトをしていった。そして、そこでは柔軟な対応がうまくタダシに活き、その後穏やかに学習に集中して参加できる姿を生み出した。

　その後もタダシは「昨日は、タダシ、なんかややこしかったんです。タダシは、赤ちゃん返りしたみたいだったんです。僕にも甘えてきましたし」（FN・X/5/22）とナカニシ先生が言うように、さまざまな様相を見せながらも少しずつ落ち着いていった。

　6月4日のFNには、「ナカニシ先生から、タダシの変化を感じていることや学級経営が楽になったこと、気が張っているのでこの学年、ものすごく勉強になりますということが話された」と書かれている。そして、この日に

---

[68] 森田（2011）は、際立った異質性を有する外国人児童や発達障がいのある児童だけでなく、他の児童をも見えにくいながらも多元的な差異をもつ存在と捉え、担任教師の「緩いコントロール」について、次のように言及している。「多様な異質性を内包する4年1組の学級運営で、特に印象的だったのは、まず担任教師がみせる『緩いコントロール』である。（中略）（担任教師は）緩めのコントロールに移行したことで、子どもたちに表れたよい変化が実感できたそうである」（p.90）。

はマツムラ先生からも廊下での立ち話で「ナカニシ先生は、タダシに対して温かく接して広い器で接している。4年のときは叱ることが多かった。僕も隣のクラスでタダシを叱ることが時々ありました」（FN・X/6/4）という話を聞いた。これらの語りからは、ナカニシ先生のタダシへの指導のスタンスの変化がタダシの良い変化を生起させ、そのことが学級経営改善に繋がっていることが読み取れる。

③タダシと他児童との確執を抱えた関係性の変化

　ナカニシ先生は「ミツオ、s、uが、タダシにいい関わりわりをしてくれています」（FN・X/5/22）と語るように、当初からタダシと良好な関係を築いていたのは男子の一部に偏っていた。タダシがスポーツで一目を置くsとミツオ、保育園の頃からの幼馴染であるuである。一方で、女子のなかでは特にe子と昨年度からの確執を抱えていた。その背景には、男女間のギクシャク感という4月当初からの学級の課題が内在していると思われた。e子とは激しいトラブルを起こしながらも、その後家庭科の時間のエピソードにも現れているように徐々に修復の兆しが見えた。以下はその経緯である。まず、5月7日のFNには次のように書かれている。

　　教室に入ると、タダシとe子が大声で喧嘩をしている。二人とも、普段と形相が違い互いに激しく罵り合っていた。原因は、ゲームソフトのことであった。ナカニシ先生が教室に来ると、二人は喧嘩をやめて読書タイムに入った。しかし、タダシは上半身にジャンバーをすっぽりと被って机にうつ伏してしまった。ナカニシ先生は、タダシに何度か声をかけたが反応がなかった。1限は体育館での学習であり、ナカニシ先生は他の児童と体育館へ移動した。タダシは結局、1限の間中その状態で教室にいた。（FN・X/5/7）

　中間休みに職員室で協議をし、とりあえずタダシのナカニシ先生に話を聞いてもらいたいという気持ちを優先して受け止めることで対応することに

なった。そして、ナカニシ先生が二人の話を聴くことにより、その日は収まった。ナカニシ先生の話によると、e子も課題を抱えた児童であり、二人の関係のねじれは根深いものがあるということであった。つまり、ここでは、子ども同士が自分たちでトラブルを解決する力は未熟であり、担任教師の「繋ぐ」役割が必要だったということである。その後もナカニシ先生は、タダシとe子の関係性に着目していき、改善協議でも話題に出された。そこでは、それなりに会話もしているし交流も見られるが、本質的なところでの改善にはまだ時間がかかるだろうという見方であった。

　その後のタダシとe子の大きなトラブルとして、7月2日の「第2回学級会」終了直後の出来事が挙げられる。子ども同士のトラブルは突然起こるため、予測不可能である。7月2日のFNには次のように書かれている。

　　休み時間が命のタダシにとって、e子の「（掃除に早く取りかかるために）遊びを早めにやめて戻ってくる」という学級会での発言は許せなかったのだ。e子に向かって暴言を投げつけたため、e子が泣き出した。他の女子児童がなぐさめている。すでに、タダシは、後ろのロッカー前の隅でナカニシ先生より指導を受けていた。4限は水泳学習があるため他の児童が移動した後、教室にはナカニシ先生、タダシ、筆者の3人が残った。ナカニシ先生はタダシの言い分を聞いたうえで暴言を注意したが聞き入れない。その後ナカニシ先生は、強い口調で厳しくタダシを指導して教室を出て行った。（FN・X/7/2）

　この後、タダシは4限をエスケイプしたが教室を飛び出さないで静かにいた。また、机にうつ伏すこともなく筆者に話しかけてきたので、彼のe子への言動と4限をエスケイプした行為にきちんと向き合うことを促した。今回のタダシのe子への理不尽な言動は、学級会のルールを破るものであり、彼の「社会化」の未熟さが窺える出来事であったと言えよう。したがって、ナカニシ先生の厳しい指導は当然であり重要であったと思われた。タダシはクールダウンをして、既に自分の言動を反省していた。また、4限終了後、

教室に戻ってきたナカニシ先生の周辺をウロウロしながら、エスケイプした
ことの謝罪をする機会を見計らっているようだった。ここでは、タダシがナ
カニシ先生の厳しい指導に教室を飛び出すことなく自分と向き合えたことの
背景に、「ナカニシ先生－タダシ」間の信頼関係の構築がなされてきている
ことが捉えられるのである。結果として e 子に謝ることはまだできなかった
が、直後の給食の時間には、e 子も含めた近くの女子児童たちや s、ミツオ
たちと談笑しながら会食する姿が見られた。
　その後も徐々に、タダシと e 子との関係性に変化が見られるようになった。
例えば 7 月 8 日の FN には、二人の関係性の変化を窺わせる記述がある。

　　家庭科の裁縫の時間の光景である。v が筆者に支援を求めてきたが、筆
　　者はタダシを支援していたため v に少し待つように声をかけた。すると
　　タダシが大きな声で e 子に声をかけた。
　　タダシ：e 子、教えてやって！
　　e 子：誰に？
　　タダシ：v に！
　　e 子：分かった！（FN・X/7/8）

　e 子も、タダシの声かけに一瞬驚いている様子だったし、v もタダシの言
葉に驚いてタダシの方を見ていた。以前のタダシなら、自分の支援を邪魔し
たと思って v を睨んだ可能性も否定できないだろう。しかし、そこでは、暴
言とか睨みではなく、隣席の e 子に依頼するという新しい方法をとった姿が
見られた。e 子も「分かった」と快く応答して v を支援していた。e 子とタ
ダシと v の 3 人の表情は、とても穏やかだった。タダシと e 子の関係性が少
しずつ修復されてきていることが感じられた。

④タダシと他児童との良好な関係性の広がり
　また、少しずつではあるが、タダシと他の児童との良好な関係性は、当初
の s、ミツオ、u の一部の児童から徐々に広がりが見られるようになっていっ

た。例えば、6月25日のFNには、国語の時間に隣席の女子児童との間で良好な相互行為が見られる記述がある。

　　全員音読のときの光景である。教科書のどこを読むのか分からなくなり
　　困っているタダシに、隣席の女子児童が、タダシの教科書を指でなぞり
　　ながら教えている。タダシは素直に受け入れて一生懸命目で追いなが
　　ら確認している。このような光景が、日々積み重ねられていた。（FN・
　　X/6/25）

　このように、授業中に見られる隣席の児童同士の良好な関わりを支えてい
た要因として、次の2点が挙げられる。第一に、ナカニシ先生の席替えの配
慮がある。ナカニシ先生は、5月8日の改善協議において、席替えで一番重
視する観点として「人間関係が大前提です。特に隣同士は教え合うので、ペ
アが大事です」（FN・X/5/8）と語っている。
　7月9日のFNにも、ナカニシ先生の原則重視ではない柔軟な「緩やかな
コントロール」の姿勢を窺わせる記述がある。

　　席替えを毎月初めに実施するため、タダシの隣席は別の女子児童になっ
　　ていた。タダシは、女子児童のノートの上に自分の分度器を置いて実際
　　に見本を示しながら、時々女子児童の顔を見ながら、優しく教えている。
　　女子児童も一生懸命にタダシの説明を聞いている。ナカニシ先生は、全
　　体指導をしながら二人の姿に時々視線を向けつつ、注意をしないで様子
　　を見守っている。やがて、タダシの説明が終わり、二人とも全体指導に
　　集中して参加した。（FN・X/7/9）

　ナカニシ先生は、タダシと他の児童との関係性の変化について「給食の時
間とか話し合いの時間は、タダシはすごく協力的になったなあという気がし
ますね。……学習のなかでの友だちとのルールは、よく守るようになったな
あっていう気がします」と捉えている。

　このように、徐々にではあるが、タダシの変化と他の児童との良好な関係性の広がりの相乗効果が起きていることが読み取れる。マツムラ先生の「ざくっと言うと、多分、クラスの雰囲気なんですかね、失敗したりであったりとか……間違いを基本的に認め合えるような優しい雰囲気があるのかなあと思います」という語りからは、認め合える学級の雰囲気の醸成とも連動していることが窺えるのである。

⑤タダシと他児童との力関係で捉える関係性

　しかし一方で、タダシのことを「怖がっている」児童もいる。ｖがその一人である。ナカニシ先生が気にかかる児童の一人として着目している児童がｖである。タダシとｖの力関係の固定化を窺わせる出来事として、学級会で話し合って実施された「お楽しみ会」終了直後のトラブルが挙げられる。6月25日のFNには次のように書かれている。

　　ｖと男子児童の言い争う声が聞こえてきた。担任が体育倉庫で後片付け中だったので筆者が様子を見に行くと、タダシが男子児童側の味方について参戦していた。原因は、ｖがキックベースのルールをよく理解していないことについて、男子児童がイラッときてｖにきつく言ったために喧嘩になったということだった。タダシはｖに「こいつ、ルールが分かってない」と横柄な口調で言った。普段からタダシはｖに対して上から目線で話す。タダシが入ってきたためか、ｖは両手を合わせて拝むように「ルールがよく分からないから…」と泣きながら叫び出した。ｖはパニック状態になっていた。男子児童と二人だけのときは結構言い返していたのだが、タダシが相手方に参戦してきた段階でｖの態度は急変した。タダシが「先生、こいつ、ボコボコにしてもいいか！」。タダシは、何かトラブルがあると「ボコボコにしてもいいか」が口癖だ。筆者が首を横に振り、諭すように顔を見た。するとタダシは俯いた。（FN・X/6/25）

　このトラブルに関しては、ナカニシ先生が後で指導を行った。ナカニシ先

生の話によると、男子児童も普段からｖにはキツイ言動をするということであり、ここでは３人の児童の学級内の力関係の固定化の問題が浮かび上がってきている。ナカニシ先生は、「児童間関係理解」の観点から、その課題を以下のように捉えていた。

　　まだね、彼（タダシ）に対しては怖さもってる子どもはいるから、児童間関係理解という部分では怖いからこう何となく距離を縮めてるふりをしてる子もまだまだいると思うんで、そこはこれから改善していかないといけないところではあるかなと思うんですけど。

　そして、タダシの今後の課題として「冗談で言う暴言が止まらないから、それは（タダシの）まだまだ課題です」という点を挙げている。これまでのナカニシ先生の語りからは、タダシに関する「児童間関係理解」では「良好な関係性の広がり」というプラス面と、「力関係の固定化を利用した関係性」というマイナス面との両面で捉えることが必要であることが読み取れる。
　この事例ではナカニシ先生は、児童間関係理解の観点の付加によってタダシの課題として「社会化」の未熟さを捉えている。そして、「関係性」や「社会化」の視点で捉えることによって、家庭環境や心の理解にとどまるのではなく、学級経営においてタダシの良好な人間関係を育てる日々の実践に繋げていることが窺える。そうした対応により、タダシの逸脱行動は減少し、教室での学習や生活への参加が増えていったと推測することができる。
　加えて、この事例における筆者の役割について検討しておきたい。筆者も当事者として授業中の学習支援など、タダシに直接関わりながら関係性の構築に努めたことである。こうした信頼関係をベースにして例えば、タダシとナカニシ先生の関係性、タダシと他の児童との関係性（良好な関係性の児童のみでなくｖのように力関係にある児童も含めて）を観察しながら、「繋ぐ」役割をしたことである。

(2) 事例 2―クラスのリーダー的存在の目立つ児童ミツオに向き合う

　ナカニシ先生は文武両道に秀出るミツオに対して、学級や学年のリーダーとして育ってほしいと期待し、絶大な信頼を置いていた。また、子どもたちの間でも一目置かれる存在であり、学級への影響力は多大であった。つまり、ミツオはタダシとは対照的な意味でいわゆる目立つ児童であると捉えられる。

①ミツオと他児童との関係

　ミツオは、担任教師の前で見せる姿と違う言動を、同級生との関係性においてとっていた。特定の同級生には横柄な態度をとったり、学校の決まりを率先して守らなかったりするという場面が見られ、アサダ校長からも情報が寄せられていた。

　6月5日の改善協議では、ミツオに関して次のような情報が共有された。「先生のいないところでは自分より弱いと思っている相手にきつく言ったり、時には蹴ったりすることもあった。ミツオってこんな面もあるのやと思った」（カワモト先生）、「昼休み終了のチャイムが鳴ってもサッカーをやめない中心的存在である」（アサダ校長）、等である。ナカニシ先生は「やんちゃな面はあると思っていたけど、知らないところで結構色々とやっているんだなあと思った」と語った。しかし昨年度のミツオの担任であるマツムラ先生は、「先生の前ではいい恰好をするが、家庭での様子を聞いているともっと違う面や姿があるだろうと思っていた」と述べ、ナカニシ先生は改めてミツオに対する自身の理解を振り返る機会を得た。

　また、改善策として次の2点が協議された。第一に、ナカニシ先生は今後、ミツオと周辺児童との児童間関係理解にも意識して注目していき、様子を見て指導を入れる。第二に、昼休み終了のチャイムの合図を守ることと掃除の取りかかりを早くすることについては、以前から学年の課題であるので学年で対策を考える。真面目に掃除に取り組んでいる児童が、不公平感を感じているので全体指導も含め早急に取り組んでいく。

②ナカニシ先生の改善策とミツオの変化

　ナカニシ先生は、「ミツオは、僕自身がとても信頼していたので、こう信頼してる分、あんまり悪いところというかその辺、気付けてなかったところもあって」と語るように、他の児童との関係性から捉えた「違う視点からの見方」を付加することにより、ミツオと周辺児童との関係性にも着目し、指導を入れるきっかけとなった。また、ミツオに対する「声かけ一つ入れる」指導は、「友だち関係も見ているよ」というこれまでと違うナカニシ先生からのメッセージをミツオに感受させることになり、一部の児童への暴言や暴力は改善されていった。さらに、ナカニシ先生は、ミツオと他児童との関係性にも着目しながら、今後も信頼を置きつつリーダーとして育てていきたいという思いをもっていた。

　6月17日のFNには、ナカニシ先生のそのような姿勢が窺われる記述がある。

　　掃除の改善の取り組みとして、各クラス2名ずつリーダーとして選んで他の児童の見本となるように指導したということだった。選ばれたのは、ミツオ、s、k、hの4人（k、hは2組児童）であり、学年団教師が学年のリーダーとして育てたいと思っている児童たちである。4人とも男子児童である。各クラスでも同日に全体指導を実施して意識を促した。全体指導の際には、「先生たちも（校長先生に）叱られたんだよ」と同質な者の振る舞い[69]をしたということであった。（FN・X/6/17）

　ナカニシ先生はsとミツオを選んだ理由を、「僕のクラスは、やっぱり影響力あるのがタダシ、良くも悪くもなので、そこに影響力をいい意味で与えてくれるのはミツオかsだったので、『頼むで』っていうことで話をして」と語っている。

---

[69] 清水（1998）による教師の子どもたちへの5つの振る舞い方に関する、＜同質な者＞＜任せる者＞＜躾る者＞＜調整者＞＜伝達者＞という分類は、教室での教師－児童関係における指導や援助のあり方に関して示唆に富む。

　また、1組の学級経営改善の方策として学級会の取り組みが進められ、6月18日に実施された「第1回学級会」の議長にミツオが立候補した。ミツオはジャンケンに勝って、クラスとしても初めての取り組みとなる学級会の議長の役割を意欲的にこなした。ナカニシ先生は、議長としてのミツオの活躍について「学級会みたいな、こう新しい取り組みのなかで活躍する場があの子にできたことで、またなんかこう学校生活に充実感というか、でたのかなあ」とミツオの変化を捉えている。

　しかし一方で、6月18日の改善協議において、ナカニシ先生は「第1回学級会」の振り返りとして「議長のミツオが上手にやってくれました。……本当に1回目がミツオで良かったです。じゃんけんでvが勝って、vとwになったらどうしようと思ってました。じゃんけんでミツオが勝ったとき、とても嬉しかったです」（FN・X/6/18）と語っている。

　この語りからは、担任教師としてミツオへ集中する期待が窺われ、異なる見方を付加したとはいえ、ナカニシ先生のミツオへの信頼が強固なものであることが窺える。そしてもし、異なる見方が付加されていなければ、ナカニシ先生のミツオへ集中するリーダーとしての期待は続いていたと予測され、学級経営改善を妨げる要因になっていたことも否めないと推測される。その後、ジャンケンで負けたvは予定通り7月2日に実施された「第2回学級会」の副議長の役割を担い、振り返りの場でナカニシ先生は「v、がんばりましたね」（FN・X/7/2）という評価をしている。ここでは、ナカニシ先生のミツオという特定の児童に集中するステレオタイプ的な期待から、学級会や掃除の取り組みを通して徐々に他の児童も活躍するどの子もリーダーになれる取り組みへのシフトが見られるのである。

　アサダ校長は、毎朝、校門前に立って登校してくる児童を迎えていた。7月のインタビューで筆者がミツオの変化について尋ねると、アサダ校長は「顔つきは大分良くなったな。全然違うな、朝の顔つきが違う。挨拶が違う」と語り、さらにアサダ校長からの情報提供があった昼休みの終わりのチャイムを守ることについても「良くなったな」とその変化を捉えている。

　10月のグループ・インタビューでナカニシ先生は、ミツオのその後の様

子について児童間関係理解の観点から、女子児童とのふざけ合いが時々エスカレートすることがあり「ミツオには何回か釘を刺しているんですけど……、僕はミツオは頼りにしているけど気を配りながらね、彼の立ち居振る舞い（の影響）結構大きいですから」と語る。この語りからは、ミツオへの期待を継続しつつ4月当初のようなステレオタイプ的な児童理解はかなり改善されてきたことが窺える。

　ミツオの事例からは、次の2点が読み取れる。第一に、児童間関係理解の観点からの異なる見方の付加は、ナカニシ先生のステレオタイプ的なミツオへの児童理解を相対化することに有効に作用したと推測できる。第二に、改善協議で児童間関係理解の情報を共有することにより、ミツオに暴言や暴力を受けていた子どもの状況が可視化され改善する対応に繋がった点である。

(3) 事例3―目立たない児童ユウヤを疎外するミキに向き合う

　ミキは、4年生時からナカニシ先生に気にかかる子として認識されている児童であり、ユウヤはいわゆる目立たない児童である。まず、4月のグループ学習でのミキとユウヤとの様子について、4月30日のFNには次のように書かれている。4月の席順は、年度当初ということもあり名簿順の座席であった。ミキとユウヤのグループは、他にsを含む3名の構成であった。

> グループ学習の際に、ミキのグループでは話し合いができていない。メンバーは、ミキが班長、他の2名は男児だが、ミキがリーダーシップをうまく発揮できないために、sがいつもその代わりを務めている。しかし、ミキはそれが気に入らないためにsと衝突することが多い。もう一人のメンバーのユウヤは大人しくマイペースでほとんど声を出さない。ミキがユウヤに意見を求めたり話しかけたりすることはほとんどない。視線を向けることもほとんど見られない。ミキとsの二人グループの状態なのだ。(FN・X/4/30)

　ここでは、4月の時点で既にミキが同じ班のメンバーのsに対する態度と

は異なる関わり方をユウヤに対してしている姿が捉えられる。ナカニシ先生の話では、ミキは 4 年生のときから学習面や人間関係の築きに課題を抱えていたということであった。4 月当初から給食時間以外はマスクを着用していたミキがマスクを外したのは、6 月中旬になってからであった。6 月 24 日のFN には、その点に関して次のように書かれている。

　　筆者が、1 週間振りに登校すると、ミキがマスクを外していた。ナカニシ先生に尋ねると、「そういえば先週あたりからマスクを外してましたね」。カワモト先生にも確認すると、「先週あたりから外していて、あれっと思いました。ミキ、この頃、明るくなりました。表情も子どもらしくなってきて変わってきました」。(FN・X/6/24)

　カワモト先生はミキがマスクを外した様子を、ミキの良い変化として捉えていると言えよう。ナカニシ先生も、この日の放課後、ミキがマスクを外したことと関連させてミキが学習に意欲的に取り組むようになったことを語っていた。ナカニシ先生とこのようにミキの変化について話題にしていた 1 週間後の 7 月 1 日に席替えが行われ、ミキとユウヤは隣席同士になった。7 月 2 日の FN には次のような記述が書かれている。

　　ミキは隣席のユウヤに対して、暴言ともとれるキツイ言葉を発したり、時には自ら机を離したりすることが何度か見られた。右隣の別の児童(男子児童)には普通に接している。ユウヤはミキの言動に対して何も言葉を発しない。また、右隣の児童もミキのユウヤへの言動を間近に見ているのに注意をしない。(FN・X/7/2)

　7 月 8 日の改善協議で情報共有をした。ナカニシ先生は、二人の関係があまり良くないことを把握していたが、「そこまでとは思っていなかった」と驚き、ミキがなぜユウヤに対してそのような言動をとるのか、その理由が分からないと語った。そして、改めて二人の関係性を見直す機会となり、今後

二人の様子に注目していきたいと語った。改善策としてナカニシ先生は、二人の様子を見極めてからミキへ指導を入れたということであった。その後の二人の関係について 10 月のグループ・インタビューでは、「1 回（ミキに）注意して釘を刺したんですけど、その後ミキに話を聴くと、別にユウヤのことが嫌いじゃないということや口数が少ないから何喋っていいか分からないみたいな」と語っている。そして、その後の様子として「今日もユウヤが家庭科の製作に困っていたらミキが「教えてあげるよ」と自分から行ったとかがあったし、距離が縮まったな」と語っていた。ナカニシ先生の語りからは、その後も二人の関係性に意識的に注目していることが分かる。

　この事例からは、児童理解と児童間関係理解の関連について次の 3 点が読み取れる。第一に、ミキの児童理解として教師たちに良い変化が捉えられていた 6 月以降の席替え（7 月上旬実施）において、隣席のユウヤへの暴言や嫌がらせが行われたということ、第二にミキが「口数が少ないから」という理由でユウヤに暴言や迷惑行為を行ったということ、第三に、ユウヤのような目立たない児童への着目が「児童間関係理解」を通して促されたということである。つまり、児童理解では捉えられない「児童間の関係性」への教師の着目の重要性が捉えられると言えよう。ユウヤはその後、夏休み明けの休日参観で実施した「第 3 回学級会」の議長に立候補して、保護者の前でその役割を務めたということであった。

　6 月の FN に「隣席の児童の足から血が出ているのを見つけたユウヤが、筆者に知らせる。ユウヤは目立たない存在だが、温厚で優しい」（FN・X/6/17）と書かれている。同級生の困りを見過ごさないで身近な大人に知らせる判断力や優しさをもっているユウヤが、「口数が少ない」という理由で、班内で排除される傾向にあった。ナカニシ先生によるミキとの関係性の捉え直しがなされなかったら、ユウヤに対する排除は続いていた可能性が高く、学級会の議長に立候補して活躍する機会はなかったかもしれない。つまり、周辺化されがちな目立たない児童を包摂する取り組みになったと言えよう。

　この事例における筆者の役割について検討しておきたい。筆者は 4 月当初から、ミキの態様（マスクの常時着用、授業中や休み時間に見られる不安そ

うな表情など）が気にかかり、意識的に声かけや支援を行ったり改善協議で話題に出したりしていたので、6月にマスクを外した姿を見た時は、学年団教師と共に良い変化として喜んだ。このようにミキを支援する当事者の一人として、前に立って全体指導をしている担任教師からは見えにくい子ども間の負の関係性の一面を、児童のすぐ近くで観察することで「見える化」したことである。

（4）事例4―児童間の根深い課題の改善に繋がる学級会の取り組み

　6月に入り、クラス全体としては落ち着いて学習に取り組んだり、個々に楽しく過ごしたりする姿が多く見られるようになってきた。しかし、4月当初からの男女間の関係のギクシャク感、女子の力が発揮できにくい学級文化、クラス内の力関係の固定化、児童間で互いに注意できない関係性等の課題が継続していた。ナカニシ先生は児童間の「よくないことは注意し合う望ましい人間関係」や「どの子（女子）も活躍できる」「育てる学級経営」を志向していた。そのために公式な場における話合い活動などの相互作用がその効果として期待できると考え「学級会」の実践を計画した。「第1回学級会」と「第2回学級会」、「第1回学級会」で話し合い、実施した学級活動「運動会の優勝を祝うお楽しみ会」（以下、お楽しみ会と表記）の3回のプロセスを時系列にまとめる。この3回の取り組みは、その連続性によって「学級経営改善」を目指すものであった。

①「第1回学級会」に向けての改善協議の内容

　6月10日の改善協議において計画された「第1回学級会」の概要は次のようなものであった。まず、実施日時は6月18日（4限）とし、議題は「運動会の優勝を祝うお楽しみ会について」と設定された。ナカニシ先生にとって初めての学級会実践であることを考慮して、議題提案者はナカニシ先生による「担任提案」という形がとられた[70]。議長団を決める過程としては、6月11日の午後の帯時間（15分間）を使って「学級会ってどんなことをするの？」

---

[70] この学年の児童にとっても入学後、初めての学級会活動への参加であった。

というテーマで子どもたちへの意識付けの説明を行い、その後希望制で議長団を募る。

②「第1回学級会」活動の実際―学級会当日の様子

　学級会では、発言は男子児童がほとんどで、女子児童の発言は少なかった。「学級会ノート」に書いてある意見を見て回ると、適切な意見を書いている女子児童もいたので筆者はそっと発表を促したがだめであった。ナカニシ先生は、教卓には座らず、予備の児童机・椅子に子どもたちと同じ目線の高さになるように座っていた。また、状況を見ながら議長団を支援したり他の児童の支援に回ったりしていた。そこには、できるだけ自分は前面に出ないで、子どもたちを「繋ぐ」支援が見られた。最後の5分で、全員が「学級会ノート」の振り返りの欄に初めての学級会の振り返りを書いて閉会した。閉会直後、ナカニシ先生が議長団のがんばりを披露して褒め、みんなが拍手をして称えた。

③児童の振り返り

　児童の振り返りから、「第1回学級会」を経験した主な感想を項目化して以下に記述する。

> ・みんなで話し合えて、まとめられて決められたし良かった。(男子)
> ・今回は先生が議題を出してくれたけれど、次はどんな議題か楽しみです。(男子)
> ・初めて学級会をして、ぼくは自分の意見をちゃんと発表できたので、また、これからの学級会でも自分の意見を言いたいです。(男子)
> ・あまり意見が言えなかったです。次の学級会のとき、意見を言えたらいいなと思いました。(女子) ＊同様の感想が女子児童のなかに数名見られた。

　初めての学級会に全員が肯定的な思いや関心をもっていた。しかし男子の学級会への積極的な関わりや意識が窺える感想に対して、女子の「次は発表したい」というジレンマを抱える感想が目立つのが対照的である。この傾向は、議長団の立候補者8名の内、議長・副議長に立候補したのは4名すべてが男子であったことにも見られた。女子のなかでも活躍したいと思っている児童がいても、男子よりも前に出にくい学級の雰囲気があることが窺える。

④改善協議での振り返り

　6月18日の改善協議において、ナカニシ先生は学級会に対する子どもたちの様子について次のような振り返りを語った。項目化して以下に記述する。

> ・昨日から子どもたちは、学級会をとても楽しみにしていて、「明日、学級会や」という声が聞かれた。今日も朝から「今日は学級会がある」という声が聞かれた。
> ・初めての学級会にしたら色んな意見が出て良かったと思う。書記の女子児童がとても上手に白板とノート記録をやってくれた。ただし、女子が挙手して発言しないのが課題だと思う。
> ・子どもたちに良い変化が見られた。しかし、今日はタダシが欠席だったのでタダシが入るとどう変わるか分からない。

　ナカニシ先生は、女子児童の課題やタダシが欠席の不安感を抱えつつ、子どもたちの姿から学級会がもたらす確かな手応えを感じていることが窺える。そして、お楽しみ会について次のような計画を立てた。実施日時は、6月25日（4限）とし、教室を飾り付けて雰囲気を盛り上げる。「お楽しみ会」の進行は、すべて第1回学級会の議長団が担い、「お楽しみ会」の役割を終えて議長団は解散という形にする。

⑤「お楽しみ会」活動の実際と振り返り

　6月25日4校時に教室に入ると、壁面や入り口周辺に子どもたちの手作りの飾りが飾られており、「楽しみ！」という児童の声が聞こえてきた。

　議長団の進行で、まず、教室で「フルーツバスケット」を10分間実施した。ナカニシ先生も児童用の椅子に座り「同質な者」として振る舞っていた。筆者も参加した。ナカニシ先生は、初めの言葉が始まる時「よっ！」と声をかけ、ムードを盛り上げていた。初めの言葉の最初と最後に全員の拍手が起きた。ミツオは照れながらも嬉しそうな表情をしていた。10分間のゲームの間、全員がルールを守り楽しんでいた。タダシもルールを守って笑顔で参加していた。

　後半は、運動場でキックベースを行った。チーム分けの発表の間も、誰からも文句や非難の声は上がらずスムーズに進行されていった。この間、ナカ

ニシ先生は子どもたちの一番後ろに下がって様子を見守っていた。

　試合終了後ナカニシ先生は、チームが向かい合って挨拶をすることを教えていた。終わりの言葉を議長団の児童が言って全員が拍手をした。e子が閉会を告げると再度全員の拍手が起きた。議長団の4名の児童は、楽しみながら一生懸命クラスのために自分たちの力を発揮していた。ナカニシ先生の「児童間を繋ぐ役割」が有効に作用していた。

　お楽しみ会を実施した6月25日の改善協議の振り返りで、ナカニシ先生は「想像以上に、学級会をやって良かったと思いました」(FN・X/6/25)と語った。

　児童の振り返りノートに、全員が「楽しかった」と書いている振り返りから、「楽しい」ことを共有できたことの「学級」への評価や今後の期待が読み取れた。このような体験を共有できたことは、望ましい児童間の関係性の育成にも有効であると言えよう。

⑥ 「第2回学級会」に向けての改善協議の内容

　6月25日の改善協議では、「第2回学級会」に関する計画が立てられた。その概要は以下の通りである。実施日は7月2日（3限）とし、議題は以前からナカニシ先生が計画していた「掃除について」が設定された。議題提案者については、各グループの掃除長からなる「掃除長提案」にすること、事前に「掃除長会議」を開き自分のグループの掃除の様子について振り返りをさせ、そのなかで出された困りや課題を「議題」という形で集約することが確認された。「掃除長提案」にすることにより同じ議題でも「当事者意識」をもった話し合いが期待できる。

⑦ 「第2回学級会」活動の実際―学級会当日の様子

　ナカニシ先生は開始にあたって学級会の目的や約束について次のように話して確認をした。「今年全員、議長団を経験してもらいます。友だちの意見に対して、えーとか文句を言わない、個人名を出さないという約束を守ってください。前回は完璧（強調）にみんな約束を守ってくれました。前回は、

5の1を楽しいクラスにするためでした。今回は、より良いクラスにするためで、目的が少し違います」。

　話し合いが始まると、今回は多くの意見が出された。結果としてクラスの三分の二位の児童が意見を出したが、どの子も日頃の自分やクラスの掃除の仕方について振り返り、うまくできていない点などを自分の言葉で発言していた。r子とd子が挙手をして発言をした。子どもたちは、同級生の発言をしっかりと聴き合っていた。タダシも挙手をして数回発言した。次に、グループごとの話し合いに入った。子どもたちは、活発に活動していた。第1回目と比べて、女子の意見や多様な意見が多く出された。途中で私語をしていたタダシに対してミツオが「静かに！」と注意をし、タダシは素直に注意を受け入れていた。sとミツオが、掃除の始まりのチャイムを守ってサッカーを切り上げて帰ってくることを二人で「よし、やろうな！」と声をかけ合っていた姿が見られた。

　このように、2回目の学級会は多くの意見が出され、児童間に活発な議論が起きて学級会としてうまく機能し始めているように感じられた。そして、互いの意見を聴き合いながら真剣に議題について考えたり話し合いに参加したりする姿が多く見られた。

⑧児童の振り返り

　児童の振り返りの内容について見ていきたい。まず5名が話合い活動の内容についての反応であり、例えば「話し合いが反対や賛成が色々出てすごく楽しかったです」という内容が見られた。「学級会」としての話合い活動が、1回目より活発に成立するようになったことが窺える。

　また、議題の「掃除の仕方について」の反応は5名に見られ、6月にナカニシ先生が実施した「こころのノート」に「一人だけがんばっても、やっている人が損をします」という掃除の不公平感について書いていた児童の反応は、「掃除ができている人とできていない人の差は大きいです。だから、みんなきちんと集中して掃除ができたらすばらしいと思いました」であった。この児童は、いつ見ても陰日向なく真面目に掃除に取り組む児童であり、彼

が感じてきた不公平感を改善することは、「児童間関係理解」や「学級経営改善」にとっても重要なことであろう。そして、議題を掃除長団の提案の形をとったことが、話合い活動への子どもたちの関心や当事者意識を高めたと推測された。

　さらに、自分の発表や議長団の経験について触れている反応は6名に見られた。前回、「次は発表したい」というジレンマを抱えていた女子児童の反応に「今日は、自分から発表できてとてもうれしかったです。次も、がんばって発表したいです」という内容が見られたことは成果であろう。初めて議長団（白板書記）を体験したj子が、「議長や副議長ががんばってくれて（い）て、ノート書記の人にも少しフォローしてもらいました。みんなもどんどん意見を出してくれて良かったです」と自分以外の議長団や学級全体の姿に目を向けて評価していることは注目したい。この児童は、普段はどちらかというと人間関係を築くことに億劫で、一緒に遊ぶ友だちも限定されている。学級会という公式的な話合い活動の場で他者との繋がりを体感したり視野を広げたりしていることが推測された。

　以上を踏まえると、第2回学級会では、ナカニシ先生が子どもたちに話したように「より良いクラスにするための」話合い活動が、学級として共有できたと捉えることができるであろう。

⑨改善協議での振り返り

　7月2日の改善協議で話し合われた「第2回学級会」の課題と成果については、以下のようなものであった。まず成果としては、タダシやミツオが力関係において下位に見ていると思われるvの進行の指示に従ったということ、タダシの私語にミツオが「静かに！」と注意し、タダシが素直に受け入れたこと、sとミツオの二人の間に「よし、やろうな！」と声をかけ合う姿が見られたことが評価された。次に、掃除という議題に多くの意見が出たことや女子児童の発言が増えてきたことは、掃除への取り組みの変化や女子児童の活躍への期待として共有された。

　次に課題として、学級会終了直後のe子に対するタダシの暴言のこと（本

節（1）③）がナカニシ先生から出され、タダシの「社会化」の課題であること、e子とタダシの件は昨年度から解決されずにきている関係性がたまたま表面化したと捉えることができ、今後も起こりうる事象であることが確認された。

　ナカニシ先生が、7月のインタビューで改めて学級会について振り返りその成果として挙げている4点を以下に項目化して記述する。

・議長団の児童が、達成感や自信をもち育ったこと。
・r子とか普段なかなか自分の思いを言えない女子児童が、学級会という場をきっかけに自分の意見をみんなの前で発言できたこと。
・友だちの意見を何か一生懸命聴こうという態度が育ってきたこと。
・掃除に対する意識がずいぶん子どものなかで変わったこと。

　マツムラ先生は、1組の学級全体の雰囲気の変化と学級会の関連について「多分ああいう学級会だと思います。とりあえず、ちゃんと話を聞いて自分の意見もどうって言って、ちょっと待つというか、そういう意味でステップアップしている気がします」と語っている。

　これらの語りからは、学級会活動を通して徐々にではあるが児童間の関係性に良い変化が見られることが窺える。ナカニシ先生は、学級会の取り組みの手応えを看取し、夏休み明けの休日参観において「第3回学級会」の実践をしたということであった。このように学級会を継続していくことによって「男女間のギクシャク感」、「力関係の固定化」等の「児童間」の根深い学級経営の課題を改善していくことに繋がることが期待できるという点において、特別活動の話合い活動である学級会の意義を捉えることができるであろう。女子児童の発言が増えたり、目立たない児童や力関係で低位に置かれていたと思われる児童が議長団で活躍したりするなど、学級会は、どの子も潜在力や可能性を発揮できる包摂の取り組みであったと意味付けることができる。

（5）事例５―発達障がいのあるショウタに向き合う

　ナカニシ先生は年度当初から、発達障がいのあるショウタの発達特性に配慮した対応を模索しながら試みていた。発達障がいのある児童の学習活動への支援のあり方や学級における人間関係の築きは、学級経営の課題となることが多いと言われている。

　ショウタの場合、担任が交替してクラス替えがあり環境が大きく変化したことの影響があったと思われるが、年度当初は不安そうな表情が見られることがあった。しかし、その後、ショウタは学級に居場所を見つけ、担任教師や同級生との人間関係をショウタなりのペースで築いていく姿が見られた。ショウタには、新しい場面や活動に対する不安感が強いこと、学習にとりかかるのに時間がかかったり活動が困難であったりすることがよくあること、大きな集団や他の児童との関係性を築くことが苦手なこと、などが窺えた。それでは、こうしたショウタの特性を理解しながらナカニシ先生を中心にどのような指導や支援が行われたのだろうか。

①環境の変化や苦手な活動に対する不安感への支援

　ここでは、遅刻への対応と水泳学習時の対応のエピソードをそれぞれ紹介したい。

　年度当初からショウタは１校時から２校時の途中くらいに遅れて登校してくることが多く見られた。筆者は、４月当初から遅れて登校してきたショウタが、すぐには教室に入ることができずにしばらく教室の前で佇んでいる姿を何度か見かけていた。ナカニシ先生や筆者が気付いて声をかけるまでは、教室に自分から入ることができない様子だった。また、促されて教室に入ってくるときの表情は硬く緊張していることが窺われた。ナカニシ先生は当初、教室の時計を見ながらもう少し早く登校するように注意を促していた。しかし、筆者にはショウタの姿から、新しい環境に強い不安感をもっていることが推察された。そこで、ナカニシ先生と協議し、とりあえず学校に来ること／来てくれることを最優先にして、遅刻したときには「よくがんばってきたね」とあたたかく迎えるスタンスをとることになった。このことは、改善協議で

学年団教師にも共有された。例えば、5月のFNには次のように書かれている。

> 1校時は体育館での授業のため、ナカニシ先生の依頼で遅れてきたショ
> ウタを待って一緒に体育館に連れて行った。ナカニシ先生はショウタの
> 姿を見かけると、笑顔で優しく「ショウタ、早くこっちにおいで。ショ
> ウタの班の人、呼んであげて」と配慮が感じられた。ショウタは安心し
> たように学習に参加した。（FN・X/5/7）

このように遅れて登校してきたショウタに対して、ナカニシ先生はいつも
あたたかく声かけをして迎えていた。また自身が迎えることができない場合
は、上記のように筆者や可能な場合はマツムラ先生に依頼した。こうしたナ
カニシ先生の対応は、ショウタの不安感を軽減する要因になっていたと思わ
れる。ショウタは、5月に入ってからは遅れて登校しても自分から教室に入
ることができるようになった。また、欠席もほとんどないということであっ
た。こうした変化は、ナカニシ先生の支持的な対応がショウタの不安感を軽
減する主な要因になっていたからだと思われる。タダシの事例でも触れたよ
うに、ナカニシ先生は前年度までの厳しい管理主義ではなく、子どもの実態
やその場の状況に応じた柔軟で「緩やかなコントロール」のスタンスに軸足
を移しつつあったので、ショウタに対しても上記のような対応に変化させて
いったと思われる。ショウタの特性を考えると、特に4月は登校するのにと
てもエネルギーが必要だったことが推察される。必死の思いで登校していた
のかもしれない。そうした状況でもしも遅刻したことを注意されることが重
なると、不登校や不登校傾向になる可能性も十分に考えられた。

　また、クラスの他の児童からも遅れて教室に入ってくるショウタを咎め
る声は一切挙がらなかったし、自然な雰囲気で迎えていた。なかでもuは、
ショウタの姿を見るなりいつも「ショウタ、今席替えしてるで！」（FN・
X/6/4）など、その場の状況を優しく教える声かけをしていた。こうした教
室の雰囲気や同級生の声も、ショウタの不安感を軽減させたと思われる。

次に、7月9日の水泳学習でのエピソードをFNから紹介したい。

> この日は、泳力の検定が行われていたが途中でショウタが腹痛を訴えて
> きたので、ナカニシ先生に連絡をしてトイレに引率。トイレからプール
> に戻るとき「検定受けたいけど…5メートルしか泳げないし…」と、不
> 安そうに筆者の名札をじっと持って離さない。ショウタの発達特性を考
> 慮すると、検定への不安感からの腹痛の可能性も考えられた。プールま
> で歩きながら「ショウタさんは検定受けたいんだけど不安なんだね、分
> かったよ」と話すと頷いた。このような経緯から、ナカニシ先生は全体
> 指導中だったためカワモト先生に事情を伝えて繋いだ。カワモト先生は、
> ショウタに配慮しつつ検定を受けるように促したが、黙ったままだった。
> カワモト先生が「先生も一緒に入るから受けてみる？」と尋ねると、「う
> ん」と頷いた。検定を受けたいという意欲と苦手な水泳の慣れていない
> 検定に対する不安感が葛藤していたことが推察できた。カワモト先生の
> 支援で検定を行うことができ、達成感からかその後は打って変わって下
> 校までとても元気に過ごしていた。（FN・X/7/9）

　カワモト先生が日頃から、学年団教師としてショウタに意識的に関わって
いたこともあると思われるが、ショウタの表情を見ながら相互作用を通じて
ショウタに寄り添った支援をしたからこそ、検定にチャレンジしたいという
背中を押したと推測できる。

②学習活動への支援
　年度当初の児童アンケートに、ショウタは「勉強が楽しい」と書いていた。
環境の変化による強い不安感のなかでも学習が楽しいと反応したのは、ナカ
ニシ先生のICT機器の活用や学習の流れのルーティン化等の工夫が、ショ
ウタに有効に働いていたことを物語っている。
　例えば、5月22日のFNには、次のように書かれている。

　　ナカニシ先生は、毎時間の教材研究をよくされていて、ICT 機器の活用、プリントの作成・活用等に工夫が見られる。「（ナカニシ先生自身の）授業力を向上したい」「（クラスの子どもたちの）学力を上げたい」等の発言を時々聞いているので、熱心に子どもたちの関心を引き付ける授業改善を試みている姿勢を感じる。（FN・X/5/22）

　一方で、ショウタの特性として学習活動の見通しがもちにくい傾向があり、例えば授業中にぼんやりとしていてナカニシ先生が傍に来て個別の支援をすると、やっととりかかることができるという場面も見られた。またショウタは、不安な場面で他の児童と同じように強引にその課題をさせようとすると、頑なに貝になり何もしない状況になることを 4 月から何度か見ていた。ナカニシ先生はショウタが課題にうまく取りかかれないときは、状況を見ながら丁寧な声かけや寄り添いを根気強く継続し、ショウタが自ら課題に取り組んでいるときはショウタの席まで行ってがんばりを褒める声をかけていた。このようにナカニシ先生は、ショウタとの相互作用を通じて、ショウタの児童理解に日々心を傾けていることが窺われた。
　筆者は、ナカニシ先生からのニーズもあり、4 月から授業中のみならず休憩時間等にも意識的に声かけをしたり関わったりしていたので、徐々に関係ができ、授業中の個別支援ではショウタの方から手招きをして筆者を呼ぶことができるようにもなっていった。こうした関係性が、学習支援に活かされる次のようなエピソードもあった。

　　作文で苦戦している際に、ナカニシ先生から支援を依頼された。筆者がショウタにインタビューする形式で進めると、すらすらと原稿用紙に書き始め、完成することができたのでナカニシ先生に繋いだ。その内容を読んだナカニシ先生は、思いが表現豊かに書けていることに感動して、「ショウタちゃんすごいなあ。しっかりと書けたなあ」ととても褒め、ショウタも嬉しそうな表情をしていた。ショウタの豊かな感性が文章に表れていて筆者も感心した。（FN・X/6/4）

　このように、ナカニシ先生のショウタの学習活動に対する支援のあり方として、授業の工夫や個別の相互作用を通した丁寧で根気強い関わりが捉えられた。

③他の児童との関係性の築きへの支援

　以下は、学級会の取り組みの一環として行われたお楽しみ会での光景である。

> フルーツバスケットでショウタも数回鬼になったが、発達特性のため鬼としての指示の言葉がすぐに出にくい。ナカニシ先生はショウタの不安そうな様子を察し、タイミングよく「ショウタちゃん、何でもいいよ」と優しくさりげなく声をかけた。その支援で指示を出すことができショウタも楽しみながら参加できた。（FN・X/6/25）

　ショウタは、大きな集団のなかで発言したり他者と関係を築いたりすることに苦手な傾向が見られた。そうした特性を考えると鬼になってすぐにみんなに指示を出すというルールはハードルが高いようにも思われ、筆者も参加していたがハラハラする場面もあった。そのショウタも鬼を経験しながらフルーツバスケットをみんなと一緒に楽しめたことは、とても良い経験になったことだろう。ショウタの様子を観察しながらタイミングを見計らってさりげなくなされるナカニシ先生の声かけは、ショウタと他の児童との関係性を繋ぐ支援でもあったと捉えることができる。

　一方、マツムラ先生もショウタへの支援を行っていた。例えば、休み時間に気になる児童やいわゆる目立たないおとなしい児童とも一緒に遊ぶ関わりを増やしていた。そのなかにはショウタも含まれていた。そうしたマツムラ先生の見守り（支援）もあり、ショウタは中庭や運動場の隅で数人の女子と鬼ごっこなどをして楽しむことができるようになった。

　それでは他の児童との関係性はどのようなものであったのだろうか。ここでは7月2日のFNに書かれているエピソードに注目したい。

　　ショウタのグループは、教室の掃き掃除担当だ。ショウタがウロウロし
　　ている。同じ班の女子児童がショウタを見つけて、「ショウタ、あんま
　　り掃除してないやろ」と優しく注意している。ショウタは、急いで箒を
　　持って履きだした。(FN・X/7/2)

　このエピソードからは、ショウタができることに対しては特別扱いをする
のではなく、優しく掃除を促す対等で配慮のある子ども同士の世界が感じ取
られる。こうした子ども間の関係性を対面で経験することはショウタにとっ
ても相手の児童にとってもとても重要なことであると言えるだろう。
　次節でも触れるが、ナカニシ先生は AR 終了後の 7 月のインタビューで 4
か月間を振り返って、ショウタも他の気にかかる児童と同様に「のびのびと
いい雰囲気で教室でいてくれるようになった」とその変化を語っている。ま
たマツムラ先生は、「5 年生になってクラスが落ち着いたなかで、ナカニシ
先生が毎日のように連絡とかまめにされているんで、そのなかでショウタな
んか、すごく伸びているの違うかなあと思います、見ていると。全体もすご
く優しい雰囲気で学習してるかなあと思います」とショウタやクラスの変化
に言及している。
　ナカニシ先生は、AR 終了以降もショウタは例えば、授業中に声をかけな
くても自分でノートを出すようになったことなど「自分でできることが本当
に増え、伸びた 1 年間」であったと、1 年後の 6 年生にもち上がったインタ
ビューで語っている。そしてその間、そうしたショウタの成長の様子を、放
課後の職員室で学年団教師に「ショウタが今日はこんなことができた」とか、
「こんな文章を書いたんです」と毎日のように伝え、カワモト先生やマツム
ラ先生も「いいですね、それ」と言って一緒になって喜んでくれたと語って
いる。また、ショウタの保護者にも伝えたてきたという。
　この事例からは、次の 3 点が読み取れる。
　第一に、ショウタのように発達障がいのある児童への支援では、まずもっ
てその発達特性を理解することが基本の土台だという点である。そこでは、
教師の価値観やスタンス、原則を優先する管理主義ではなく、子ども（当事者）

との相互作用を通して、子ども目線でニーズを捉え、支持的な指導や支援のあり方を丁寧に模索していく柔軟で「緩やかなコントロール」がショウタの不安感の軽減やナカニシ先生との関係構築に有効であったと思われる。また、そういう支援はショウタの潜在的な能力や可能性の発揮に有効であったことが窺える。

　第二に、そうした児童理解を基盤にして、他の児童や集団との関係性に着目する児童間関係理解との往還が必要である。ショウタが教室に居場所を見つけ伸び伸びと過ごすようになったのは、何よりも教室が安心・安全な環境であったからであろう。担任教師との関係、他の児童との関係、学級の雰囲気など、発達障がいのある子どもは、一般的にそうした環境の影響を強く受ける傾向があると言われている。安心・安全な環境のもとで他者と関わりながら多くのことを経験することにより、その子自身がもつ潜在力や可能性を発揮することができる。特に通常学級に在籍する発達障がいのある子どもで危惧されるのは、二次障害の問題である。仮に担任教師が深く児童理解をしたとしても、他の児童や学級集団から理解が得られず疎外や排除をされた場合、その子自身がもつ潜在力や可能性を発揮することができにくくなるだろう。場合によっては、不登校・不登校傾向になる可能性も否めない。ナカニシ先生による支持的な対応は、ショウタと他の子どもたちの相互行為に良い影響を与えたと思われる。つまり、児童理解だけでは限界があり、児童間関係理解の観点も重要であり、ここに学級経営の課題として捉える意味が存在すると考える。

　第三に、発達障がいのある児童に対する支援に、AR が有効であったと思われる点である。翻って言えば、担任教師一人の対応だけでは限界がある点である。ナカニシ先生が、学年団教師や筆者の支援を活用したのは重要なスタンスである。発達障がいのある子どもを含めたすべての子どもの多様な特性を理解し、子ども目線での丁寧な支援を行う包摂の学級経営には、担任教師の力量や努力だけでは限界があり、当事者の子どもを直接的に支援する人材が必要である。

　以上を踏まえると、発達障がいのある子どもを通常の学級に包摂する学級

経営では、当人（子ども）の努力や意識の問題に矮小化しない（武井 2017：p.109）向き合い方が重要であると言えるだろう。

4. 改善方策の成果と課題―教師主導から子ども主体への学級経営改善

　学級経営改善において「児童間関係理解」の観点に着目する実践はどのような効果をもたらしたのか、「ナカニシ先生の視点」「管理職の視点」「子どもの視点」から検証する。

(1) 教師が捉える学級経営の変化―学級理解の視野の広がり

　ナカニシ先生は、4か月間を振り返って、次のように語った。

　　良くなってきたなあと僕は思ってます、4月と比べて。どんなところかと言うと、僕と子どもとの距離感が縮まったということと、子ども同士の距離感も縮まったのかなあっていうのは、僕自身が見ていて感じます。後は、一人一人がクラスで安心して過ごせるようになってきたかなあっていうのは、まあ特にこう、気にかかる子、vにしろ、ショウタにしろ、タダシにしろ、あとミキとか女の子の気にかかる子もすごく伸び伸びといい雰囲気で教室でいてくれるようになったのが、まず一番大きな変化かなと思います。で、まあミキのマスクがとれたりとか、タダシのエスケイプもまあ言うたら無いですよね。

　ここでは、ナカニシ先生の学級を捉える視野が「教師－児童間」「児童間」「一人一人の子」「気にかかる子」「特別な配慮・支援を要する児童」「学級全体」へと拡大していることが窺える。さらに、目立たない児童への着目について次のように語る。

　僕、児童間関係理解で良かったなあって思うのは、その目立たない子と
　いうか、普段あんまり意識しないというか、……そういう子に意識がい
　くようになったのが良かったなあと思って。……児童間関係理解をしよ
　うと思うと、必ず全員に目がいくし、全員に意識がいくしっていうとこ
　ろで良かったなあって思うし、それができにくかった理由は、やっぱそ
　のう目立つ子にね、意識がね、いってしまうというとこですね。

　このように「児童間関係理解」の観点の意識化は、「目立つ子」への着目から、
「目立たない子」「関係性」「全体」を捉える学級理解の視野の広がりを生ん
でいると言えよう。
　ヨシオカ教頭は、ナカニシ先生の昨年度と比べた学級経営のスタイルの変
化について、「点で見ないようになった分は変わってきたと思いますよ。そ
の子だけの問題として捉えないようになってきた。少し広がりがあるのと違
うかな」と学級理解の変化を捉えている。
　アサダ校長は年度当初、ナカニシ先生の学級経営について「今年の春、ク
ラス替えしたときに、また、人間関係が変わるということで、かなりこう…」
という強い教師主導への危惧を感じていたようだ。しかし、この間の変化を
次のように捉えていた。

　この4か月のなかで……押し付けてしまうようなやり方からは、彼の場
　合、もうかなり脱却したかなあと思う。自分の思いだけでは（子どもは）
　動かないというようなね。それはある意味、マツムラ先生あたりにもそ
　ういう影響はあるかなあと。今は授業が楽しいのやろうな、そのことで
　子どもがこっち向いてくれるからということを考えてると、およそタダ
　シを中心にどの子もこっち（を）向いてくれる、授業に寄ってくれる、
　授業をなんとか一緒に成立させようという連帯感をもってくれてるって
　いうのを、恐らく彼は手応え感じてるのだと思う。それが今年変わった
　ところやな、間違いなく。

　これらの語りからは、ナカニシ先生は児童間関係理解の観点に着目する実践を通じて、昨年度までの学級経営のスタンスを問い直し、変化させ、そのことが学級経営改善を促していることが読み取れる。

(2) 児童が捉える学級経営の変化—クラスの児童全員が学級を楽しいと認識

　調査終了時に筆者が実施した「アンケート調査（5項目に自由記述で答える、X年7月16日実施）」の結果から、子どもたちの「学級」を捉える変化を見ていく。アンケートの項目は以下の通りである。ここでは、⑤以外の項目について分析をする。また、事例を通して注目してきた個別の児童の反応にも着目していく。

> ①クラスは「楽しい」ですか。
> ②クラスが「楽しい」と思うときはどんなときですか。いくつでも書いていいですよ。
> ③4月のころのクラスの様子をどう感じていましたか?自分の言葉で自由に書いてください。
> ④今のクラスの様子をどう感じていますか?自分の言葉で自由に書いてください。
> ⑤担任（たんにん）の先生に、一番お願いしたいことは何ですか?

　まず①については、クラスの児童全員が7月中旬（AR終了時）の頃の「学級」を、「楽しい」と答えていた。その内半数近い児童が「楽しい」の前に「とても、すごく、めちゃくちゃ、最高に」という言葉を書き添えていた。

　次に、個別の変化を見ていきたい。タダシは②について「たいく（体育）のとき、給食のとき、みんな遊びのときいっぱいです」と答え、④については「みんなも楽しんでいると思います。なかよしです」と答えている。タダシの良好な関係性の広がりが窺える。ミキは②で「勉強しているとき!! みんな遊びのとき!!（時々ケンカもするけど）、給食時間のとき!!」と積極的に学級生活を楽しんでいる様子が窺える。vは4月当初の「なじめませんでした」から「なじめました」に変化している。彼なりに、クラスに自分の居場所を見つけることができるようになってきたと言えるだろう。昨年度からタダシとの確執を抱えていたe子は、4月当初のアンケートでは「いやな時のほうが多い」と書いていたが、今回は②で「え〜と、ほとんど毎日かな。

とくにみんなと交流しているときです」と、同級生との交流を楽しんでいる様子が窺える。

　しかし、①で楽しいと答えていても、④については「少し勉強に集中できていないところがある」「いやな時もあるし楽しい時もある」「たまにけんかがあるけど楽しいクラスだと思う」等の反応が見られることにも留意しておきたい。

　このように、時々けんかや暴言もあるがそれを踏まえても子どもたちにとっての「学級」は、「楽しい」場所へと改善してきていることが窺える。そして、その「楽しさ」を実感している「時」として、「授業、みんな遊び、給食時間、休憩時間の遊び、班活動、みんながワイワイして笑顔なとき、友だちとしゃべっているとき、お楽しみ会、迷っているとき相談にのってくれる」等の多様な「交流の場」が挙げられている。そこに共通していることは、「児童間の相互行為を伴う関係性の場」であり、学級での学習や生活に進んで参加している様子が窺える。そのような児童間の「相互行為に影響を与え、相互行為の向かうべき方向を示すのが、担任教師による学級経営である」（安藤2013b：p.115）。ここでは、ナカニシ先生の学級経営が、児童間の相互行為に良い影響を及ぼしていることが児童の声から読み取れるであろう。

(3)「教師による児童間関係理解」の効果―意識的にすべての子どもに向き合う学級経営へ

　それでは1組の「学級経営改善」の実践から明らかになった「教師による児童間関係理解」の観点がもたらした効果と課題はどのようなものだったのだろうか。

　まず、効果としては「学級理解の視野の広がり」「目立たない児童への着目」「児童理解の相対化」「児童理解と児童間関係理解の往還」「児童同士の良好な関係性の育成」「良好な関係性というプラス面と力関係の固定化を利用した関係性というマイナス面との両面に着目」「逸脱行動を繰り返す児童への指導に社会化の観点の付加」「どの子もリーダーになれる仕掛けへのシフト」「教師間での情報の共有」という教師の意識と行為の変容を促した有効性で

ある。このようにみると、児童間関係理解の観点を活かす実践は、「教師－目立つ児童」の二者関係に限定されがちな目立つ子中心ではなく、目立たない子も含め意識的にすべての子どもに向き合う包摂の学級経営を目指す実践であった捉えることができる。

　次に、課題としては次の点が考えられる。本研究では「理解」と「指導」は一体であると考える。したがって「教師による児童間関係理解」においては、関係性を見極めつつ、見守る、繋ぐ、介入する、育てる等の適切な指導を伴うことが求められる。「心へ注目する児童理解」の実践と「子ども間の関係性に着目する児童間関係理解」の実践の両者を、学級経営にどう活かせば良いのかについて、十分な整理がなされていない現状においては、教師に新たな負担感を与える可能性は否めない。

　以上を踏まえると、ナカニシ先生の学級経営は、AR を通して、目立つ子中心の強い教師主導から学級のすべての子どもに意識的に向き合う子ども主体の包摂志向の学級経営へと改善が進んだと言えよう。

第4章 「学級の危機」を乗り越えすべての
子どもに向き合う学級経営改善
—カワモト先生の事例

　本章では、前章に続いて若手教師による AR を通した包摂志向の学級経営改善方策の実施とそれを通した学級経営実践の変容過程を明らかにする。本章では、カワモト先生（2組）の事例に着目する。2組の児童数は、約20名[71]（男子児童が女子児童より数名多い）である。

　まず、第1節では改善前の学級経営の実態と課題、次に、第2節では教師はどのように「児童間関係理解」の観点を取り入れていったのか、そして、第3節では「児童間関係理解」に着目した AR の事例のプロセスと分析について、最後に第4節ではそれらをまとめて検証する。

　なお、各トランスクリプトの表記については、第3章と同じであるため省略する。

1. 改善前—いきなり「学級の危機」を迎えた学級経営の実態と課題

　ここでは、「年度当初の学級経営の実態と課題」を、二つの様相から捉える。第一は、担任教師はどんな課題に直面して何に苦悩していたのか、第二は、児童の実態である。

（1）学級経営方針—目立つ児童に強い影響を受ける教師主導の学級経営
　2組の学級経営は、4月当初からいきなり「学級の危機」と呼ぶ状況に陥っ

---

[71] 1組と同様に学校や学級が判別しないよう、約20名と記述する。

ていた。そのため、前章の１組の事例とは異なり、まず学級の実態から述べる。

①いきなり「学級の危機」を迎えた実態

　４月10日のFNには、「特に、３人の児童ｂ・ｃ・ヨシオの授業中の大きな声での私語や離席が目立つ」と書かれている。

　５日後の４月15日のFNには、次のように書かれている。

　　学級開き当初から３名の児童（ｂ・ｃ・ヨシオ）の逸脱行動が続き、１週間後にはさらにクラスの半数近くの児童が３人に巻き込まれている状態になっており、クラス全体として落ち着かず授業が成立しにくい状況になっていた。カワモト先生の指導も入りにくい状況が終日続いている。（FN・X/4/15）

　ここでは、学級開きから１週間後には授業が成立しにくい状況になっていることが窺える。４月15日の最初の改善協議において、カワモト先生は「３人にクラス全体が呑み込まれてしまっている」、「３人にそれぞれ個別に関わる指導や支援を試みてはいるが、いわゆるもぐら叩き状態が続いている」（FN・X/4/15）と語った。このように、３人の逸脱行動が短期間に他の児童へ波及し、学級がうまく機能しない状況に陥り、カワモト先生は苦悩していた様子が見出された。そこでは、対症療法的な指導に終始する学級経営が行われており、協力指導のマツムラ先生は、この時期の学級の実態を７月のインタビューで次のように振り返っている。「４月のふわふわの状態は、野放しになっているような状態にほぼ近かったんで」。また、６月５日に授業参観に来ていた通級指導教室担当のE先生は、４月当初に参観したときの様子を振り返って、「５年生（２組）良くなりましたね。落ち着いてきましたね。４月当初の国語の授業をしていたとき驚いた、離席や私語が多くて」（FN・X/6/5）と筆者に語った。

　以上を踏まえると、４月当初は３人の児童から始まった授業中の私語や離席が、短期間に他の児童に波及し、授業が成立しにくいという学級の危機の

状況にあったと言えよう。

②目立たない児童や児童間の関係を捉える視野の後退

　カワモト先生は、3人（b・c・ヨシオ）の児童理解に努め、それぞれの児童との信頼関係の構築に努力していた。しかし、7月のインタビューでは次のように語っている。

> 　4月は、……正直、子ども同士の関係はあんまり見れてなかって、……あと、3トップのb・c・ヨシオ、あの子らがやっぱり中心に毎日が回ってて、……g子とかにあんまり関われてなかったなあって思います。子どもの方から話しかけてくれる子とは、積極的に話もできましたけど、振り返ってみたら、fとかもあんまり話してなかったなあとか、あの子も自分から来る子じゃないんで。

　また、マツムラ先生も7月のインタビューで次のように振り返っている。

> 　間違いなくあの3人（b・c・ヨシオ）パワーがあるんで、やっぱり（目が）いってしまうんですけど、本当にそれ以外の子も同じように悩み抱えていて。……ただ、担任をもつとカワモト先生もそうなってしまうのも分かる気がします。……やっぱりあとで振り返ってみると、3人の方に目がいってしまった（強調）というか。

　これらの語りからは、教師の学級理解が「教師−目立つ児童（b・c・ヨシオ）」の二者関係に限定されがちなため、目立たない児童への注目や児童間関係理解の観点は後退していたことが推測される。

　アサダ校長は、4月当初の2組の学級経営について7月のインタビューで、カワモト先生から年度当初に学級経営のことで相談を受け、その際に「チームこれで組むしなっていう話をしていた。……マツムラ先生いるやろ、ナカニシ先生いるやろっていう話をしていた」と語っている。この語りには2組

の学級経営に対して学年集団の教師での「チーム支援」が期待されていたことが窺える。一方、アサダ校長にチーム支援を期待されていたマツムラ先生は協力指導の立場での思いも含めて次のように語っている。

　　僕とかカワモト先生とかまあ、一応、子どもも一緒に見ようっていう気
　　はあったんですが、どういう風に子どもへの細かい指導であって、給食
　　の食べ方もそうだし、授業の聞く姿勢もそうだし、お互いの共通理解の
　　元で指導をしていたんですけど、ちょっとまだしっかり（連携が）とれ
　　てなかった分、子どもたちもどこまでが許されるのみたいな感じで、色
　　んな動きを見せていたのが4月かなという気がします。

　これらの語りからは、年度当初の教師間の連携がうまく機能していない実態が読み取れる。学級経営に関してはそれぞれの教師が個々のスタイルをもっているため、マツムラ先生は担任教師への遠慮から自分の意見や考えを伝えることに躊躇していたことが推測される。そして、この点に関してはアサダ校長の次の語りからも窺うことができる。

　　例えば、カワモト先生がナカニシ先生に相談する、今年の初めにあった
　　ね、話を相談をかける。そうだね大変だね、（で）終わる。そこによく知っ
　　てるはずのマツムラ先生が関わる。マツムラ先生はこうしたらいいのに
　　なと思っているかもしれない。けど僕は担任じゃない遠慮がある。こう
　　したらどうですかと言わない。そして、カワモト先生が苦しんでる様子
　　をフォローしようとがんばる。けどもカワモト先生に見通しがないのに、
　　周りがいくらフォローしてもそれはフォローにはならないです。

　この語りからは、アサダ校長は前述のようにチーム支援としての学年体制を期待していたが、年度当初の実際の動きは違っており、「学級の危機」とも言える厳しい状況に直面して、担任教師は「学級経営改善」のための有効な手立てが打てないでいること、チーム支援という連携がまだうまく機能し

始めていないことが読み取れる。そして、そのような学級経営の間隙をつく
ように、学級集団は「烏合の衆」の状況に陥っていたと言えよう。

（2）児童の実態―逸脱行動を繰り返す目立つ児童と巻き込まれる他の児童

　子どもたちが年度当初の学級の様子をどのように捉えているのかを把握す
るために「児童アンケート」を、第3章第1節（1）に記述した通り2組に
おいても同様に実施した。したがって、ここでは方法の記述は省略する。

　児童アンケートの結果から、まず学級全体としての反応について、次に事
例で注目している児童の反応について見ていきたい。ここでは1組と同様に
「今のクラスの様子をどのように思いますか」の質問に着目する。まず、学
級全体としては（当日欠席等有り）、プラス面の反応を示した児童は2名、
プラス面とマイナス面の両方を含む反応を示した児童は10名、マイナス面
の反応を示した児童は5名であり、無答はいなかった。プラス面の反応につ
いては「楽しくできてるクラスだと思う」というように2名共「楽しさ」に
触れていた。クラスの半数を占めるプラス面とマイナス面の両方を含む反応
については、プラス面で「みんな優しい、楽しい」というように優しさや楽
しさを挙げつつ、マイナス面で「授業中がうるさくて困っている」という反
応が多かった。また、マイナス面の反応については「みんな自分勝手だと思
う。授業中、数人の人がうるさすぎ、しゃべりすぎ」というように授業中の
ことに関する批判の反応が顕著に見られた。

　このように、クラスの半数の児童が「勝手なことをする人がいて授業中が
騒がしく勉強に集中できにくい」ことへの不満や批判を挙げていたことが分
かった。つまり、周囲の児童の多くは、逸脱行動を繰り返す3人を勝手なこ
とをする児童と批判的に見ているが、そのなかには同時に巻き込まれている
児童もいるという実態が窺われた。

　次に、事例で注目している児童の反応は、表4－1の通りである。

表4－1　「児童アンケート」の結果より抜粋

事例で着目している児童	児童の反応
b	うっとうしい人いるしいや。
c	楽しいこともある。楽しくできてるクラスだと思う。
ヨシオ	あまり話を聞けてない。
アキラ	このクラスは楽しいけど、少し口が悪いところを直したい。
ユリ	いつもみんなで楽しく遊べるのはすごくよいと思います。でも、授業中にしゃべったりわがままを言ったり、うるさい人がいるのは直してほしいところだと私のなかでは思っています。ですが、いいところもたくさんあります。学級目標のとおり支え合っているなと思います。

　逸脱行動を繰り返していたb・c・ヨシオの反応には、周囲に迷惑をかけているという自覚を読み取ることができない。したがって、子どもたちの授業への不満を早急に解決できないと、担任への不信感をもつ児童が増えていく可能性も高くなり、学級経営上の危機と捉えられると言えよう。

　以上の状況から、年度当初の学級経営における課題を3点に集約して捉えることができる。第一に、逸脱行動を繰り返す3人の児童への対症療法的な指導に終始していたこと、第二に、「教師－目立つ児童（b・c・ヨシオ）」の二者関係の視野に限定されがちなため、目立たない児童への注目や児童間関係理解の観点が後退していたこと、第三に、担任教師は学級の危機を乗り越えるための学級経営のビジョンが描けない苦悩を抱えていたこと、である。

2.　改善の第1段階—「教師による児童間関係理解」の観点の導入

（1）年度当初の学級経営の課題—対症療法に終始し改善のビジョンが描けない

　カワモト先生が捉えた年度当初の学級経営の課題を整理すると、表4－2にまとめられる。

表４－２　年度当初の学級経営の課題

項　　目	内　　容
学級経営のスタンス	３名の児童への指導が対症療法に終始している。
学級経営の方針	学級経営改善のビジョンが描けていない。
学級理解	「教師−目立つ児童（b・c・ヨシオ）」の二者関係に限定されがちであり、「児童間関係理解」や「目立たない児童への着目」の視点が後退している。

　表４−２からはカワモト先生の学級経営のスタンスと目立つ児童への対応に影響を受ける学級理解に課題が読み取れる。こうしたなかでカワモト先生は学級経営を改善するための取り組みを始める。

（2）教師はどのように「教師による児童間関係理解」の観点を取り入れていったのか

　ここでは、担任教師がどのように「児童間関係理解」の観点を取り入れ、意識化、内在化を図っていったのか、その経緯について記述していく。

　カワモト先生は、「児童間関係理解」の観点について「『児童間関係理解』っていう言葉で示してもらったのがすごく分かりやすかったですよね。図で示してもらって、言葉で。だから、……ストンと自分のなかに落ちたから何か意識して見られるようになったかなって思います」と語っている。この語りからは、「児童間関係理解」という観点を、言葉と図のセットで提示したことが、そのイメージ化に効果的であったことが窺える。カワモト先生にとって「児童間関係理解」という観点は、これまで「何となく所与のこと」として明確に意識されることはなかったので、改めて大事な観点として進んで意識化を図っていったと言えよう。そして、なぜこれまで「児童間関係理解」が意識できにくかったのかという質問に対してカワモト先生は「友だち同士の関係はっていう風な感じで、多分今までどういう関係だったっていうのは言ってたし、教えてもらってたとは思うんですけど」と語っている。

　ここでは、「児童間関係理解」ができにくかった背景として、従来からの「友

だち同士の関係」という児童同士が相互に理解し合う「児童間理解」の捉え方との曖昧さがあったと思われる。「児童間関係理解の捉え方」として、「誰が何を理解するのか」という主語を明確にして提示したことが「児童間関係理解」という概念の曖昧さをクリアにし、以後、意識して取り入れようという姿勢を生み出したと思われる。

　また、「そこまで深くは見てなかったなあと思います。クラス全体としては」「今度は意識して違う子を見てみようとか、その辺の意識も変わりました」という語りからは、学級を捉える視野の広がりや「目立たない子」への注目を促していることが窺える。

　さらに、カワモト先生は「児童間関係理解」の観点の有効性として「情報の共有」について、「やっぱり情報の共有がたくさんできるんで、私だけの見方じゃなくて、色んな先生から教えてもらうことで、また、私の見方も増えていくし、児童間関係理解に繋がっていってるかなあ」と語っている。この点については、同様のことをナカニシ先生も語っていた。

　カワモト先生は、「児童間関係理解」の実践として、「こころのノート」[72]の手法を活用する実践によって手応えを感じたことも、児童間関係理解の観点の意識化が進んだ要因であったと次のように語っている。「言葉で言えないことでも、あのこころのノートにすると本心書いてくれますし……、結局は友だちのこと、放課後の出来事を書いてくれたりとか」。

　ここでは、「児童間関係理解」の観点から、「こころのノート」の有効性について次の2点が挙げられるだろう。第一に、子どもの目線から捉えると、他の児童がいる教室では直接教師に話しにくい「関係性」のことでも、「書

---

[72] ここで言う「こころのノート」は、文部科学省が 2002 年（平成 14 年）4 月、全国の小中学校に無償配布した道徳の補助教材「心のノート・こころのノート」を指すものではない。学級経営改善のための一つの手立てとして、機会を見つけて、その時々のテーマで児童に自由記述で書かせる取り組みである。テーマは、その時々に応じて担任教師が設定する。例えば、友だち関係のことやクラス全体のこと、担任教師に知っておいて欲しいこと等である。同級生との関係性に関する悩みが書かれることが多い。実施に関する留意点として、できるだけ安心して本音が書けるように席を離す、集めるときには一人一人手渡しで裏向けにして担任教師が集める、一切返却しない、保護者にも見せない、合図があるまでは喋ったり席を立ったりしない、書きたくないときは何も書かなくてもよいことに配慮する。自分から教師に相談できにくい児童や言葉で表現することが苦手な児童の支援に有効である。

く」ことにより相談しやすくなるという点である。第二に、教師にとっては、複雑で多様な「児童間の関係性」を捉える手立てとなることである。ナカニシ先生も「あそこ（『こころのノート』）には思っている以上にたくさん書くし、気付けていない子ども同士の関係を知る参考になる」と話しているように、子どもたちの多くは担任教師に「同級生との関係性」を理解してほしいと求めていると推測できる。

3.　改善の第2段階—「教師による児童間関係理解」に基づく実践

　ここでは1組と同様、学級経営改善方策として取り組まれた「児童間関係理解に着目した実践」について、事例を通してそのプロセスを見ていく。

（1）事例1—4月の「学級の危機」に向き合う

　第1節でも見てきたように、2組の学級経営は3人の児童（b・c・ヨシオ）の態様に強い影響を受けており、学級経営の改善を図るには、3人への対応が重要な鍵となっていた。また、アサダ校長の意向も受け、2組の学級経営改善には学年団教師による「チーム支援体制」が求められていた。したがって、本節では、1組のARに比べて、マツムラ先生の関わりに関する記述が多くなることをあらかじめ述べておきたい。

①改善協議の内容

　4月15日の改善協議において、学級経営改善の方策についての協議が行われた。マツムラ先生は4か月間をふり返って、この時期の方策が「あの3人が落ち着くと、クラスの雰囲気は大分ガラッと変わります」と話すように、2組の学級経営改善の一番の節目になったと捉えていた。改善協議では、ナカニシ先生とマツムラ先生から児童間の関係性に関する昨年度の情報が語られ、改善方策の計画に重要な示唆を与えた。協議の概要を、表4－3に示す。
　改善協議の翌日の4月16日に実施されたアンケートの結果やそれぞれの

表 4 - 3　改善協議の概要

項　　目	内　　容
3 人の行動	・カワモト先生のことを「どんな先生か探っている」。 ・逸脱行動を繰り返す。
教師の判断 （チーム）	・学級の状況を、児童理解の観点からだけでなく「児童間関係理解」の観点から 3 人相互や巻き込まれている周囲の児童との「関係性」を見極めていく。
とった方法 （チーム）	・基本的な約束やルールの導入を早急に行う。 ・他児童への迷惑行為については、厳しく指導することも必要である。 ・マイナスの関係性を断ち切る指導や援助を講じる。 ・マツムラ先生が培ってきた児童との関係性を学年の財産として活用する。 ・ナカニシ先生、マツムラ先生の昨年度からの経験値や情報を財産として活かす。 ・マツムラ先生は 2 組に重点的に入り、主に b・c・ヨシオの 3 人に個別に関わる。担任教師は、他の児童へも着目し関わっていく。 ・学年団教師 3 人がチームで b・c・ヨシオの 3 人に個別に話（面談）をする機会をもつ。 ・「児童アンケート」を実施し、児童が学級のことをどのように捉えているのかを把握する。 ・カワモト先生とマツムラ先生の役割分担を明確にする。お互いに遠慮をしない。子どものためにもてる経験を出し合う。
理　　由	・対症療法に終始する学級経営から脱却し、学級全体を「関係性」の視点から捉え直すことにより学級経営改善を図る。

　教師の情報から次の 5 点が明らかになり、課題として学年団教師に共有されていった。第一に、3 人の間には「友だち関係」というような「関係性」はなく、個々バラバラで、本人たちが意識する／しないにかかわらず、逸脱行動という点で結びついていること、第二に、相互にマイナスの影響を与え合っていること、第三に、他の多くの児童を巻き込んでいること、第四に、クラスの半数の児童が勝手なことをする人がいて授業中がさわがしく勉強に集中できにくいことへの不満や批判をもっていること、第五に、不満をもっている児童のなかにさえ 3 人に巻き込まれている児童がいること、である。

　カワモト先生は、4 月 15 日の改善協議から開始した改善方策に関して、7 月のインタビューで次のように振り返って語っている。

　3人をマツムラ先生にお任せした時期もありますし、反対に、3人に
関わっている間に、マツムラ先生に他の子の支援に入ってもらったりも
しましたし、あとは、ナカニシ先生が去年からの関係で、個別に呼んで
もらって話をしてもらったりしたこともありますし。

　ここでは、マツムラ先生とのチームティーチング（以下、TTと表記）を
活かして、3人の児童以外の児童にも関わることができるようになったこと
が窺える。しかし、一度崩れた学級の改善は容易なことではない。1週間後
の4月24日のFNには次のように書かれている。

　b・c・ヨシオ の関係性がまだ解決されていない状態で、クラス中がマイ
ナスの影響を受けている。朝から、特にcの調子が悪い。例えば、cは
45分間の授業への集中は明らかにもたない。集中力が途切れると、隣席
や周辺の児童に迷惑行為を始める。bも同様の態様を示している。その
ため、b・cと周辺児童との間で口論がよく起きる。また、b・cの迷惑
行為に我慢している児童も見られる。（FN・X/4/24）

　4月24日の改善協議では、「学級全体としてずいぶんとましになってきた
こと、3人の状況は少しずつ良くなっているが、いまだ担任の指示が入りに
くいことがある」ことがカワモト先生から報告された。そして、カワモト先
生は根気強く関わっていたが「3人の対応で日々追われ、毎日をこなすのが
やっという感じで、学級経営の見通しをもつまでにはいけていません」と心
境を語った。また、学年団教師がチームで3人の児童と個別に面談をする方
策は、まだ実践に移されていなかった。そこで改善協議では、4月15日か
ら1週間の児童の様子を踏まえながら、方策の見直しも含めての協議が行わ
れた。その概要を、表4-4に示す。

　4月15日と4月24日の改善協議で話し合われた改善策をもとに、カワモ
ト先生はマツムラ先生の協力指導や学年としてのチーム支援を受けながら、

表4－4　改善協議の概要

項　目	内　容
児童の実態	・k（クラスのリーダー的存在）がbに呑み込まれている。 ・流されている子が多い。 ・リーダーとして期待できる子が本来の力を発揮できていない。 ・「みんな遊び」でもめることが多い。特にサッカーはもめる。 ・子どもたちはカワモト先生や周りの様子を見ている、窺っている。
教師の判断 （チーム）	・学級の状況を、児童理解の観点からだけでなく「児童間関係理解」の観点から3人相互や巻き込まれている周囲の児童との「関係性」を見極めていく。 ・流されている児童の関係性を見極め、個別に断ち切る指導を考える。
とった方法 （チーム）	・授業中の約束を決めて掲示する。（質問タイム等） ・3人（b・c・ヨシオ）の関係性の質を変えるために、チームによる個別の面談を早急にもつ。 ・授業改善を図る。（ICT機器の活用、学習形態の工夫等） ・マイナスの関係性を断ち切る指導や援助を講じる。
理　由	・対症療法に終始する学級経営から脱却し、学級全体を「関係性」の視点から捉え直すことにより学級経営改善を図る。

徐々に実践化を図っていった。

②改善方策の実践

　まず、学年団教師は、3人のマイナス面の関係を断ち切るために個別面談を試みる方策を実践していった。それは、叱るための面談ではなく、3人の児童を育てるための学年団教師によるチームでの面談に位置付けていたことが、以下のFNから窺える。

　　カワモト先生の話では叱るための面談ではなく、自分の言動や今後の見通しについて考えさせるための位置付けにすることや3人の教師の面談での役割分担等について、事前に打ち合わせをしてから臨んだということであった。学年団教師が、初めてチームで関わる実践となった。（FN・X/4/30）

　また同じく 4 月 30 日の FN には、カワモト先生の話として次にように書かれている。

　まず、木曜日の昼休みに、（別室で）c と 3 人（学年団教師）で話をした。とりあえず、今の良くないところとこれからがんばることを本人から言わせて確認した。私と一緒に振り返りノートを毎日帰り際につけることになっていて、それでその日を振り返って、約束や目当てがどうだったかを確認することにしている。……随分とましになった。b は、金曜日の昼休みに職員室で 3 人で話した。……結構神妙に聞いていて、自分からがんばることを 6 つ挙げた。b とも振り返りノートを一緒につけている。その日の帰りに目当てががんばれたかどうか、一緒に確認している。（FN・X/4/30）

　以上のように、カワモト先生の話では、b・c へは個別面談を実施したが、ヨシオは体調不良で欠席が続き、家庭訪問週間、ゴールデンウィークと続いたため個別面談が実施できていないということであった。しかし、この間「カワモト先生は何度かヨシオの家へ家庭訪問をして個別に勉強を教え、ヨシオや保護者との信頼関係の構築に努めていたということであった」（FN・X/5/7）。
　一方でカワモト先生は、授業中の「聴き合う関係づくり」のために、次のような取り組みを意識して行ったと話す。

　手を挙げて発表するとか、呼ぶときは黙って手を挙げるとか、……4 月に比べたら、注意できる子が増えてきたし……あとは、巻き込まれてる子たちの話ですよね。あれはちょっと、待つ時間を取り入れて、聞かないと良くないっていうのが意識付けできたかなあと。……マツムラ先生は多分そこは一緒に話をしてくれたと思うんですけど、子どもたちにも何度か「仲間だから大事にしよう」とか、学級目標に戻ったりとか、「認め合い」とか、子どもたちに言いつつ、結構待ちました。

　また、マツムラ先生は、担任教師とは異なる立ち位置で、3人の児童以外の子どもたちにも意識して関わるように努めたことを以下のように語る。

　　他の子らを大切にしてあげないと良くないということで、関わりを増やしました。休み時間とかも、僕は7年[73]なんで、担任の先生よりは時間がとりやすいので一緒に遊ぶところで、いっぱい人間関係を見れるかなあと思ったんで。僕もちょっと遊び方を考えないとだめだなあと、サッカーばっかりしててもあれなんで。ただちょっと気になる子に関しては、休み時間とか一緒に遊んだり、……とかっていう風な関わりをするようにしましたね。

4月30日のFNには、学級は徐々に落ち着いていった様子が窺われる。

　　A小学校では、1限が始まる前に10分間の読書タイムを全校で設定している。いわゆる「帯時間」の設定である。2組に入ったが、全体の雰囲気は落ち着いてきた感じがした。まず、離席者が一人もいなくて、一応、クラス全員が席について静かにしていた。読書に集中している児童が三分の二位、他の児童は、机上に読書用の図書を出しているが、読んでない。2～3人の私語が起きたが、筆者が目で合図を送るとすぐにやめた。机上に本を出していないのは、ヨシオのみ。ヨシオは机上に菓子パンを一個置いてじっと座っている（ヨシオのこうした状況については後述の「事例2」で詳述する）。cは、すでに読書を始めている。遅れて教室に入ってきたbも、何かを呟いた後、すぐに読書を開始した。（FN・X/4/30）

　マツムラ先生は、連休明けの5月7日の筆者との会話で「大分落ち着いてきたと思います。そうですね。やっと、スタートラインに立てたという感じがします。授業も成り立つようになったし」（FN・X/5/7）と語った。

---

[73] 学校現場における学級担任以外の教職員を指すインフォーマルな呼称。

　1週間後の5月13日の改善協議において、クラスが改善されてきたことに伴いマツムラ先生の関わり方を本来の協力指導の立ち位置に戻すことが話し合われた。b・c・ヨシオの3名の児童へは少し距離をもちながら見守りつつ必要なときは支援や指導を行い、他の児童や1組にも多く関わるようにシフトを図ることが共通理解された。

　カワモト先生は、7月のインタビューで4月の学級経営を次のように振り返っている。

　　あの辺（5月の連休明け）から余裕が出てきました。教材研究ができる。（授業改善を）意識していたというか、もう4月と5月の初めがそれをできなかったんですよね。体力的にもそうですし、時間的にもそうですし、……4年間もち上がりのなかでそれまでできていたことが、一気に違う学年の子どもたちをもつことで、余裕がなくなって。

　2組の学級経営は5月の連休明けに「スタートラインに立てた」が、学級開きから既に1か月が経っていた。以降も、一進一退の状況を続けながら、学級経営改善は少しずつ進んでいった。この事例では、年度当初の「学級の危機」を回避する改善においては、逸脱行動を繰り返すいわゆる目立つ児童への対症療法的な指導に終始することをやめ、3人相互の関係性や周辺児童との関係性を冷静に見極める「児童間関係理解」の観点を取り入れた学年団教師のチームとしての連携・協働[74]が有効であったと言えよう。また、目立つ児童3人への対応策だけでなく、巻き込まれている周辺児童や、不満をもっている児童へも着目し、学級全体の視野で改善を図っていったことが有効であったと言えよう。そうした取り組みにより、学級は徐々に落ち着き、授業は成立するようになり、多くの子どもの教室での学習や生活への参加を保障することに繋がった。

---

[74] 本書では、「協働」の捉え方を学級経営を想定してひとまず「個々の教師が自律性と相互信頼をベースとして実践や振り返りを共有し、またその相互作用を通じて新たな教育活動を創造していくプロセス」と定義する。なお、この定義には藤原（1998）を参照した。

③チーム支援体制のスタート

　2組の学級の危機に対する学年団教師による連携・協働の手応えは、その後の3名の教師の意識を変えていく契機ともなっていった。協働で危機を共に乗り越えたことで、子どもを中心に据える本音のコミュニケーションが生起し、子どものために「何とかしたいっていう思い」(マツムラ先生)の共有が明確に意識されるようになり、特に2組の学級経営改善を支え、促した。

　ここでは学年団教師によるチームとしての関わりが、学級経営改善にどのような影響を及ぼしていたのか、「児童間関係理解」の観点に着目して見ておきたい。

　マツムラ先生とカワモト先生は、児童への支援に関してチームで「児童間関係理解」の情報を共有する有効性について次のように語っている。

　　子ども同士の関係を僕もよく見るようにして、ナカニシ先生に気が付いたことを伝えたりするなかで、やっぱり指導の仕方もナカニシ先生が知ってると知ってないとで変わってきますし、「先生、この話は知ってくれている」って思えば、(子どもは)安心するのかなあと。それが、表れてるのかなあという気はします。学級の状態は1組と2組とは違いますけど、……子ども同士の人間関係や友だち関係については、把握してくれていて聞いてもらえる、同じように見てくれているっていう。(マツムラ先生)

　　とても助かりました。チームで見てもらってるので、全然知らない1組の子の情報も分かりますし、その情報をもらったうえで注意して見るので、良いことも悪いことも見えてきたりしますし。そしたら、また、ナカニシ先生に「こんなことしてましたよ」とか「こんなこと言ってましたよ」とかいう風に戻せるし、情報がたくさん入ってくるなあと、良いことも悪いことも。だから、把握できる量が増えてきています。(カワモト先生)

　そこでは、良くないことだけではなく「良いこと」も共有されていたことは、教育のあり方として重要な視点である。アサダ校長は、7月のインタビューで学年団教師のその後の協働体制の変化を捉えて、次のように語っている。

　　やはり定期的にきちきちっとビジョンをね、何となくじゃなくて、来週は必ずこうしよう、この子に対する手立てをこうしよう、……やっぱり、問題提起があって、この子とこの子との関係で、またこういう教室の雰囲気をどういう打破の仕方をしましょうかっていうときに見通しがもてているわけだから、カワモト先生だったらとにかく授業に専念すればいいよ、こういう授業で、カワモト先生に関してはマツムラ先生がこういう役割をしてくれるから、……その時間とかその週のやってることがはっきりしてるからね、何のためかということがはっきりした動きができたのじゃないかなあと。

　このように、「児童間関係理解」の情報の共有が、教師間の活発なコミュニケーションを生起し、チームによる実践の協働化を促し、学級経営改善を促していったと言えよう。

(2) 事例2—学力不振のヨシオに向き合う

　事例1で見てきたように2組は徐々に落ち着き授業も成立するようになってきていた。ただし、3名の児童のうちヨシオについては、逸脱行動は改善されたものの、授業中の周囲の児童への迷惑行為や欠席・遅刻が目立ってきており、他の児童との関係性も悪化していた。ヨシオは家庭環境が厳しい児童の一人であった。例えば、朝の「読書タイム」の時間に次のような出来事があった。

　　ヨシオは、本を出さずに机上に菓子パンを一個置いてじっと座っている。カワモト先生が教室に入ってくると、「先生、パン食べてもいい？」と尋ね、「教室ではだめ」との返事。ヨシオは不服そうにふてくされている。

……カワモト先生が、ヨシオの側にきて小さな声で「○○先生（教室に来ていた通級指導教室担当教師）と一緒に、職員室に行って食べておいで。さっさと食べて戻ってくるのやで。さっさとやで、ゆっくりと違うで」。ヨシオは、パンをポケットに入れて○○先生と一緒に教室を出て行った。ヨシオの家庭事情を理解しているカワモト先生は、教室では食べないという約束を守らせつつ、職員室で食べるように配慮をしたのである。（FN・X/4/30）

　家庭環境が厳しい児童が多いA校では、場合によっては職員室で学校が用意した朝食をそっと食べさせる対応をとることがあるという。したがって、ヨシオに対しても、管理職了解のもとでのカワモト先生の対応であったと思われる。
　マツムラ先生は、４年生でヨシオを担任した際に、家庭の支援が得られず厳しい状況のなかで、不登校になりがちな彼を毎朝迎えに行く取り組みをしていたので、５年生で「以前の不登校をぶり返すのではないか」と心配をしていた。カワモト先生は、体調不良という理由で欠席が続いていたヨシオを心配し家庭訪問を続け、個別に勉強を教えたりヨシオや保護者との信頼関係の構築に努めたりしていた。
　連休前に筆者はカワモト先生と立ち話で次のように協議した。

「ヨシオのことが気になります。対応を考えたほうが良いと思います（筆者）」、「そうなんです。bとcや周りの子が落ち着いてきた分、ヨシオが浮いてきてひとり目立つようになりました。勉強は本当にしんどいのでやる気がなく、勉強が分からないから周りに迷惑をかける行動をするのだと思います。抽出をして勉強をみてもらった方がいいと思うのですが。マツムラ先生に抽出をお願いしようかと考えています（カワモト先生）」。（FN・X/4/30）

カワモト先生は彼の迷惑行為の背景に学力不振があるのではないかと考

表4－5　「ヨシオの抽出指導」に関する改善協議の内容

項　　目	内　　容
ヨシオの態様	・学力不振によるやる気のなさ、諦め感から教科書を開けない、課題を何もしない状態がほぼ毎日のように続いている。個別支援も入りにくく「なんで勉強しないとだめなん？やっても無駄やし」が口癖になっている。
学年団教師の問い直し	・現状は教室での学習から周辺化されている状況にある。 ・「児童間関係理解」の観点から、ヨシオが迷惑行為を繰り返すために周囲の児童がストレスを抱え、学習に集中できにくい状況であるという実態を共有。 ・ヨシオが周辺児童に迷惑行為を続ける意味を考える。（学力不振等）
方　　策	・学年としてヨシオの抽出指導を行う方策案。別室でマツムラ先生が週に3回位の割合で抽出指導を行う方策案を学年団教師で校長に相談する。 　＊マツムラ先生は、「4年生のときの（担任としての）彼への関わりの足りなかったところ、できていなかったところをしたいので有難いです」と語った。 　＊ナカニシ先生は、「ヨシオへの個別の関わり（支援）を試みたい」と語った。 　＊この改善協議の最後に、カワモト先生から嬉しそうに「5年は、チームで動くんですね！」という声が上がった。
理　　由	・ヨシオの迷惑行為を注意するだけの対症療法ではなく、抽出指導でヨシオの個別指導の場を保障する。ヨシオと他の児童との関係性も射程に入れた学級経営改善を図る。

え、マツムラ先生による抽出指導を対応策として模索していた。早速5月8日の改善協議においてカワモト先生よりヨシオの授業中の状況が伝えられ、「ヨシオの抽出指導」の方策が協議された。表4－5は、抽出指導に関する協議の具体的な内容である。

　改善協議では、ヨシオの言動から周辺児童に迷惑行為を続ける背景と意味を問い直し、話し合った。カワモト先生の言うように主な要因として学力不振が背景にあるのではないかという点、「児童間関係理解」の観点からヨシオが迷惑行為を繰り返すために周囲の児童が学習に集中できない状況になりストレスを抱え、関係がどんどん悪化しているという実態、を共有した。そのうえで、ヨシオの現状は教室の学習から周辺化されがちな状況にあることを確認した。ヨシオの迷惑行為を注意するだけの対症療法ではなく、マツムラ先生による週3時間の抽出指導でヨシオの個別指導の場を保障しながらヨ

シオと他の児童との関係性も射程に入れた学級経営改善を図ることを方策案として打ち出し、早急に学年として校長に相談することになった。週3時間を目途としたのは、マツムラ先生は5・6年の少人数指導教師であること、協力指導以外の業務等もあることを考慮し、抽出指導は3時間が上限だろうと判断したことによる。この改善協議においてカワモト先生は、「5年は、チームで動くんですね」と初めて「チーム」という言葉を語っている。これ以降3名の教師は「チーム5年」と呼称し合うようになった。児童間関係理解の観点から周囲の児童の困りやニーズにも着目することにより、ヨシオだけでなく周辺化されがちな他の子どもも包摂するチーム5年の実践に繋がる協議であった。

　ナカニシ先生は、「ヨシオへの個別の関わりを試みたい」と語り、個別に呼んで話をする支援を行った。しかしナカニシ先生の関わりは、保護者からの理解が得られずうまくいかなかった。ヨシオの保護者にとっては「今まで担任してもらってないのに何で指導するの？」という疑問があったようだ。このように、保護者のなかには担任になったことがない教師が関わることに抵抗を感じる保護者もいることが分かり、カワモト先生はナカニシ先生に申し訳ないと思いつつ「そうやって他の先生に関わってもらうことで、初めて気付くこともありプラスになった」と、新たな気付きを得たことを語っている。

　学年団教師からの相談を受けてヨシオの抽出指導を英断したアサダ校長は、ヨシオの学力不振の状況を熟知していたので、年度当初の「教育指導計画」のなかに「5年生については協力指導……、場合によっては、個別指導、個別抽出もあり」と記していた。学年団教師が、抽出指導の方策をアサダ校長に願い出たこととアサダ校長のビジョンに想定されていた方針が合致したうえでの英断であった（補章第2節（1）で詳述）。マツムラ先生による抽出指導が開始されてすぐに、ヨシオの迷惑行為は激減した。ヨシオは自主的に迷惑行為をやめていった。ヨシオの変化に伴い周囲の児童がヨシオに注意ができるようになり、ヨシオもその注意を受け入れることができるようになり、関係性は徐々に改善していった。このように抽出指導は、ヨシオ本人にとっ

ても、周囲の児童にとっても良い効果をもたらしたことがカワモト先生の次の語りから窺われる。

　　ヨシオは、マツムラ先生と一緒に勉強する時間をとても楽しみにしていて達成感を味わう時間ができるようになったので、ほんとに。それから、きっとこの５年生の学習については分かってないと思うのですけど、一緒にがんばろうとしたりとか、できるかもしれないという、ちょっと自信が出てきてるのかなと。マツムラ先生にも褒めてもらえるし、勉強したことをヨシオが自分で私に見せに来てシールをもらうとか、一番ヨシオに足りなかった自信とか達成感とかをつけてもらえる時間の確保をしてもらえたので、教室でもがんばれることがたくさん増えてきました。……その時間（抽出指導）に周りの子も落ち着いて学習できるので、戻ってきたときもそれが当たり前として周りの子も靡かなくなったことも大きいですし、（ヨシオにとっても）ちょっと心休まる場所があって、また次、教室でもがんばれるって言うので、良かったですけど。

　ナカニシ先生が関わり保護者理解が得られなかった失敗例も含めて本事例は、担任教師の対応だけでは改善できなかった事例である。また、より重要なことは、ヨシオのみならず周囲の児童も教室での学習から周辺化されがちな状況にあったという点である。こうした周辺化されがちな子どもを「見える化」し、向き合い、学習への参加を保障したのは、「チーム５年」の協働と校長の英断によるものである。
　この事例の特徴として、次の３点が読み取れる。第一に、迷惑行為を注意することに終始する対症療法をやめ、ヨシオが表出する言動の背景や意味を考えた点である。第二に、児童間関係理解の観点から、ヨシオのニーズのみならず彼の迷惑行為により学習に集中できにくい状況に困り感を抱えていた周囲の児童のニーズにも焦点を当てた方策を協議した点である。第三に、「ヨシオの抽出指導」の方策を担任教師が一人で抱えるのではなく、学年団教師が協議し、３名が一緒に校長に相談し、実践を協働した点である。こうした

プロセスは、担任教師の孤立を抑制し、協働性の重視に繋がるだろう。カワモト先生が発した「5年は、チームで動くんですね」という言葉がそれを物語っているように思われる。

(3) 事例 3―共に目立たない児童ユリとアキラの関係性改善に向き合う

　ここでは、ユリとアキラの関係性の問題への取り組みについて記述する。ユリとアキラは共に、いわゆる目立たない児童であり、学年団教師に特に注目されることはこの事例まではなかった。ユリとアキラは、昨年度も同じクラスであった。

①ユリとアキラの関係性の問題

　この事例は、筆者が偶然、昼休みに教室で見かけたユリの様子に異変を感じ、声をかけたことにより浮かび上がってきた。6月5日の FN には次のように書かれている。

　　昼休みに、筆者はユリが一人で教室にいて窓から外を眺めている姿を見かけたが、様子がいつもと違うので声をかけると目に涙がたまっていた。すぐに別室に連れていき、しばらく様子を窺っていると泣きながらその日の昼休みの出来事を話した。それは次のようなものであった。昼休みにバレーボールをしに運動場に行き（ユリにしたらめずらしいなと感じる）友だちと始めた。しばらくしてボールが転がったので拾いに行くと、（サッカーをしていた）アキラがそのボールを蹴ったので注意をしたら、逆にからかわれたり嫌がらせをされたりしたので悲しくなって（バレーボールを中止して）教室に戻ってきた。実は、5年生になってからずうっと毎日のようにアキラから嫌なことをされたり言われたりしている。頭を体にワザとぶつけてきたり、話に割り込んできて嫌なことを言ったり、ユリの名前をからかったりする。アキラは先生のいるところでは絶対にしない。先生の前ではいい恰好をしている。おとなしい。しかし、ユリ（私）がアキラから嫌なことをされているのは、クラスの人はほとんど

知っている。周囲にクラスの人がいるところで平気にするから。……5年生になってからは、ユリ（私）だけが、ターゲットになっている。（FN・X/6/5）

　筆者は、話の内容の重大さを感じ担任の先生にこの件を伝えてもよいかということをユリに確認し、了承を得た。

　6月5日の改善協議のなかでカワモト先生は「家庭訪問の際にfの母親から、fがアキラとbを嫌がっているが仕返しをされるのが嫌だから、fからは口止めをされていると相談を受けていた。アキラはストレスを抱えているようで、他の児童をたたいたり蹴ったりしている（校外の場で）ことがあるようだ。ストレスのはけ口にしている」と語った。ナカニシ先生は「1組の『こころのノート』にもアキラのことが出ていた。これまでにも、遊びのトラブルに関して彼の名前が時々出ていた」と語った。マツムラ先生は、アキラの一面を知ったことの驚きとともにユリが5年生当初からそんなに辛い状況で過ごしてきていたことに気付かなかったことにショックを受け、「ユリは冷めているところがある。4年のときm子とくっついていたが、自分から離れていった。m子とユリは形だけの友だちだったようだ」と語った。

　改善協議で3人の教師が語る内容から、次の3点が読み取れる。第一に、二人の児童はそれぞれに同級生との関係性に問題を抱えていること。第二に、家庭訪問における保護者の情報から、アキラの同級生への行為の問題が指摘されていたこと。第三に、アキラとユリの関係性については全く認識されていなかったことである。そのためか、改善協議の雰囲気は重く、3人の教師はショックを隠せない様子だった。

　改善方策として、次の2点が確認された。第一に、カワモト先生は二人の様子に着目し介入する。まずユリから話を聞き、事実関係を確認したうえで必要な指導を行う。今後も、二人の様子に注目していく。第二に、学年団教師も二人の様子を含めてアキラの言動にも注目していく。

②改善方策の実践

　カワモト先生は、まずユリに話を聴き、筆者が聞いた内容と一致すること
を確認したということであった。そのことを踏まえ、アキラに話を聴き事実
確認をした結果、ユリの訴えをすべて認めたということであった。カワモト
先生は、この事例を振り返ってインタビューで次のように話している。

　　もともと、何でユリに攻撃していたのか、私は未だに分からないんです
　　けど。アキラもそれは、理由がないって言ってたんで、本当なのかどう
　　なのか分からないんですけど。……アキラと初めてかな、あんなに面と
　　向かって向き合って……（ユリとのことについて）しっかり向き合えた
　　ことでアキラも楽になれたかなあと。……アキラががんばってそれによ
　　くユリががんばって応えたなあと。で、修復していって、今はいい関係
　　ですし。

　また、カワモト先生はこの事例を通して、「友だち同士で関係を築くのが
すごく下手だし、方法が分からないから、やっぱり……この繋ぐっていうの
が大事だなあと思います」と、教師が「児童間を繋ぐ」役割の必要性を語っ
ている。一方でマツムラ先生は、この事例をカワモト先生とは異なる視点か
らインタビューで次のように振り返っている。

　　二人ともこう、サイン出してたんですね、ユリもそうだし、いつも最後
　　に残る（ユリは、放課後いつも一人教室に残る姿が見られた）のは、カ
　　ワモト先生と話したいであったりとか、思いを聴いてほしいであったり
　　とか、そういうところで発散してたんかなあと思うし、アキラはアキラ
　　で、なかなか気持ちをうまく伝えられないようなところもあるんで。

　この語りからは、マツムラ先生は改めてユリやアキラに対する自身の理解
を振り返る機会を得ていることが分かる。ここでは、児童理解への往還がな
されていると言えよう。

③ユリとアキラのその後

　その後の二人の児童の様子について、6月25日のFNには次のように書かれている。

　　（カワモト先生の話）アキラの表情が良くなりました。昨日、ユリがマジックをアキラに貸しているのを見て、あっ、貸してるんだと驚きました。それから、アキラが返すときユリに「ありがとう」と言って返したのを見たので、アキラに褒めました。「先生ちゃんと見てるんやで！」と。ユリが貸してアキラがお礼を言う。へー、ユリ貸してるんだと思いました。関係が少し良くなったようです。（FN・X/6/25）

　この語りからは、二人のその後の関係についてカワモト先生が注目をし、改善が図られている様子が分かる。この点については、7月2日のFNに「家庭科の時間に筆者はユリの耳元でアキラとのその後について尋ねてみたが、『もう何もされなくなった、別に仲よくしてるわけでもないけどな』との返事が返ってきて安心をした」（FN・X/7/2）と書かれている。しかし、アキラがユリへの理不尽な言動について「理由がない」と答えている点には留意が必要である。理由がないということは、相手が受けるダメージに無関心であり、軽い気持ちで同様の行為を繰り返す可能性があるとも言えよう。また、ユリがなぜターゲットになっていたかということ、周囲の児童は誰もアキラを注意したり担任に知らせたりする行動をとらなかったということについては、学級経営の課題としてその意味を問い直していく作業が必要であろう。

④ユリの姿から見えてくる「児童間関係理解」の難しさ

　一方で、筆者は、ユリとの関わりを通してその言動から、深い課題を抱えているように感じてきた。4月30日と5月22日のFNには次のように書かれている。

　　昼休みにユリが絵を描く横に座って見ていると、色々な話を始めた。

……「１年生のときからずうっと仲間外れにされたこともあるし、友だちなんて必要ない、面倒くさいっていうの疲れる」。(FN・X/4/30)

ユリはほとんど毎日、中間休み・昼休み共に、教室で絵を描いて一人で過ごす。「私は、１年生のときから友だちができにくくて、一人でいることが多い…友だちを作るのがヘタなんだと思う」。(FN・X/5/22)

このような会話を他にも何度か聴いてきた。しかし、進級当初の児童アンケート（表４－１）には、同級生や学級への関心が記述されており、それは休憩時間にほとんど一人で絵を描いて過ごす教室の姿とは一致していなかった。つまり、この頃のユリの態様は、「学級にいながら学級から離れて生きている」と捉えられるのである。こうしたユリの様子が気にかかり、６月５日の改善協議で情報として提示をした。マツムラ先生はユリについて「人間関係であったりとか、でもまあ、そうなったのは今までの色んな辛い思いがあって、ああなってしまったんだろうなあと思う」と７月のインタビューで語っている。一方で、筆者はユリの次のような姿も見てきた。

今日は６月生まれの児童の誕生日を祝うため、給食時机を全員の円にして食べる日だった。両クラス共１か月に一度、このような取り組みをしている。ｎ子が「○○先生（筆者）一緒に食べよ」と誘ってきてくれたので、「ユリと約束をしているから、ｎ子も一緒に並んで食べよう」と返事をした。ｎ子は嬉しそうに机と椅子を移動させてきたが、それを見ていたユリの表情が一瞬にして変わり、ｎ子を睨んでいた。ｎ子は、その雰囲気を察したのか、「先生、やっぱり向こうで食べるわ」と言って、また移動していった。(FN・X/5/22)

ユリのこのような姿について、マツムラ先生は、「ユリは基本は優しい子なんで、あの子のなかでは分かってるんでしょうけど、実際に外に出てる行動は、さらに力の弱い女の子に対して、強い文句を言うとか」と語っている。

この語りからは、アキラにターゲットにされていたユリがさらに自分よりも弱い立場にいるだろうと思う相手を選んでキツイ言動をとるという学級内のヒエラルキーが捉えられる。そして、ユリのような思いや体験を抱える子どもに、どのような指導や援助が適切なのか、また届くのかということについて、その後もマツムラ先生から話題に出されることが何度かあった。「児童理解」と「児童間関係理解」の難しさが浮かび上がる。

　この事例からは、3点の特徴を捉えることができる。第一に、この事例は、「関係性」の問題として浮上してきたものであり、先に「児童理解」ありきでは見極めることができなかったという点である。第二に、「児童間関係理解」の観点に基づく指導の過程において、アキラやユリの「児童理解」が自ずと必要になり「児童理解」と「児童間関係理解」の往還が図られた点である。第三に、目立たない児童が抱える問題の深さである。学年団教師がそのことに気付き、きちんと向き直すことで学級で排除されがちな子どもを包摂する取り組みになった事例である。

　この事例における筆者の役割について検討しておきたい。まず、筆者がユリの異変に気付き、筆者を介して学年団教師がユリとアキラの関係性やユリが抱える生き辛さに気付き、二人への指導や支援に繋がったことである。つまり、参与観察を通して当事者として得た気付きを「実践の場で起こる問題、実践から提示された問題」（秋田・市川 2001：p.167）として教師と共有し、教師の学級経営改善や実践に繋ぐ役割を担うことができた事例である。筆者は、4月当初から学級にいることでユリと関係性を築いてきた。こうした経緯によりユリは筆者に困りを語ってくれたのではないかと分析している。

（4）事例4─良好な人間関係の育成に繋がるソーシャルスキル学習の取り組み
　ソーシャルスキル学習の取り組みは、2回にわたって実施された。この2回の取り組みはその連続性によって「学級経営改善」を目指すものであった。

①「第1回ソーシャルスキル学習」の取り組み
　5月22日と6月10日の改善協議において、マツムラ先生から「クラスの

雰囲気が悪くなっているのを感じる。思いやりの言葉が少なく、乱暴な言葉やキツイ言葉が目立つ」という意見が出されていた。カワモト先生は「今のクラスの状態では、学級会に取り組む自信がない」ということ、「ソーシャルスキルはクラスの課題にピッタリ合う」という理由から、ソーシャルスキルの学習に取り組みたいと語った。

②改善協議の概要

　6月18日の改善協議において計画された「第1回ソーシャルスキル学習」の取り組みの概要は次のようなものであった。学級の課題である「暴言やキツイ言葉が飛び交う関係」の改善を目的として6月25日に1限扱いで実施する。マツムラ先生にTT体制で支援に入ってもらうこと、カワモト先生とマツムラ先生が見本のロールプレイングを演じること、になった。また、児童がクラス内に飛び交う日頃のコミュニケーションに関してどのように感じているのか事前調査を行い、ソーシャルスキル学習の授業へ繋げることが確認された。

　続けて、6月24日の改善協議ではマツムラ先生も参加のもと、具体的な授業内容の計画が話し合われた。その概要は次のようなものであった。学習するスキルを「ごめんなさい」とし、学習の目標は、①暴言やキツイ言葉が飛び交う児童間の関係性の改善、②ソーシャルスキル学習を「学級経営改善」に活かす、であった。授業の流れの検討、ロールプレイングの場面設定、板書計画、支援の役割分担、グルーピング、ロールプレイの約束の確認などについて話し合われた。

③事前調査―児童の実態から

　カワモト先生により事前調査が実施された。児童が振り返る視点として、クラスのなかで飛び交っている言葉について感じていること、クラスのなかで言われて嬉しかった言葉、悲しかった言葉について自由記述で書かれた。主な内容としては次のような反応が見られた。まず「言われて嬉しかった言葉」としては、「ありがとう（一番多い）、放課後一緒に遊ぼう（二番目に多い）、

一緒に帰ろう」が多く出されていた。次に、「言われて悲しかった言葉」として
しては、「悪口、きたない言葉、キツイ言葉、暴言、死ね（簡単に死ねと言う）、
うっとうしい」などが多く出されていた。さらに、「こんな言葉が増えてほ
しい」は、「ありがとう、遊ぼう、帰ろう、ずっと友だち、ナイス、注意する、
静かに」などが挙げられていた。

④「第1回ソーシャルスキル学習」の取り組みの実際―「ごめんなさい」の
　スキル
　主な授業の流れを項目化して表4－6に記述する。

⑤「第1回ソーシャルスキル学習」の取り組みの改善協議での振り返り
　6月25日の改善協議における「第1回ソーシャルスキル学習」の取り組
みの振り返りは、次のような内容だった。カワモト先生からは「子どもたち
は楽しそうにやっていた。続けて「ありがとう」も実施したい。cとヨシオ
はよくがんばっていたので褒めた。bとg子のグループがうまくいかなかっ
たことが反省。あの二人を同じグループにしたのは失敗だった。g子がかた
まってしまった。次の反省材料にする」という語りがあった。マツムラ先生
からは「やって良かった。子どもたちは『ごめんなさい』を言い慣れていな
いことが分かった。子どもたちに考えさせられる時間になり、やる意味があっ
た。いい時間だった。ただし、僕的にはもっとピリッとしたなかでやらせたい」
という意見が出された。筆者は、「日常生活のなかで使えるようにするには、
単発の取り組みでは限界があるので、『強化』することに繋げる継続が必要
だと思う」と述べた。

⑥「第1回ソーシャルスキル学習」の児童の振り返り
　児童の振り返りの内容に関しては、気持ちに触れているものが多く見られ
た。顕著なものとしては、「ちゃんと自分の気持ちも言えたから、終わって
もすがすがしい」「ゴメンを言われたら気持ちもスッキリするけど、自分が
言うことも大切だと思った」「わざとちがうけど、ぶつかって気持ちをこめ

表４－６　授業の主な流れ

	学習内容
目　標	・「ごめんなさい」を言う方の気持ち、言われる方の気持ちを実感することにより、より良い謝り方を知る。 ・より良い「ごめんなさい」の仕方を学び、「ごめんなさい」がより良い友人関係を作り、保つことに役立っていることに気付く。 ・「嬉しい言葉で楽しいクラス」をつくる。
導　入	①言われて嬉しい言葉や嫌な言葉を交流し合う。 ②同じことを感じている人がいる、楽しく過ごせていない人がいる（事前調査を繋げる）。 ③「嬉しい言葉で楽しいクラス」を目標に、「ごめんなさい」の勉強をします。 ・「ごめんなさい」の３つの型をカードで提示。 　「しらんぷり型」「テキトー型」「みんながOK型」 ④みんなにも体験してもらいます。 ・ロールプレイングの約束を確認（板書） 　約束：笑ったり、恥ずかしがったりしない、文句や悪口を言わない
展開Ⅰ	①カワモト先生とマツムラ先生がロールプレイング「しらんぷり型」の見本を前で提示。児童の感想を交流し合う。 ②３人ずつのグループで、時間を決めてロールプレイングの実施。
展開Ⅱ	①カワモト先生とマツムラ先生がロールプレイング「テキトー型」の見本を前で提示。児童の感想を交流し合う。 ②３人ずつのグループで、時間を決めてロールプレイングの実施。
展開Ⅲ	①カワモト先生とマツムラ先生がロールプレイング「みんながOK型」の見本を前で提示。児童の感想を交流し合う。 ②３人ずつのグループで、時間を決めてロールプレイングの実施。
まとめと振り返り	・気持ちを込めて、相手の目を見て「ごめんなさい」を言うようにしよう。 ・児童に振り返りを書かせる。

てあやまってくれてすごく嬉しかった」「○○さんが、『友だちだからいいよ』って言ってくれたのが嬉しかった」「ごめんなさいの言い方だけですごく変わって許せるということが分かりました」等が挙げられる。

　事前に実施したアンケートから、子どもたちもクラス内に飛び交う暴言やキツイ言葉に嫌な思いや不快な思いをしていたこと、そのような言葉が減っていくと、もっと楽しいクラスになると考えている子も多くいたことが分かった。児童の振り返りから「第１回ソーシャルスキル学習」の取り組みは

課題も踏まえつつ、概ね良い雰囲気のなかで望ましい相互行為を体験できたと言えよう。カワモト先生やマツムラ先生の語りにも、実施後の手応えが捉えられる。

⑦「第2回ソーシャルスキル学習」の取り組みと改善協議での振り返り

　7月1日の改善協議において、「第2回ソーシャルスキル学習」の取り組みの具体的な計画が話し合われた。その概要は次のようなものであった。目標は、第1回目と連動する。学習するスキルを「ありがとう」にすること、授業の流れの検討等、第1回と同様に確認された。グルーピングに関しては、前回の振り返りから、bとg子の関係性に配慮し別グループにすることになった。主な授業の流れは、表4-6とおおよそ同じでありここでは省略する。

　7月2日の改善協議において、「第2回ソーシャルスキル学習」の取り組みの振り返りが行われた。その内容は次のようなものであった。カワモト先生は「ソーシャルスキル学習の振り返りのプリントを読むと、全員が楽しかったと書いていた。今日は、bもg子も楽しくできていた。全員が照れながらもロールプレイングをして、『ありがとう』の言葉のやりとりを体験できていた」と語った。マツムラ先生は「前回に比べて、落ち着いた雰囲気だったので良かったと思った。bも今日はしっかりと参加できていた。やっぱり、グルーピングは大切だと思った。今回は2回目ということもあり、子どもたちもやり方に慣れてきていて、いい感じだと思った。前回と比べて、黒板を見ないで相手の顔を見て言うことができて、そのことが自然に言える雰囲気を作って良かったと思う」と語った。これらの語りから、2回目もいい雰囲気のなかでソーシャルスキル学習が行われたことが窺える。

⑧「第2回ソーシャルスキル学習」の児童の振り返り

　第1回目の振り返りの内容と同じく、気持ちに触れているものが多く見られた。顕著なものとしては、「『ありがとう』と言われて嬉しかった、気持ちがこもっていて気持ち良かった」「今日は気持ちをこめて『ありがとう』と言えた」「『ありがとう』を言われたら心もスッキリするけれど、自分から言

うことも心がスッキリする」「最後、自分の言葉で言ったときや言われたとき、嬉しかった。自分の言葉で言う方が良いと思った」「最初は言えなかったけど、最後『ありがとう』を相手の目を見て言った」「『ありがとう』と言っても『ありがとう』と言われても、嬉しい気持ちになりました。これからは、みんなOK型で感しゃの気持ちを伝えようと思いました」等の反応が見られた。

　マツムラ先生が「子どもたちもやり方に慣れてきていて、いい感じ」と語る授業中の雰囲気と児童の振り返りの内容が符合していることが捉えられる。ソーシャルスキル学習の取り組みは、児童間の良好な相互行為を伴う体験を積み重ねることにおいて成果が見られたと言えよう。

⑨教師はソーシャルスキル学習の実践をどのように捉えていたのか

　教師は、ソーシャルスキル学習の取り組みをどのように捉えていたのだろうか。インタビューでカワモト先生は「『あっ、ごめん』とか『サンキュー』とか、ちょっとふざけ型には近いんですけど、でも前まで無言だったことが……心のどっかに置いてくれていて、すっと言えるようになってきたかなあと。あと、ｃが一番、そういう言葉が増えたかな」と語った。カワモト先生は、子どもたちの変化の兆しに手応えを感じたようで、今後も「違う場面を設定したりして続けたいなあと思ってます」と語り、夏休み明けの休日参観で「第３回ソーシャルスキル学習」の取り組みを、「挨拶（おはよう）」のスキルで実践したということであった。マツムラ先生は、２回の実践にTTとして関わり「（子どもたちが）普段の自分の行動を振り返るチャンスになったのかなあと、そういう経験てすごく大事なんだなって思いました」と語っている。

　児童や教師の振り返りから、ソーシャルスキル学習の取り組みは、子どもたちが「ごめんなさい」や「ありがとう」の言葉の良さや大切さを体感できる機会になったと言えよう。言葉には気持ちが伴うが、児童の振り返りに言葉から伝わる気持ちに触れているものが多く見られたのは、気持ちの通い合うロールプレイングができた結果であろう。家庭環境が厳しい児童が多い当該学年の実態を考慮すると、普段何気なく交わす言葉を受け取る相手の気持

ちを意識して一度立ち止まって考える機会を仕かけたことは、「児童間関係理解」の観点から良好な人間関係の育成や社会化の育成に有効であったと思われる。

　暴言が飛び交う学級では、言葉での攻撃や傷つけ合いが生じ、子どもは安心して学習したり過ごしたりできにくい状況を生む。したがって、ソーシャルスキル学習は、すべての子どもが安心して教室での学習や生活に参加できることを目指す取り組みであったと言えよう。

4. 改善方策の成果と課題—教師主導から子ども主体への学級経営改善

　以上を踏まえて、本節では学級経営改善において「教師による児童間関係理解」の観点に着目する実践はどのような効果をもたらしたのか、「カワモト先生の視点」「マツムラ先生の視点」「子どもの視点」から考察する。

(1) 教師が捉える学級経営の変化—学級理解の視野の広がり

　カワモト先生は4か月間を振り返って、学級の変化を以下のように捉えている。

　　4月は、まだ全員を把握できていなかったので、正直、私と子どもの関係を築くのに必死で、子ども同士の関係はあんまり見られてなくて……5月連休明け以降位からようやく周りの子が見えてきたのと、児童間関係理解っていうのを教えてもらってから、友だち同士の関係を意識する、意識して見るようになりました。……ちょっと落ち着いて勉強できたりとか、友だち同士の関わりも落ち着いた面が出てきたかなあと思います。

　全体としては、授業のルールとか、あと、話が聞けるようになってきた。……「今、だれだれさん大切にしよう」って言ったら、さっとみんなで協力できたりとか、聞く姿勢と、あと、協力できるようになってきたかなあと……。一人一人だったのが少しずつ集団になりつつあるかなあと思いますけど、やっぱりまだ全員ではないなあと思います。男女で別れたり、女子のなかでもこう別れていたりとか、その辺がまだ課題。

　これらの語りからは、カワモト先生の学級を捉える視野が徐々に「児童間」、「全体」へと拡大していることが窺える。また、年度当初の「学級の危機」を乗り越え、集団としてのまとまりと落ち着きが生まれてきていることを成果として挙げている。一方、課題として、男女間、女子児童間の問題が捉えられている。
　マツムラ先生は4か月間の2組の学級経営の変化を以下のように捉えている。

　作戦会議（改善協議）した後、徐々に、やっぱり良くなってきました。それは、さっきの児童間関係理解にも繋がるんですけど、私たちのことを先生たちは共通理解しているし、支えてくれるし、でもだめなことは言われるし。ときには、役割分担的なこともしながら、カワモト先生が言わないときは、僕が呼んでカワモト先生に「いいですか？ちょっと話するんで」と言って「いいです、いいです」みたいな感じで言ってくれるんで。

　マツムラ先生は、学級経営改善に改善協議が良い影響を及ぼしたと捉えている。また、彼の語りには、年度当初の「遠慮」の姿勢を払拭し、積極的に「チーム」としての連携や協働を図りながら学級経営改善を支える役割を果たそうとする姿勢が見られる。

（2）児童が捉える学級経営の変化―クラスの半数以上の児童が学級を楽しいと認識

　1組と同様に、AR終了時に実施した「アンケート調査」の結果から、子どもたちの「学級」を捉える変化を見ていきたい。なお、アンケートの項目は、第3章第4節（2）での記述と同じであるためここでは省略する。

　まず①については、「クラスが楽しい」と答えたのは半数強（内「とても」は1名）の児童で、「ふつう、まあまあ」が約2割、「楽しくない」が約2割だった。

　次に、個別の変化を見ていきたい。b・c・ヨシオの3人は、特に、4月と比べて書いている内容に変化は見られない。アキラはユリに一方的な嫌がらせをしていた児童だが「悪口やケンカが少なくなった」と良い変化として捉えている。kは、学年のリーダーとして学年団教師から期待されている児童である。4月当初のアンケートでは、「楽しいけど授業中もう少し静かにしてほしいと思っている」と書いていたが、今回は、「時間も守れるし静か」と良い変化として捉えている。ユリは、クラス内の人間関係に関心をもっていることが窺える内容であった。筆者に「友だちは必要ない、一人がいい」と何度か話していたが、本当は、友だちを求めている裏返しの表現であることを否定できない。マツムラ先生も語っているようにこれまで、友だち関係で辛い思いをしてきたために、あえて心を閉ざしたふりをしているのかもしれないと懸念される。

　②の「クラスが楽しいと思うとき」の質問に対して、「協力してほめてくれるとき、友だちと話すとき、発表を聞いてくれるとき、笑ってるとき、みんなといっしょに遊んでいるとき」等であり、子ども同士の具体的な交流の場があまり見えてこないことが気になる点である。④の「4月と比べて今のクラスをどう感じているか」の質問には、「時間も守れるし静か、けんかや悪口が少なくなった、まとまってきたと思う、楽しく勉強できている」等の肯定的な内容が約4割、「暴言やキツイ言葉がいや」等の否定的な内容が約2割だった。このように否定的な内容も一定程度見られるが、4月当初より学級が落ち着いてきたことが児童の反応からも窺える。

(3)「教師による児童間関係理解」の効果―意識的にすべての子どもに向き 合う学級経営へ

　ここでは、2組の「学級経営改善」の実践から明らかになった「児童間関係理解」の観点がもたらした効果と課題について整理をしておきたい。

　まず、効果としては「学級理解の視野の広がり」「目立たない児童への着目」「児童理解の相対化」「児童理解と児童間関係理解の往還」「児童同士の良好な関係性の育成」「対症療法からの脱却」「逸脱行動を繰り返す児童への指導に社会化の観点の付加」「教師間での情報の共有」という教師の意識と行為の変容を促した有効性である。よって、2組における児童間関係理解の観点を活かす実践は、1組と同じように、「教師－目立つ児童」の二者関係に限定されがちな目立つ子中心ではなく、目立たない子も含め意識的にすべての子どもに向き合う包摂の学級経営を目指す実践であったと捉えることができる。

　また、課題としては、第3章第4節（3）で挙げた内容と同様であり、ここでは省略する。

　以上を踏まえると、カワモト先生の学級経営は、ARを通して、4月の学級の危機を乗り越え、目立つ子中心の対症療法に終始する教師主導から学級のすべての子どもに意識的に向き合う子ども主体の包摂志向の学級経営へと改善が進んだと言えよう。

5.　小括―管理主義（教師主導）から包摂（子ども主体）への 学級経営改善を促したアクションリサーチ

　第一次事例研究の目的は、若手教師によるARを通した包摂志向の学級経営改善方策の実施とそれを通した学級経営実践の変容過程を明らかにすることである。そこで、本節では、第一次事例研究の小括として、ARにおける「教師による児童間関係理解」の観点を活かす学級経営実践が、包摂志向の学級経営改善にとってどのように有効に作用したのかを整理し考察する。

（1）学級理解の問い直しと広がり

　学級経営の改善過程において、「児童間関係理解」の観点は、担任教師の「学級理解」の問い直しと視野の広がりに有効であったと思われる。ここでは、まず「児童理解」と「児童間関係理解」との往還による多面的理解の促進、いわゆる目立たない児童への着目の促進、さらに「教師－目立つ児童」に限定されがちな二者関係からの脱却という点に着目し、担任教師の「学級理解」における視野の広がりについて考察する。

①「児童理解」と「児童間関係理解」の往還による多面的理解の促進

　「学級」において、子どもは他者との相互関係のなかで生きている。そして、関わる相手との相互行為において見せる表情や言動は異なる。相互行為であるからこそ現在の教育現場で重視される「心の理解」を通した児童個人を対象とする「児童理解」に終始するだけでは、そのさまざまな表情や言動の要因を読み取ることは難しい。第3章で示した1組のミツオの事例やミキとユウヤの事例、さらに本章で示した2組のアキラとユリの事例は、「児童間関係理解」の重要さを示唆するものである。

　これらの事例では、学年団教師は児童が担任教師の前（「教師－児童」間）では見せないが、力関係に基づいた児童間の関係性で見せる負の面という実態を見ることができるようになった。また、1組のタダシに関する「児童間関係理解」では、「良好な関係性の広がり」というプラス面と、「力関係の固定化を利用した関係性」というマイナス面との両面で捉えることが必要であった。つまり、「関係性を見る」という新たな状況認識の視点の付加は、多面的な「児童理解」に有効であることを明らかにしていると言える。それは、例えば、ミツオの事例から児童間関係理解の観点からの異なる見方の付加は、ナカニシ先生のステレオタイプ的なミツオへの児童理解を問い直すことに有効に作用したことからも推測できる。そして、そこにおいては、「児童理解」と「児童間関係理解」の往還が行われることによって、個や関係性の多面的な理解への深まりに相乗効果をもたらすということも考えられる。図4－1は、「児童理解」と「児童間関係理解」の往還のイメージを図に表したもの

図4－1 「児童理解」と「児童間関係理解」の往還による多面的な理解

出典：筆者作成。

であり、図中の⇔は、両者の往還を意味する。

②目立たない児童への着目の促進

　ナカニシ先生やカワモト先生に見られる「学級理解」の視点の広がりは、目立たない児童への着目を促すことにも繋がったと言えよう。日々の学級経営において、「児童間関係理解」に着目することができにくかった主な理由として、3名の教師共に「どうしても目立つ子に注目してしまう」ということを語っている。しかし、「児童間関係理解」の観点を意識することによって、目立たない児童へも注目することができるようになったことを成果として挙げている。この点について、ナカニシ先生は「その目立たない子というか、……そういう子に意識がいくようになったのが良かったなあと思って」と語り、カワモト先生は、目立たない児童のことを、「意識して見れるようになったかな」とそれぞれに姿勢の変化を振り返っている。このように、「児童間関係理解」によって教師が「その子（目立たない子）らも同じように悩み抱えていて」（マツムラ先生）という認識をもつようになり、教師に目立たない子へ着目することを促すという有効性が明らかになった。

　10月のグループ・インタビューにおいて、学年合同の「ミニ運動会」（10月上旬実施）の話題が出され、そのなかで2組のユリのことを、「ユリとかの表情を見てすごい嬉しかって、うん、子どもらしい顔してるし」（マツムラ先生）、「ユリが久々ね、すごく明るい顔してましたね」（カワモト先生）と語っていた。そこでは、AR以降も学年団教師によってユリのような目立たない児童への着目が意識的に行われていることが窺われた。

③基本的前提の問い直しと「学級理解」の視野の広がり

　まず、「個、関係性、集団」を視野に入れた「学級理解」の広がりである。2名の若手教師は、当初は、いわゆる目立つ児童と教師との「教師－児童」間の二者関係に終始する学級経営の実態が捉えられた。そこでは、児童間の関係性への着目や学級全体を俯瞰する視点は後退していたことが推測された。そのような「教師－児童」の二者関係に限定されがちな学級経営の基本的前提となっていたのは、「児童理解」への偏重であることが、教師の語りから捉えられた。「児童理解」が重要であることは論を俟たないが、担任教師は、「児童間関係理解」の観点を意識的に取り入れることにより、「児童理解」に偏る「学級理解」を問い直していった。そして、これまで所与のこととして特別に意識しなかった児童同士の関係性に着目することへの意識化、内在化をもたらし、「学級理解」を広げていった。

　ナカニシ先生は4か月間を振り返り、「教師－児童間」「児童間」「個々の児童」「気にかかる子や女子児童」「特別な配慮・支援を要する児童」というように多様な視点で学級を捉えたうえで、学級全体として状況が「良くなってきた」と成果を認識しており、「学級理解」の視野の広がりが窺えた。

　同じく4か月間を振り返ったカワモト先生の語りからも、4月は「子ども同士の関係はあまり見られてなかった」が、児童間の関係を「意識する、意識して見るようにな」ったというように「学級理解」における視野の広がりが窺える。そして、そのうえで、学級全体として年度当初の「学級の危機」を乗り越え、集団としてのまとまりと落ち着きが生まれてきていることを成果として挙げつつ、課題として男女間や女子児童間の問題を捉えていた。

　次に、横の広がりと縦の力関係で捉える「学級理解」の広がりである。1組のタダシの事例、ミツオの事例、2組のユリとアキラの事例からは、クラス内における児童間の「力関係の固定化」という実態が明らかになった。ナカニシ先生は「児童間関係理解は横でこう繋がるし」と語るように、「関係性」を横の広がりで捉える一方で、タダシと一部の児童の力関係の課題については「児童間関係理解という部分では、怖いからこう何となく距離を縮めているふりをしている子もまだいる」ことを見極めたうえで、改善の必要性に言

及している。

　教師の学級理解においては、関係性を横の広がりだけでなく階層（ヒエラルキー）で捉えることは、学級経営改善に繋がると言える。子どもにとっては、いじめは深刻な問題であり、今後の学級経営においては、縦の力関係・階層（ヒエラルキー）で日々の「学級理解」を見直すという視点はそれらの問題の抑制において重要な視点である[75]。

　以上のように、ナカニシ先生とカワモト先生の学級理解は、個か集団かの二項対立的な概念ではなく、目の前の子どもの姿から捉え直した「個も、関係性も、集団も」、そして「横の広がりと縦の力関係」を視野に入れた広がりが図られている。その契機となったのが「児童間関係理解」の観点の導入であり、「学級理解」の広がりが「学級経営改善」に繋がる効果を生んだと言えよう。

　こうした学級理解の視野の広がりは、個や関係性の多面的な理解、目立つ子どもだけでなく教室での学習や生活から周辺化されがちな目立たない子どもへの意識的な着目を促し、すべての子どもの包摂を目指す学級経営改善を促したと捉えることができる。

（2）児童同士の良好な関係性の育成

　学級経営の改善過程において、対症療法に終始する指導ではなく「児童間関係理解」の観点から、児童同士の良好な関係性を「育てる」指導へのシフトを図ることが有効であったと思われる。ここでは、まず教師に期待される児童間を繋ぐ役割、どの子もリーダーになれる関係性づくりの仕掛け、社会化の視点の付加の意味について考察する。

---

[75] 教室内で発生するヒエラルキーを、「スクールカースト」という概念で捉え、いじめ等との関連で論じたものに、森口（2007）、鈴木（2012）などがある。スクールカーストという言説が近年、社会や若者の注目を浴び流布していることは、教室内における人間関係への関心の現れでもあると推測される。森口（2007）は、いじめのメカニズムを明らかにするために、「スクールカースト（クラス内ステイタス）」という概念を導入して「いじめの四類型」を図示し、教室で行われているいじめの実像を映し出している。鈴木（2012）は、「スクールカースト」の内実をインタビュー調査やアンケート調査結果から考察し、いじめ問題との関連も示唆している。

①児童同士の良好な関係性を育てる

　教師の「児童間関係理解」による「関係性」の見極めは、指導や援助と一体になったものであることが求められる。ここでいう指導や援助とは、「見極める、見守る、育てる、繋ぐ、介入する等」の具体的な方法の選択へと繋がるものである。

　今日の子どもの変化として、「人間関係が希薄である」「人間関係の築きが苦手である」等がよく挙げられる。ミキとユウヤの事例、アキラとユリの事例からもカワモト先生が語るように、「友だち同士で関係を築くのがすごく下手だし、方法が分からないから」、必要に応じて教師が「架け橋になってあげる」というような繋ぐ取り組みが必要であると言える。つまり、現在の子どもの特徴を捉えると、子ども間の関係を「繋ぎ、架け橋」となるような育てる役割が、これまで以上に教師に求められていると言えるだろう。それは単なる個人間の関係から捉える児童間関係理解だけでなく、男女間のギクシャク感や力関係の固定化、暴言による学級の雰囲気の悪化等の問題に注目し、実践された学級会やソーシャルスキルなどの取り組みも児童間の良好な関係の育成に有効であることが明らかになったと言える。

　しかし、ここで留意しておきたいことは、学級会とソーシャルスキル学習の取り組みの相違点である。ソーシャルスキル学習は取り組みやすい内容ではあるが、あくまでも教師主導のスキルトレーニングである。それに比べて学級会は、児童の主体性や自主性がより保障される教育活動であり、児童間の関係の変化もダイナミックに起きる可能性は高いと言えよう。つまり、学級会が生み出す効果の幅広さは、ソーシャルスキル学習では得られないと思われる。

　ナカニシ先生は、「子ども同士の関係が一番」良いと思うのは、「子ども同士声をかけ合って動くほうがすごくプラスになる」という実感からだと語る。ここには、子ども同士の世界があると考えられる。山村（2008：p.247）によれば、学校文化には「学校大人文化」と「学校仲間文化」の二層がある。教師の「学校大人文化」による管理主義教育への偏りの抑制や今日の社会や地域、家庭の変化を踏まえると学校には、多様な「学校仲間文化」の育ちが

期待される。「児童同士の良好な関係性を育てる」ことは「学校仲間文化」を育てることに繋がる。

②どの子もリーダーになれる関係性づくりの仕かけ

1組の学級経営改善において、「児童間関係理解」の実践はナカニシ先生が期待する特定の限られた子どもへ集中するリーダーとしての期待から、「どの子もリーダーになれる」仕かけへのシフトを生んだ。例えば、学級会の取り組みでは普段は力が発揮されにくい児童の議長団の選出等の実践に繋がり、一部の目立つ児童だけに固執しない「どの子もリーダーになれる」仕かけに徐々に移行していった。

佐藤（2012：pp.74-75）によると、分散リーダーシップは「複数の多元的な影響関係や相互作用に注目し、組織力学の理解や組織の方向づけに役立てようとする」考え方であり、「場面に応じて」、また、「組織の誰でも主役になれるようなリーダーシップ発揮」を展開させることであるとしている。学級集団の組織に見られる力関係の固定化や男女間のギクシャク感を改善するために取り組んだ「学級会」で、クラスの低い地位に置かれていると思われる子どもたちが議長団の役割を担ったことは、「分散リーダーシップ」の考え方に通じるものであると考える。

また、10月のグループ・インタビューでナカニシ先生は、夏休み明けの休日参観に実施された「第3回学級会」では、隣席のミキから「口数が少ないから」という理由で嫌がらせを受けていたユウヤが、議長に立候補して保護者の前でその役割を担ったと語った。ユウヤは、いわゆる目立たない児童である。このような経験が、彼らの自信に繋がったということをナカニシ先生が語っている。どの子も多様な場でリーダーの役割を担ったり活躍したりできるような仕かけや仕組みの一つとして、学級会の有効性が明らかになったと言える。

リーダーの役割は、人間関係に配慮しながらメンバーと相互行為を通して「その場を仕切る」体験ができるものである。少子化や学級サイズの減少、子どもの社会力（門脇1999）の減退等の状況を見ても、「誰でもリーダーと

しての役割を果たせるような関係」の仕かけは、児童同士の良好な関係性を育てることに繋がる。そして、そのことが学級経営改善を促すことになることは、事例から明らかになった。いつも特定の児童ではなく、場面に応じて「どの子もリーダーになれる」など、子どものもつ可能性や潜在力の発揮が保障されるような仕かけや仕組みが子どもの多様性を包摂する学級経営においては求められている。

③逸脱行動を繰り返す児童の指導へ「社会化」の視点の付加

　タダシのように、家庭環境による心の傷や困り感・生き辛さを抱えている児童には、児童理解が必要であることは言うまでもない。しかし、家庭環境や心の理解だけに終始すると、タダシのように特別な支援を要する児童への学級経営における指導のあり方が見えにくくなる。タダシの例で言うならば、児童間関係理解の観点により周囲の児童との「関係性」に着目すると、「社会化の未熟さ」という彼の課題が明らかになってくる。そして、「社会化」に視点を当てることによって、タダシの家庭環境や心の理解に焦点がとどまるのではなく、学級経営においてタダシの良好な人間関係を育てるという日々の実践に繋げることができる。つまり、タダシのように厳しい家庭の問題を抱えた児童であっても、学級（学校）でできることは何かという問いと共に具体的な指導や支援の方法を検討することが可能になってくる。

　広田（2003：pp.85-86）によれば、「本来、学校という装置」は「個人のレベルでみれば、将来役に立つ知識や資格を取得したり、将来の生活に必要な価値や態度を身につける場」である。そうであるならば、社会化の未熟さのために4年生のときも周辺児童とうまく関係が築けていないタダシに対して、学校ができることはナカニシ先生に見られるような実践であろう。つまり、4年担任時に終始していた厳しさ中心の対症療法的な指導ではなく、タダシの話をじっくりと聴いて指導をしたり、自分で見通しをもって語らせたり、同級生との良好な関わりの経験を多くもたせたり、という柔軟な対応や緩やかなコントロールを活かした指導である[76]。個人懇談会の場でタダシの母親が「（ナカニシ）先生に巡り合ってタダシはものすごく変わった。勉強

するようになったしよく考える子になってくれた」と語ることが、広田（2003）が述べる学校が本来担うべきことの実践の成果であると考える。

　以上のような子ども間の関係性を繋ぎ育てる取り組みは、どの子も学級に居場所を見つけたり潜在力や可能性を発揮したりできる、つまりすべての子どもの学級社会への参加を増やす包摂志向の学級経営改善を促進する実践であったと捉えることができる。

（3）ホリスティックな視点で捉える学級経営改善

　本事例における学級経営改善を、吉田（1999：pp.33-34）のホリスティックな知の論考を援用して見直すと、「児童理解＝個の内面」に収斂して分析的に見ているのではなく、児童同士の＜間＞で織りなされている関係性を把握することが学級理解の視野を広げ、ホリスティックな学級経営に繋がると考えられる。つまり、個々の児童を部分としてバラバラに見るのではなく、繋がりのある「関係性」や全体として捉える「教師による児童間関係理解」の実践が、ホリスティックな学級経営を可能にすると考えられる。

　本研究では、学級における特定の場面に限定しないで、浮かび上がってくる子どもや学級の課題から「児童間関係理解」の実践の有効性を探ることが、ホリスティックな学級経営に繋がるものであると考えた。ここでは、多様な場面に見られた担任教師による実践の様子を捉えておきたい。

　まず、席替えにおいて「児童間関係理解」の観点を取り入れる有効性である。ナカニシ先生とカワモト先生は共に、「児童同士の人間関係」を最優先にした席替えを1か月スパンで実施していた。そこでは、「隣席」と「班編成」の二つの視点から「関係性」の見極めを行っていた。カワモト先生は、そのような席替えの効果として、授業中の落ち着きが見られるようになったことを語っている。一方で、担任教師が熟考して組んだ席替えでもうまくいかな

---

[76] 末松（2016：p.4）は、「近代教育学は、統制管理的な「共同体における社会化」への偏りを批判し、自省してきた」と、異質さを許容しない特定の価値観に基づく、反民主的抑圧装置としての学校、共同体のあり方を批判している。統制＝管理主義の学級観が強まってきている（白松 2014）という指摘があるなか、こうした視角は重要である。よって、本事例でも見られたように柔軟な対応や緩やかなコントロールを取り入れる学級経営が求められていると考える。

い場合もある。例えば、1組のミキとユウヤの事例がそれにあたるだろうし、2組においても、同様のケースが見られた。しかし、ミキとユウヤが隣席になったことで、二人の負の関係性を捉えることができ、ミキへの指導に繋がったと捉えることもできる。また2組においては、体育の時間の「走り幅跳び」の学習におけるグループ編成についても、カワモト先生は人間関係を考慮して組んでいた。

　また、両クラスとも、毎月1度の割合で、同級生の誕生会を祝う目的で、全員のメッセージカードの作成や給食の時間に全員が一つの円になり会食をする取り組みを行っていた。1組では、牛乳で「おめでとう！」を言いながら乾杯をする光景も見られた。さらに、両クラスとも、2か月に一度の割合で、「同級生の良いところ見つけ」として、メッセージカードの作成の取り組みをしている。例えば1組のFNからは「職員室の（筆者との）連絡ケースに、全員分のメッセージカードが入れられていた。真ん中にハートが描いてあり、クラス全員と担任教師からのメッセージが記されている。筆者にも読んでほしいということだった」（FN・X/5/27）という記述も見られた。

　このように、多様な場面での「児童間関係理解」の実践の積み重ねが相互にダイナミックに連動して「学級経営改善」を促していると捉えることができる。ここにおいては、場面を限定しないホリスティックな学級経営改善としての有効性が捉えられる。

　以上のように、新たな教育実践—子ども間の関係性に意識的に着目する「教師による児童間関係理解」の観点の内在化や実践—が教師の学級理解の視野の広がりや児童同士の関係性の改善・育成を促し、包摂志向の学級経営改善に繋がっていったことが明らかになった。

　よって、前章と本章で見てきたように、1組と2組のARを通した学級経営実践は、子どもを強く引っ張る、対症療法に終始するという教師主導の管理主義的な学級経営からすべての子どもを包摂する子ども主体の学級経営への改善を促したと捉えることができる。そこでは、児童間関係理解の観点を活かす取り組みは、プロセスとしての包摂の学級経営の実現のための実践

であり、改善協議は包摂の学級経営に繋がるような協議であったと意味付けることができる。また、その過程において形成された学年団教師のチーム[77]による連携や協働が学級経営改善を促進する機能を有していたことが見出された。つまり、2 名の若手教師は、AR によって、包摂志向の学級経営改善に取り組むための新たな「引き出し」を獲得したと言えるだろう。これらは、重要な職能発達としても捉えることができる。そこで次章以降では、第二次事例研究として、2 名の若手教師がそうした包摂志向の学級経営改善という教育実践を通してどのような職能発達をしていったか、その内実を分析し、考察する。

---

[77] 本書では、スティーブンP. ロビンス（2009：p.200）による以下のチームの定義に依拠する。「チームは、協調を通じてプラスの相乗効果（シナジー）を生む。個々人の努力は、個々の投入量の総和よりも高い業績水準をもたらす」。

第Ⅲ部

「包摂の学級経営」
実現のための実践を通した
若手教師の意識変容過程

第5章

管理主義の強い自律性志向から
子ども主体と協働性重視へ
—ナカニシ先生の事例

　本章では、小学校若手教師の包摂志向の学級経営実践を通した意識変容過程を描出し検討する。ここでは、ナカニシ先生の事例に着目する。具体的には、まず第1節で、「教師による児童間関係理解」に基づく実践を通じた意識変容過程についてその内実を分析する。第2節では、学級会実践を通じた意識変容過程についてその内実を分析する。第3節では、学年団教師との学級経営実践の協働化による意識変容過程の様相について分析する。そして第4節では、異動校における2年間の学級経営実践と意識変容過程の特徴について分析する。最後に、第5節では、ナカニシ先生のA校からの4年間にわたる学級経営実践を通した意識変容過程の特徴について整理する。

1.「教師による児童間関係理解」に基づく実践を通した
　　子ども観・指導観の変容

　本節では、学級経営改善の方策として取り組んだ「児童間関係理解」に基づく実践の過程でどのような教師の意識変容があったのか、その内実を描出し分析する。

(1) 初期状態に見られた意識と行為の特徴—厳しい教師主導の指導観
　ナカニシ先生は新任時から5年間、高学年担任が続いていた。6年目（X年度）に当該学年（5年生）の学級担任・学年主任として学年団教師と筆者とのARに臨んだ。それではナカニシ先生の初任時からの学級経営における

意識や行為の特徴はどのようなものであったのであろうか。

　第３章で見たようにナカニシ先生は、５年当初「これまで自己流でやって きた」「があーっと強く引っ張っていくような学級経営をしてきた」（FN・ X/5/8）と語り、強い教師主導の指向性が見られた。このようにナカニシ先 生が「自己流」と語る教師主導の厳しいスタンスの背景には、Y市のなかで もとりわけ地域や家庭の社会経済的状況が厳しくいわゆる生徒指導の困難校 として位置付けられているA校に新任時から赴任した影響があると推察さ れる。例えば、１年目に６年生を担任したときには一緒に組んだ同学年の学 年主任の教師が、学級経営がうまくいかないために年度途中で病休になり、 自身も学級経営に苦労し、「ああ教師ってなかなか思い通りにいかないなあ と思った」（X+2/3）とA校の厳しい現実を目の当たりにしたという経験を 有していた。２年目は再び６年生の担任として力のあるベテラン教師と組ん だが、子どもや保護者からその教師と自身の力量を比較されることへの不安 感から、「自分の存在が全然感じられなかった２年目」（X+2/3）であり、自 身の力のなさを痛感したと回顧している。と同時に「やっぱり悔しかったん ですよ。だからもっとやってやろうと思って」（X+2/3）と悔しいという感 情を原動力として３・４年目は５・６年生をもち上がり「（初めて）自分でい いクラスができたなあという２年間であったので、ちょっと自分に自信がつ いて」（X+1/7）、「教師面白いなあ」（X+2/3）と思ったと語っている。そこ では、教師主導の学級経営によって「本当に２年間、かなり子どもたちを高 められた」（X+1/7）という自信を得ていたと言う。

　しかし、そうした指導スタンスは「前はある程度最初にガンと言ったこと で、あと楽できたんですけど」、「僕が男っていうところでやんちゃな男の子 は最初に僕のことを怖いと思って、ばちっとこううまく軌道に乗ってくれて」 （X/7）と語るように、男性教師という属性に依拠した権力的な教師主導で あったことが窺える。そして５年目に４年生を担任し、第３章でも述べたよ うにタダシと出会い、学級経営への自信は打ちのめされたと語る。

　俺がやれば大丈夫だみたいな感じで、僕、４年に乗り込んでいって……

やられました、タダシとかに。全然だめだと思って、このパターンは通じないのだと思って。（X+1/7）

　以上の語りからも、初期状態のナカニシ先生の学級経営は、子どもの将来のためにここまでさせたいという自身の価値観や信念を優先した厳しい教師主導の指導観に終始しがちであったことが窺える。新任時から身に付けてきたこうした「自己流」の教師主導の意識や行為を問い直さざるを得ない課題に直面しながら、引き続き5年生でもタダシを担任することになった。A校は、全学年で児童は毎年クラス替えを実施する体制になっていた。したがって、ナカニシ先生にとっては4年生時に担任をした半数の児童はタダシも含めてもち上がりになり、残りの半数の児童は初めての担任であった。第3章でも述べたように、当該学年はタダシを中心に据えたクラス替えがこれまで行われてきたということであった。

（2）「児童間関係理解」に基づく実践と意識変容との関連

　このような経緯を経て、ナカニシ先生は学年団教師（カワモト先生・マツムラ先生）と筆者の4人による学級経営改善のためのARを経験することになる（第3章）。ナカニシ先生は、X+1年6月のインタビューで、自身の変容の「契機」としてARを意味付けていることを次のように語った。

　学年会の大切さも教えてもらって、これだけ時間かかるけど大切やなあと思ったし、勿論学級会とかもそうだけど、子どもを見る視点（「教師による児童間関係理解」）についてもそうだし、客観的な視野からアドバイスをしてくれることによってどうしていこうかって振り返るきっかけにもなったし、そこがかなり大きいと思います。最初にきっかけをもらったことで。（X+1/6）

　この語りからARを通してナカニシ先生が、①学年会（改善協議）の意義を理解したこと、②学級会という新たな実践の創造のきっかけを得たこと、

③「児童間関係理解」の観点の導入により子どもをみる視点を問い直すきっかけを得たこと、が捉えられる。

　第3章でも見てきたように、児童間関係理解に基づく実践としてナカニシ先生のタダシへの指導や支援に、従来の教師主導の厳しい指導スタンスから、児童理解に加えて児童間関係理解の観点も意識的に取り入れた対応への変化が見られた。それまで対症療法に終始していた対応から、まずはタダシの思いを聴き状況を見ながら時にはタダシに判断を委ねる緩やかなコントロールを試みる姿勢への変化であった。また、タダシと同級生との関係性に着目し、集団の人間関係のなかでタダシの社会化を促すことに視点が移されていった。こうした実践の背景にはどのような意識変容が伴っていたのだろうか。以下の語りに、これらのナカニシ先生の変化が窺える。

　（児童間関係理解を）言ってもらわなかったら、4年のときみたいにこう僕が指導（を）入れて止める、指導（を）入れて止めるという非常にしんどい学級経営が続いたのかあという気がします。……タダシへの関わり方についても……どっちかというと僕は（これまで）厳しさ中心で……やっぱりかなりがーんとやらしてたところを、まあ今できる範囲というか今できることをまずはさせていくみたいな、こうね、任せるようにしたのかなあと、……厳しさだけじゃなくて。僕、優しさが前々だったらこう甘えになるのかなあっていう風に自分のなかで思ってて、……子どもを甘やかすみたいな、……だから甘やかしたら崩れるとか、こう楽するとか、そう思ってたけど、そうじゃなかったなあと思って、任せるとやりおるなあというところが自分自身が任せてみて、あっ子どもってこんなにちゃんとここまでするのやという感じはこの学年感じました。（X/7）

　この語りから、「子どもに任せる」という行為が「優しさ」「甘やかす」「崩れる」という教師の信念を優先する捉え方から「任せるとやりおるなあ」という子どものもつ潜在力の看取へと変化していることが窺える。ここにはナ

カニシ先生の教師主導から子どもに任せることに価値を置く指導観への意識の変化が読み取れる。しかし、教師が自明視してきた価値観や信念を変容させることは容易なことではなく、不安感を拭い切れないことであろう。ナカニシ先生は次のように語っている。

> 良くないことかなっと、僕、優しくしすぎることが、優しくしすぎる（強調）ことがですよ、優しくすることは大事だと思ってましたけど。何かまあ、怖かったのかもしれないですね、なんかこう任しすぎて崩れたら困るなあとか。(X/7)

　こうした葛藤を内包しながらも、個々の児童への対応などの実践化を通じて、ナカニシ先生は「児童間関係理解」の観点を獲得し、そのプロセスにおいて教師主導から子どもに任せることに価値を置く指導観を内在化していったものと思われる。ではナカニシ先生は児童間関係理解の観点をどのように認識していたのであろうか。

> 児童間関係理解は、僕自身は分かってはいたものの言葉として言われて、ああそうやこれ大事だと改めて認識させてもらったのですごくプラスやったなあと。で、学年会（改善協議）をすることで、僕の視点以外の視点からの子ども同士の関係が聴けるから……僕が気付けてないところを多々今年教えてもらって、こことここはとか、ミキとユウヤのことは僕自身も分かってはいたもののそこまでと思ってなかったし、意識させてもらったことで注意深く見えたし、そのことが正直プラスになったし……一人では見切れないところとか気付けない側面が多々あると思うので、ああやって情報交換するなかで自分が気付かない視点からの児童間関係理解も分かり、分かることでまた気を付けて見れるというか注意して見ることができるし、いい児童間同士の関係はプラスに使えるし、すごくメリットが高いなという気持ちはしました。(X/7)

　この語りには、ナカニシ先生が改善協議の場で他者（カワモト先生・マツムラ先生・筆者）と児童間関係理解に着目した多様な情報を共有することにより、多面的な児童理解・関係性理解に繋がる有効性を認識していることが読み取れる。さらに、児童間関係理解に意識的になることにより、最も変化した自身の指導観について、「目立つ子にどうしても目がいってしまうのが先生なのかなあ」と、「でも、児童間関係理解をしないといけないと思うと必ず全員に目がいくし、全員に意識がいくしっていうところで良かったなあって思う」と言及している。

　以上のようなナカニシ先生の児童間関係理解の実践を通じた意識変容は、次の 2 点において学級経営観の変容として意味付けることができるだろう。第一に、子どもを非力な存在として捉える子ども観と子どもに任せることができない指導観から、例えば「任せると子どもってこんなにちゃんとここまでするのや」と看取したように、任せて発揮する子どもの潜在力や可能性を認める子ども観と子どもに任せる指導観への変容である。第二に、第 3 章でも見てきたように、目立つ子中心ではなく、周辺化されがちな目立たない子や児童間の関係性も含めた学級の児童全員に意識的に着目するという子ども観や指導観―学級理解の視野の広がり―への変容である。

2.　学級会実践を通した子ども観・学級観の変容

　本節では、ナカニシ先生の学級会実践の契機と定着の過程における意識変容過程を分析する。その際、第 3 章で見てきた学級経営改善の方策としての学級会実践を、改めて教師の意識変容の側面から捉え直す。なお、第 1 章第 4 節で言及したように、分析枠組みとしてクラークら（2002）による「職能成長の相互連関モデル（Interconnected Model）」を援用する（図 1 - 2、第 1 章で既出）。

（1）学級会実践を通した意識変容過程

①学級会の実践知をもたない初期状態に見られた意識

　4月当初より「学級会」に取り組まない理由として、ナカニシ先生から次の3点が挙げられた。第一に学級会の取り組みの経験がないのでやり方が分からない、第二に色々な学級指導を学級活動扱いの時数でカウントするため学級会に充てる時間の余裕がない、第三に学級会の意義がよく分からない、である。カワモト先生とマツムラ先生も学級会の取り組みの経験がなく、同様の理由を述べていた。A校では、これら3名の教師も含めて多くの教師が学級会実践の経験を有しない実態が捉えられた[78]。

②学級会実践の契機における意識

　筆者は、学級・学年の実態や「児童間関係理解」の観点から、学級会の取り組みの必要性を再確認し、改善協議（X年5月22日）において学級生活の向上や子どもたちの望ましい人間関係を育てるために重要な教育活動であることを筆者の経験も交えて話し、実践を促した。ナカニシ学級においては、進級当初から「男女間の関係のギクシャク感」「女子の力が発揮できにくい学級文化（ジェンダー）」「クラス内の力関係の固定化」等の課題が俎上に載りながら、学級経営改善の方策として「学級会」や「自主的な係活動」の取り組みが、授業づくりと並行して必要であることが共有された。そしてナカニシ先生からは「運動会でバタバタしていて、やらなくてはと思ってはいたのですが……やり方がよく分からないので教えてください」（FN・X/6/5）

---

[78] A校の教師8名（50代1名、30代3名、20代4名）にインタビューを行った結果、学級会実践の経験があるのは、2名（50代1名、20代1名）だけであった。そのうち、50代の教師は、学級会実践の重要性を認識し「若い人は意義を知らないから教えないといけないと思っている」と述べている。もう一人の20代の教師は、他の自治体で入職し、初任校で出会った学年主任から「学級会」の方法を教えてもらったということでY市に転任してからも実践を継続していた。実践知をもたない6名の教師からは「やり方がまず分からない、安心して取り組める議題がよく分からない、実践知のなさによる不安感、自分のなかでは重きを置いていなかった、他の教科と比べて軽視している、時間がない、周囲で実践している教員を見かけない、学級会の研究が少ない」等の語りが抽出された。A校における学級会不活性化の状況が読み取れる。「学級会」が不活性の状況にある主な背景要因として、他にも1989年の学習指導要領改訂による「学級会活動」と「学級指導」の統合によるカリキュラム上の問題、他の教育活動の時間への転用等が推測される。

という要望が出された。一方、詳細は第6章で述べるが、カワモト先生は学級会実践への強い不安感を理由に、取り組みを回避した。

　以上のような経緯を経て、ARで第1回目の学級会を実施した。しかし、ナカニシ先生は学級会実践の経験がないため強い不安を抱えていたことを次のように語っている。

　　正直言うと、最初はどうなんだろうなあと思っていたんですよ、やったことないし、それで最初は大変だなあという思いの方が強くて……子どものなかで意見を出させ合って収拾つかなくなるとどうしようかなっていう感じもしていたんですよ。だから、最初はうわーっと思っていたけど…。（X/7）

　また、第1回目の学級会ということでナカニシ先生は議題選定に慎重であった。その理由について「どんな意見が出るかわからないということと、やっぱり、1回目って大事じゃないですか。だから議長に対して、もしこうね、野次とかが飛んだら二度としたくないとかいうところで」（X/7）と語り、実践知がないことや子どもの一言で状況が変わるかもしれないことへの不安感が窺えた。ナカニシ先生は、議題を学年やクラスの問題であると認識している「掃除について」か、「運動会優勝を祝う会について」にするか迷っていたが、優勝した子どもたちの気持ちが熱いうちにやりたいこと、学級会初心者というレベルにおいては1回目は楽しい議題の方がいいと思っていることを理由に挙げて、後者の議題を選択し担任提案という形で実施した。

　学級会当日の朝、ナカニシ先生から「2名の欠席者がいるので学級会を延期するかどうか迷っている」（FN・X/6/18）との相談があったが、熱心に準備を進めてきた議長団の子どもたちや他の子どもたちの期待を尊重して予定通り実施することを勧めた。ナカニシ先生の迷いの主な理由は、欠席児童の一人が指導の困難なタダシであることによるものであり、学級会で決まったことに関して後日タダシから文句が出るかも分からないことへの不安ということであった。一方、「昨日から子どもたちは学級会をとても楽しみにし

ていて、『明日、学級会や』と言う声が聞かれた」（FN・X/6/18）と子どもたちの様子を語っていた。実施後の改善協議において、ナカニシ先生は次のように語っている。

> 初めての学級会にしたら色んな意見が出て良かったと思う。書記の女子児童がとても上手に白板とノート記録をやってくれた。ただし、女子が挙手（発言）しないのが課題だと思う。子どもたちに良い変化が見られた。しかし、今日はタダシが欠席だったのでタダシが入るとどう変わるか分からない。大体、学級会ってこんなふうにするんだというイメージがつかめた。次は、「掃除について」を議題にしたいと思う。（FN・X/6/18）

ナカニシ先生は、他の場面でも影響を強く受けるタダシの欠席というジレンマを抱えながらの実践であったが、一方で子どもたちの姿に良い変化を看取していることが窺える。

ナカニシ先生は、第１回学級会で話し合ったことを１週間後の集会活動（お楽しみ会）に繋げた。その日の改善協議では「想像以上に学級会をやって良かったと思った」「お楽しみ会終了直後のタダシとｖのトラブルについては残念だった」（FN・X/6/25）と振り返っている。子どもたちによる進行のもと全員参加で楽しい集会活動が実施されたが、終了直後にタダシとｖのトラブルが起きたこと（第３章第３節（1）⑤参照）をナカニシ先生はとても残念であったと語っていた。そのようななかで、ナカニシ先生の学級会に対する認識は、次のように少しずつ変化していった。

> （議長団は）上手に進めたし、何より自分自身が変わったなあと思うのが、アンケート（学級会ノートの振り返り）を書かせたときにあれだけ子どもが満足していたというところが、あっ学級会ってこんなに子どもにとっては良かったんだなあって、自分自身が子どもの思いを聴いて、ちょっと見方が変わったっていうか…。（X/7）

　この語りからナカニシ先生は、学級会の実践と省察を繰り返し、児童の学級会ノートの振り返りから成果を看取し、子どもたちにとっての学級会の意味を問い直し始めたことが窺える。

③学級会実践の定着過程における意識

　ナカニシ先生は、第2回学級会の議長団の選出に関して「掃除について」という議題の難しさへの不安感も重なり次のような迷いを抱えていた。「議長団ですが、前回ジャンケンで負けた二人がｖとｗなんです。でもこの二人（が議長団の役割を担うこと）は心配なので、再度立候補を募って決め直させようかなと思っているのですがどう思われますか」（FN・X/6/25）。筆者は、「約束通りさせたほうがいいと思います。……ｖとｗは、自己肯定感が低いので、議長を経験することにより自信をつけるチャンスだと思います」（FN・X/6/25）と背中を押した。

　第2回学級会は、何か一つの意見にまとめたり決めたりするのではなくて、掃除の仕方について、一人一人の意識を促すことが目的であり、いわゆる「決めない学級会」のパターンであった。ナカニシ先生は、開始にあたって学級会の目的について「前回は楽しいクラスにするためでしたが、今回はより良いクラスにするためにで、目的が少し違います」ときちんと説明をした。その効果もあり、タダシもルールを守って積極的に参加し良い雰囲気のなかで学級会は終了した。しかしその直後にタダシと女子児童であるｅ子の間でトラブルが起きた（第3章第3節（1）③参照）。以下は、その日の改善協議でのナカニシ先生の様子である。

　　改善協議においてナカニシ先生は開口一番、学級会終了直後のタダシとｅ子のトラブルについて言及した。「いつも最後にもめごとが起こる」と、大分落ち込んでいる様子だった。「あれがなかったら完璧だったのに」と語り、しばらくして気を取り直した様子で「女子が発表できたことが嬉しかったです」と振り返った。（FN・X/7/2）

その後の話し合いにおいて、タダシとe子のトラブルは昨年度から解決されずにきている関係性がたまたま表面化したと捉えることができ、今後も起こりうる事象であると共に、背景に男女間の関係がギクシャクしていることもあることが確認された。筆者は、学級会活動の成果をそのトラブルと一旦切り離して評価することを提案した。ナカニシ先生は、学級会ノートの振り返り欄に書かれた子どもたちの反応や掃除の時間の観察等から、変化や成果を次のように捉えていた。

　議長団の児童が、達成感や自信をもち育ったこと。普段なかなか自分の思いを言えない女子児童が、学級会という場をきっかけに自分の意見をみんなの前で発言できたこと。友だちの意見を何か一生懸命聴こうという態度が育ってきたこと。掃除に対する意識がずいぶん子どものなかで変わったこと。（X/7）

④学級会実践の意味付けの変容
　ナカニシ先生は、「学級会の何が不安だったのか」について次のように言及している。

　自分がゆとりなかったら多分ああいうこと（学級会実践）できないだろうなあと、クラスがまあ落ち着いてきたのと、僕自身がクラスの子を安心して見られるようになったっていう、それがあってこそ学級会ができるかなっていう、学級会を当然しないといけないのだろうけど、まあ僕、去年のクラスだったらできなかったなあと。（X/7）

　ここでは、本来学級経営の手段としての「学級会」が、学級経営がうまくいっていないと実践できないという逆転した現象が起きていることが捉えられる（中村2016a：p.141）。
　ナカニシ先生は、ARを終えた7月以降、夏休み明けに第3回学級会を保護者参観で実施した。議題は、子どもたちの自主的な活動の拡大を企図した

「後期の係活動について」であり、後期から児童の自主的な係活動を開始する見通しをもっての議題設定であった。その後学年末まで計画的に実践を継続し、翌年度ナカニシ先生は6年生にもち上がり、卒業まで計7回の学級会を実践した。2年間の実践の経験を通して、ナカニシ先生の学級会に対する意味付けが変容したことが次のように語られている。

> 子どもに任せるっていう意味で、学級会というのは良かったと思います。子どもに任せる時間を与える、今までは僕が引っ張りまくりですからね、……教師の傲慢で引っ張ってもその場はいいけど、……いなくなったら極端に崩れると思うし、……子どもを伸ばす意味で学級会はとても大事だなあと思います。子どもの自律心というか、自分でクラスを良くしようとか、楽しい計画を自分たちの手でしようとか、そういうことが具現化されるのが学級会かなあと思って。子どもたちも書いていたじゃないですか。道徳は教師が前に立つけど、学級会は自分たちでやるみたいな、まさしくそれだなと思って。自分たちの力で何かを計画できるのが学級会の良さだし、計画だけではなくて話し合いをもてるというのも学級会の良さかなと思って。子どもたち一人一人も高まるけど、クラスとしても高まるというのが学級会だなあと思いました。(X+2/3)

このように学級会実践の経験は、ナカニシ先生に子どもや集団を育てることの意味の問い直しを促し、これまで自明の前提としてきた強い教師主導型の学級経営から子どもに任せる時間や機会を意識的に取り入れる学級経営への変容を促している。そこには、例えば道徳と比較した子どもたちの認識からも分かるように、他の教育活動とは異なる学級会活動の本質的な意義を子どもたちとナカニシ先生が共に獲得したことが捉えられる。そして「僕は、次の学校に行っても（学級会を）絶対しようと思っているんです」(X+2/3)と語っているように、その後初めての異動を経験したナカニシ先生は、後述するようにB校においても困難な課題を抱える学級や子どもの実態を踏まえて4月から計画的に学級会実践を開始した。

（2）学級会実践を通した意識変容過程の特徴

　以上の分析結果を、「職能成長の相互連関モデル」（図1−2）を分析枠組みとしてナカニシ先生の学習過程について整理し、そのうえで学級経営観の変容との連関を検討する。なお、以下の（1）〜（7）、（a）（b）は、図1−2内に対応する。

　学級会の実践知をもたないナカニシ先生は、AR において、筆者（外部資源）から学級会に関する経験や知識を情報や刺激として受け取り、学級会実践を試みた（1）。しかし、その段階では学級会に対する知識や信念、態度が変わり実践を試みたのではない。「やらないといけないと思ってはいたのですが（a）」と関心を示しつつ、「最初は大変だなあという思いの方が強くて（a）」と実践知がないことの不安感や葛藤を抱えながら、やり方を教えてほしい（b）と要望を出して筆者に背中を押される形で実践を試みたのである（1）。

　第1回学級会とその話し合いを連動させた集会活動の実践過程において、議題選定やタダシの欠席の影響、予期せぬ子ども間のトラブルの発生等について葛藤しながら省察（2）と実践（3）を繰り返すなかで、子どもたちの声

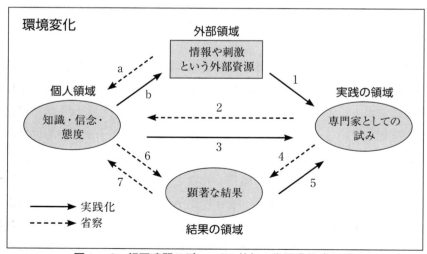

図1−2　相互連関モデルによる教師の学習過程（再掲）

出典：Clarke & Hollingsworth（2002）p.951, Fig.3 をもとに筆者改変。

や姿から思いがけない良い変化を成果として看取し（4）、「学級会ってこん
なに子どもにとっては良かったんだ」と少しずつ学級会に対する知識や信
念、態度が変化していく（6、7）。そうして、第 2 回学級会実践を試みる（5）。
その過程においても、議長団の選出や再び発生した予期せぬ子ども間のトラ
ブル等について葛藤しながら省察（2）と実践（3）と繰り返すなかで、議長
団の児童や女子児童、子ども間の関係性、掃除に対する意識等に顕著な良い
変化を成果として看取し（4）、「子どもを伸ばす意味で学級会はとても大事」
とさらに学級会に対する知識や信念、態度が変化していった（6、7）。そし
て、AR を終えた後も自律的に第 3 回学級会実践を試み（5）、5 年生後半か
ら 6 年生に進級したクラスにおいても卒業まで実践が継続されていった。

　このような学習過程において「行為としての変化のレベルと個人自らが信
念を変え安定的な自分のレパートリーとしていく知識や信念という認知レベ
ルでの変化の間に、実践化と省察の往還が起こ」（秋田 2009：pp.57-58）り、
ナカニシ先生自らのなかで「子どもに任せるっていう意味で学級会というの
は良かった」と意味内容を創り上げていくことにより学級会実践の力量を、
それは同時に学級経営の力量でもあるが、獲得していることが捉えられた。

　以上のように、クラークらのモデル（図 1 - 2）を用いてナカニシ先生の
学習過程を検討したが、学級会実践を通した意識変容過程について次のよう
に整理できる。

　第一に、他律的実践から始まったものであっても実践を継続しつつ自ら振
り返り意味を創る過程を繰り返すことを通じて、「主体的実践」へと変容し
ていくことが明らかになった。当初ナカニシ先生は、他者（筆者）からきっ
かけを与えられて実践を試みたが、自ら実践を振り返り意味付けていくこと
を繰り返す過程で、それまで自明の前提としてきた強い教師主導の学級経営
観を問い直し、子どもたちに任せる時間や機会を意識的に取り入れる学級経
営観を再構成している。よって、振り返り（省察）と意味付けのプロセスが
重要であると言えるであろう。

　第二に、意味付けのプロセスによって他律的実践から「主体的実践」へと
変容するだけではなく、子どものために教育のあり方として必要な実践を選

択するという教育実践者としての主体性を獲得していることが明らかになった。学級会実践は、ナカニシ先生に子ども自身の姿―子どもが自律的にクラスを良くしようと計画し、話し合い、実践する姿―を媒介とした気付きを促している。それは、個々の子どもや子ども間の関係性、集団を育てることの新たな意味や価値の気付きである。つまり、子どもを学級づくりに参画する主体として位置付け、子どもと共に学級をつくっていくことを指向する学級観への変容と言えるだろう。そして、こうした意識変容は、前述の児童間関係理解の観点を活かした実践による意識変容と連関しながら生起していたと思われる。

3. 学年団教師との実践の協働化による協働性の重視

　ナカニシ先生は、新任時から自分のクラスは「自分の力で何とかしたい」という強い気持ちを有していた。そして、他者（同僚教師）からの助言にそれまでは「うるさい」（X+1/7）と思っていたという語りにも表出されているように、個業意識が強固で閉ざされた学級経営観の特徴が浮かび上がる。また、そうした傾向はマツムラ先生の「（ナカニシ先生も自分も4年の担任時は）学級王国が強かったかなと思います」（X+1/6）の指摘とも符合する。
　このように強い個業的・閉鎖的指向を有していたナカニシ先生は、第3章で見てきたように、ARにおいて、学年団教師との学級経営実践の連携や協働を経験した。
　X+1年7月のインタビューで、AR終了以降の5年後半も、カワモト先生やマツムラ先生とさまざまな教育活動を企画し、実践化を図っていったことを次のように想起している。

　　夏休み明け以降で順番にいくとまずミニ運動会で、よくよく考えると結構短期的に色々な目標をもって、子どもを活躍させるために目標を作ったのですけど、その行事に向けて先生が一緒にがんばったのは、一つ、5年生のときの成果かなあと思います。……ミニ運動会も良かったし、学

習発表会もかなり 5 年がんばったなあと自分では思っているんです。3
人で H 川をテーマに劇を創ったあの台本も 3 人で考えて、効果音とか曲
の準備とか色々やったりとか、12 月、1 月も行事が一つ一つ進んでいく
なかで、縄跳びの大会もあったりとか、全員じゃないですけど学年で取
り組んだりとか、割と毎月のように子どもたちを活躍させるために目標
を作ったことで、こっちも計画的に動けたのは一つ大きかったのかなあ
と思います。子どもを活躍させるためだけど、でもなんかやった感がね、
やった感を得たいんですよね。やりきった感を。子どもにももたせたい
し自分たちももちたいし。そういう意味ですごく大変なんですけど、色
んなことを子どもにさせようと毎月アイデアを出し合ってきたことが良
かったのかなあという気はします。だから、楽しかったですね。(X+1/7)

　この語りから、子どもを活躍させる目的でさまざまな実践をナカニシ先生
が学年団教師と協働しながら創造していたことが窺える。そこには子どもに
達成感をもたせたいというナカニシ先生の思いが語られている。これらの実
践の中からミニ運動会の取り組みについて、X 年 10 月のグループ・インタ
ビューよりその背景と文脈の一端を見ておきたい。

　　マツムラ先生：ミニ運動会、あれとても良かった、うん。この学年はこ
　　　ういうのやなあと思って。別にスポーツに限らず学習発表会に向けて
　　　とか。……ユリとかの表情を見てすごい嬉しかって、うん、子どもら
　　　しい顔してるし。
　　カワモト先生：ユリが久々ね、すごい明るい顔してましたね。
　　マツムラ先生：みんな最後の表彰式までいい顔してるの、あれは大きい
　　　なあと思って。
　　筆　者：運営を子どもに任せたということについて教えていただけます
　　　か？
　　ナカニシ先生：お楽しみ会も計画させたらするし、今、野外宿泊学習も
　　　実行委員がしてるし、カワモト先生が言ってくれたのかな「実行委員

　募って子どもにさせてもいいの違いますか？」という感じで、「ああ、
　いいですね」となって、子どもに実行委員を募ったらたくさん手を挙
　げて……子どもたちがチーム分けを考えたり、何回戦するかとか、子
　どもたち自身が運営をするから文句とかが出なかったのかあと思うん
　ですけど。
　筆　　者：実行委員は何人位ですか？
　ナカニシ先生：女子は少なくて 3 人だけだったのですけど……男子が
　いっぱい出て、1 種目について 3 人の実行委員なので、5 種目なので
　全部で 15 人が実行委員をやりました。
　ナカニシ先生：開会の言葉は b が言って、閉会の言葉は e 子が言って、
　言葉は全部子どもに考えさせました。チーム分け、ルールの説明も全
　部子どもにさせました。（X/10：グループ・インタビューより）

　このグループ・インタビューから、できる限り子どもに任せて子どもを育
てたいという学年団教師の共通した思いが窺える。実行委員の子どもたち
が考えたルールには、運動の苦手な児童も得意な児童も共に楽しみ、活躍で
きるようにさまざまな工夫がなされていたという。またマツムラ先生とカワ
モト先生が挙げているユリは、4 年生までいわゆる目立たない児童の一人で
あったが、AR で課題を抱えていることが浮かび上がり（第 4 章第 3 節（3）
参照）、その後、学年団教師で注目して見守っているとのことであった。さ
らにナカニシ先生が語る「お楽しみ会」は、学級会での話し合いで集会活動
に繋げた実践のことであり、看取した学級の成果を学年の実践に繋げていこ
うとした意識が捉えられる。
　以上から AR を契機として萌芽した連携・協働は、学年団教師の積極的な
関わりによる子どもを中核に据えた学年単位での実践の協働化へと発展し、
そうした経験を通してナカニシ先生の意識や行為が閉じた学級から学年に開
かれていったことが次の語りからも窺える。

　何て言ったらいいのかな…、クラスの壁が低い気がしますね。そのと

き（ベテランの教師と組んだ学年）より。クラスの集団が大事なときも
あれば、要らないときもあると思うのですが、自分のクラスという、ク
ラス（強調）、クラス（強調）っていう感じだったんです。だから、自
分のクラスはちゃんとしようという思いがとても強かったんです。……
でも、他のクラスの子との関わりは少なかったんですよ、僕も他の先生
も。僕はまだそこまで余裕なかったし。でも今は何かこうクラスあるけ
ど、隣のクラスも何か自分のクラスみたいな、そんな意識は今ありま
す。自分のなかに。……だから、隣のクラスにすうっと入っていけるし。
（X+1/7）

　実践の協働は、ミニ運動会のような学年集会的なものだけでなく、個々の
児童への日々の関わりにおいても捉えることができる。例えば、ナカニシ先
生は「全体的に 3 人でみんな（学年の児童に）声をかけて関わっているから、
その（児童に関わる）話をしたときに、みんなが『いあや、でもこうでした
よ。ああでしたよ』とかいう話をしてくれるから、その子の話題を 3 人で喋
れると思うんですけどね」（X+1/7）と振り返っている。ナカニシ先生が同
僚と相補的な関係で子どもを見ていこうとする変化と共に、学級を開き、自
身が他者（学年団教師）に開かれていることが推測される。このように日々
の実践の協働化によりナカニシ先生自身が徐々に他者に開かれるなかで、も
う一方では、子どもとの関係性を築くなど、できる限り自分の力で何とかし
たいという強い自律性は維持されていた。

　基本は自分の力で何とかしたいと思っています。でも、何とかならない
ところがあるし、そこは任せようと思っていますけど、でも子どもとの
関係とか、そこは、自分の力で何とかしたいと思う。他の人の力を借り
ることもいいかもしれないのですけど、もっとね、成長したいんですよ、
自分自身が。もっとこう子どもの良さを引き出せる先生になりたいので、
自分のなかで周りに頼り過ぎると甘えてるのかなと思ってしまう、僕は、
まだ。……でも知らず知らずにいっぱい助けてもらっているので、うー

ん、まずは、楽しいですね、何か普通に職員室にいて喋ったりするとき
とか楽しいし、あとは安心できるし、うん。（X+1/6）

　この語りには、子どもの良さを引き出せる教師に成長するために自分の力
で解決して力量をつけたいという強い思いと、学年団教師との協働性や相補
的な関係性による安心感という葛藤が窺える。しかし、このような葛藤は他
者との相互作用や協働において生じるものであり、自明視されていた従前の
個業意識の問い直しを促すであろう。

　ところで鈴木（2010）は、ハーグリーブスが教師の個人主義についてステ
レオタイプ的に否定するのではなく、教師が自律性や創造性を確保する順機
能の面にも着目していることにより大きな関心を向ける必要があると指摘し
ている。ナカニシ先生の場合、彼の強い個業意識（個人主義）は、「子ども
の良さを引き出せる先生」になるために「自分の力で何とかしたい」という
自律性や創造性の基盤になり、他方では、閉ざした学級経営（観）の基盤に
もなっているとも思われる。ナカニシ先生の学級経営観の特徴を捉えるには、
まずもってそうした両機能の面が内包されていることに留意する必要がある
であろう。

　ナカニシ先生に見られた個業意識の強い学級経営観から他者（学年団教師）
との協働性志向の学級経営観への変容には、先に挙げた教育実践を含めたカ
ワモト先生とマツムラ先生の3人による1年間の協働の経験が影響を及ぼし
ていたと思われる。例えばその一例として、子どもの指導に関して「僕では
引き出せなかった力を、マツムラ先生の関わりとかカワモト先生の関わりで、
伸ばしていただいたこと」（X+2/3）が挙げられている。そうした背景には、
ナカニシ先生が担任として指導に困難を感じていた配慮を要する児童である
タダシへの支援のみならず、学級の枠を超えた学年全体の児童への学年団教
師3名のそれぞれの関わりや支援があった。

　また、ナカニシ先生は性差による理解の限界を感じ指導に困難を抱えてい
た女子児童を5年と6年のクラス替えの際にカワモト先生に引継ぎ託したこ
とを「悔しい」けど任せて「良かった」と思っているとも語っている。一方

で、カワモト先生が指導に困難を抱えていた b を 6 年のクラス替えでナカニシ先生が引き受け、b とのより良い関係を築いて卒業させている。このような子どもを中核にした日常的な教師間の双方向の関わり合い——対話や支援——は、ナカニシ先生に従来の個業の学級経営観の問い直しを促す要因となったことが推測される。しかしながら、「自分の力で何とかしたい」という強い個業意識や自律性は、「悔しい」の感情に象徴されるように、ナカニシ先生に葛藤をもたらしていたことが以下の語りから窺える。

> えーと、女子。女の子は、これは、自分の力を越えている気がします。男だからという意味でどうしようもない。だからクラス替えのときに、悔しいけど任した子がいました。e 子もそうだし、4 年（5 年進級に向けてのクラス替え）のときはユリとかm子とか、本当は悔しかったんですよ、手放すの。何か自分で見切れないし、カワモト先生に託すみたいな感じがして、伸ばしてあげられない子を次の担任の先生に送るのは、僕のなかではかなり悔しいんですよね。「ここまで伸ばしたし、お願いします」という引き継ぎがしたいんですよ。でも、（任せてみて）良かったなあと思いました。やっぱり正解だったなあと思って。（X+1/6）

この語りからは、対応に難しさを感じる女子児童を、葛藤しながらも子どものためにはクラス替えで他の教師に任せて良かったと納得することにより、個業の限界を受け入れ、同学年教師との連携・協働の必要性を看取していることが窺われる。

ナカニシ先生は、X+2 年 3 月の卒業式直後のインタビューで、次のように語っている。

> 子どもにとって同じ 1 年だったら、それは、子どもが伸びる 1 年の方がいいと思うので、そういうときに、自分で一生懸命するだけではなくて、その子に関わるベストの状態をつくってあげるというか、その子にとっての最高の 1 年にしてあげるためには、自分一人では無理なところが絶

対あると思うし、そのときに、学年団というのはすごく大事になってく
ると思うので。何か自分中心に考え過ぎてたところがありますね、僕は。
(X+2/3)

　このようにナカニシ先生の学級経営観の変容の特徴として、個業の順機能
である自律性を維持しつつ、どの（すべての）子どもにとっても「最高の1年」
にするためには、葛藤を内包しながらも他者（学年団教師）との協働が重要
であることを、包摂志向の学級経営改善の実践を通して認識していったこと
が捉えられた。つまり、従前の閉じた学級経営観ではなく、他者との協働を
重視する他者に開かれた学級経営観への変容である。

4.　異動校（B校）における子ども主体の学級経営実践の継続

　本節では、A校において問い直しと再構成が捉えられたナカニシ先生の学
級経営実践や学級経営観が、初めての異動校においてどのような様相であっ
たのか、その特徴について検討する。用いるトランスクリプトは、B校でナ
カニシ先生とU校長に実施したインタビューデータに基づくものである（調
査日：X+4年3月）。

(1) B校における2年間の学級経営実践の特徴

　ナカニシ先生が初めて異動したB校は、A校と同様に社会経済的に厳し
い地域にあり、多様な背景を抱えた子どもが多く在籍していた[79]。学力向上
はもとより生徒指導上の問題が学校経営の重点課題となっている点もA校
と同様である。また、全学年単級編制である。
　1年目は6年生を担任し、生徒指導上の困難に直面したと述べている。学
年当初は子どもたちとの関係も良好で順調に学級経営が進んでいたが、ゴー
ルデンウィーク前ぐらいから一部の児童に逸脱行動が出始め、「こう徐々に

---

[79] 例えば、要保護・準要保護の家庭の割合が6割を超えるのは、A校と同じ実態である。

徐々に、でも確実に崩れてい」き、「また新しいしんどさを経験した」１年だったと回顧している。そして「どこでボタン（を）かけ違えた」のかという振り返りを毎日していたが、結局結論が出ず「すごくこう悔しい１年だったなあっていう、もう無力感というか」と今後に繋がる要因が見出せていないしんどさを抱えながら、２年目を迎えたという。その間は、同僚教師（単級のため他学年の教師）や支援員、管理職などの支援を進んで求めながら学級経営改善のための方法を考え取り組んだ。

　例えば学級会を実践し、子どもたちは初めての経験ということもあり関心意欲をもって取り組んだ。しかし、結果として一部の児童の逸脱行動はやまず、卒業まで学級経営改善には至らなかった。こうした困難な学級経営において、ナカニシ先生はＡ校でのカワモト先生・マツムラ先生との協働の経験を活かして、進んで他者（同僚教師・支援員・管理職）の支援を求めたという。Ａ校での初期状態に見られた強い個業意識を対象化して、ナカニシ先生は以下のように述べている。

　　変なプライドがずっと僕はあったんで、……自分で全部したいっていうのが最初あったじゃないですか。あったんですけど、もうカワモト先生と組んだときからそれが本当になくなってきて、「ああ無理なものは無理だな」って。無理だけど別にいいかという感じがあったので、Ｂ校に異動してきた１年目なんかは、最初からそのつもりだって、もう自分一人じゃ無理だし、周りとてもいい先生が多いので、もうみんなに助けてもらおうと思って去年もスタートして。

　２年目はＵ校長が「一番厳しいと言われている２年生の担任をもってもらっ」たと語るように、入学時から生徒指導面や学習面で重い課題を抱える２年生を担任した。ナカニシ先生は４月当初から２名の女子児童の生徒指導上の課題に直面したが対応策として、保護者と児童の三者面談を考えて実践したという。「親を巻き込んで親と共に足並み揃えて指導したいなあっていう」思いで提案し、２名の保護者も同意したということであった。１か月に

1回の割合で継続したこと、三者面談の場を子どもの振り返りと今後の変容の希望の場に位置付けたことが功を奏し、この取り組みは「面白いぐらい効果出ました」と評価している。

　さらに、学年スタート時からナカニシ先生はベテラン支援員との協働を進んで位置付けた。このベテラン支援員は早期退職した元教師であり、その力量を見抜いていたナカニシ先生は、「是非見習わせてください」「一緒に二人でやらせてください」と学びたい思いを伝えてスタートしたという。また、児童には年度当初に「この二人で君たちを見ていくからな」と紹介をしてスタートした。そこでの協働の内実について、例えばナカニシ先生は以下のように述べている。「パワーがすごくある学年なんで、僕は毎日外に出て子どもと一緒に遊んでるんですよ。そのなかで宿題を仕切れなかった子は、教室に残ってその（支援員の）先生がいつも休み時間勉強を教えてくれてます。素晴らしいです、本当に」。ここでは、支援員との任せる／任される関係の協働が捉えられる。こうした協働の効果について、U校長は「もう学校中の誰もが羨むほどというか、なんでこんなに変わるのやという位、変容を見せたのは（支援員との）協働的な指導体制のおかげかなあという風なことは思いますね」と語っている。

　また、2年生の児童の実態に合う形を工夫して学級会を実践した。学級会の取り組みは1年間を通じて子どもたちの関心意欲が高く、学級経営改善に非常に有効であったという。前述の2名の女子児童も議長団に立候補し、活躍する姿が度々見られたということであった。

　　今年（の）2年生ももう大好きで（強調）学級会、これはもう嘘じゃなく、「あっ、また2年1組会入ってる」みたいな時間割見たときに。……2年1組会っていうのが学級会の名前なんです。

　ナカニシ先生は特別活動の話合い活動である学級会をA校で初めて実践し、その有効性を感じていたので、B校でも継続して取り組んでいた。そうしたなかで、学級会の取り組みが子どもにとって「不思議な力」があり、学

級経営にとって「すごくこう学級会っていいですよね」と再認識したという。

　　本当に不思議な力あるなあって思います。学級会やらせてもらって思い
　　ますけど、……ある程度筋道立てて、言ったらもう司会原稿も2年生だ
　　しほぼ作ってあげて、まあ僕がちょっとこう教えながら進めてるんだけ
　　ど、すごくこう自分らが進めてる感じがあるんでしょうね。すごい達成
　　感があるらしくて、振り返りもほんとにいつもマイナスの振り返りが学
　　級会ノートにないんですよ。議長団にしろ他の子にしろ。「僕がやりた
　　い遊びに決まって良かった」とか「色んな意見が出てきて楽しかった」
　　とか「次この会をするのが楽しみです」とか。

　このように2年目の学級経営がより良く改善されていったことは、次のナ
カニシ先生の語りにも表れている。「本当に子どもが『楽しい』って毎日言っ
てくれるんですよ。あんな大変だったんですけど」。

(2) B校における2年間の意識変容過程の特徴

　以上のように新たな学級経営の困難や課題に直面するなかで捉えられたナ
カニシ先生の学級経営における意識や行為の特徴は、以下の3点に整理でき
る。

　第一に、1年目に経験した困難について、子どもや家庭の責任に帰するの
ではなく「どこでボタン（を）かけ違えたのか」と自身の教育実践に引きつ
けて毎日振り返りながら実践を続ける姿勢である。当該学年の子どもたちが
生活する家庭や地域の厳しい実情を考慮すると、自身の学級経営のあり方に
引きつけて振り返りを継続することは、なかなかできるものではないであろ
う。にもかかわらずナカニシ先生は、子どもとのズレを感じ始めた5月以降
から継続して自身の学級経営のあり様を問い続けながらさまざまな実践を試
みてきたという。

　第二に、単級であっても進んで同僚教師や支援員との任せる／任される関
係の協働化を取り入れた他者に開かれた学級観である。

　第三に、子どもの成長や学級経営の改善により良いと思う方策、例えば三者面談や学級会等を考え、選択し、実践化を図る自律性・主体性である。三者面談の取り組みは、教師と子どもと保護者との連携・協働と言えるであろう。また、学級会実践では、生徒指導上の困難な課題を抱える子どもも包摂しながら、子どもを学級を構成する主体として位置付け、子どもと共に学級をつくっていくことを指向する子ども観や学級観が読み取れる。学級会実践は、教師と子どもとの協働と言えるであろう。ナカニシ先生は協働を取り入れる学級経営について、次のように述べている。「みんなでやる方が楽しいですね、学級経営というかクラス」。

　U校長はこうしたナカニシ先生の2年間の学級経営の様子を見て「学級経営の基礎になるものというのをもち合わせた人」と評価している。ナカニシ先生は、自身の学級経営観の変容について、以下のように語っている。

　　あってるかは分からないんですけど、今思っているのはなんか子どもが楽しかったらそれが一番かなあと思うんです。僕が思うように子どもが動く、なんかうまく言えないんですけど、自分の思うように子どもが動いてたら多分満足していた自分がいたんですけど、そうじゃなくて、色んな人の力（を）借りながら子どもが楽しくクラスで活躍してくれるようなクラスになるための最善の方法をとれるのが一番いいのだろうなあと最近思います。なんかそれにたくさん自分が力を出せたらいいなあっていう。なんか上手に言えないんですけど。

　こうした語りには、教師の思うように子どもが動くことを指向する初期に見られた強い教師主導の管理主義の学級経営観から、他者（同僚教師・支援員・子ども・保護者）との協働を取り入れながら子どもが主体で楽しく活躍する包摂の学級づくりを志向する学級経営観への変容をナカニシ先生自身が明確に認識していることが捉えられる。つまり、A校で問い直しがなされ再構成された学級経営観―すべての子どもにとってより良い1年にするために、他者との協働を取り入れる子ども主体の開かれた学級経営観―は、B校

においてさらに多様な他者（同僚教師・支援員・子ども・保護者）との関係性のなかで継続・発展していたことが窺える。

　加えて、B校のように学習・生徒指導両面にわたって困難な課題を抱える学校での単級の学級経営は、個業では特にメンタル面でしんどさを抱えることになると実感したという。そして他者（同僚教師・管理職など）に「開けない先生からしたら本当に孤独でつぶれていくと思」うとも語っている。つまり、子どものための教育実践のあり様のみならず、他者に開かれることにより個業の「孤独」を緩和・調整し、自己の職務環境をコントロールすることができる他者との協働化の意義を看取していることが窺える。このようにみると学級経営／学級経営観のあり様は、教職の存続（生き残り）にも連動していることが浮かび上がる。

5.　4年間にわたる意識変容過程―管理主義から自律性志向を維持した子ども主体と協働性重視の学級経営観へ

　本章では、A校においてナカニシ先生が新たな実践の創造―子どもの関係性に意識的に着目する観点の内在化や実践、学級会実践、すべての子どもが活躍できる多様な教育活動―により、子どもの良い変化を目の当たりにしたこと、さらに学年団教師との協働や相互作用の影響を受けたことにより、初期状態の学級経営観を問い直し再構成していく過程が明らかになった。さらに、そうした学級経営観は、異動校においても継続・発展していたことが確認された。まず、A校における学級経営観の変容の特徴については、以下の3点に整理できる。

　第一に初期状態の強い教師主導の管理主義から児童に任せたり委ねたりする子ども主体の指導観への変容、教師－児童の二者関係に終始しがちないわゆる目立つ子中心から目立たない子や関係性、学級全体を視野に入れた学級理解の広がりへの変容が捉えられた。加えて、学年団教師と情報の共有が図られ、多面的な児童理解や関係性理解の視点を取り入れ、そのことがナカニ

シ先生の指導観の変容に繋がったことが示唆された。

　当初ナカニシ先生は、「将来もっとしっかりしてほしい」という思いから自身の価値・信念を優先する強い教師主導型と思える自己流の学級経営観の特徴が捉えられ、「子どもを強く引っ張る」というスタンスや他者に閉じた個業意識（個人主義）による指導が見られた。そうしたスタンスは、ナカニシ先生の「自分の思うように子どもが動いていたら多分満足していた自分がいた」という振り返りにもあるように、管理主義的とも言える。こうしたナカニシ先生の強い個業意識は、閉ざした学級経営観の基盤になっていたと思われるが、一方で「子どもの良さを引き出せる先生」になるために「自分の力で何とかしたい」という強い自律性や創造性の基盤となる順機能の面を有していたと捉えることができる。つまり、ナカニシ先生の初期状態の学級経営観には、そうした個人主義の両機能の面（鈴木2010）が内包されていた点が特徴的である。

　第二に、学級会実践の過程において子どもを非力な存在として見なす子ども観から学級づくりに参画する主体として位置付ける子ども観への変容が捉えられた。ナカニシ先生は学級会実践を通して、子ども自身の変容を媒介とした意味内容――「子どもに任せるっていう意味で学級会というのは良かった」――をつくり上げていった。そして、子どもに任せる／委ねる活動を取り入れることにより子どもの参画を促し、個々の子どもや子ども間の関係性、集団を育てることの新たな意味や価値に気付き、子どもと共に学級をつくっていく学級観への変容へと繋がっていったと思われる。

　第三に、自身の学級に閉じた個業の学級観から他者や学年に開かれた学級観への変容が捉えられた。初期状態のナカニシ先生の学級観は、「自分のクラス、クラスっていう感じ」という閉じた視野に限定されがちであったが、「今は何かこうクラスあるけど隣のクラスも何か自分のクラスみたいな」学年に開かれた学級観へと変容していったことが読み取れた。

　以上のように、ナカニシ先生は子ども同士の関係性に意識的に目を向け理解したり育てたりする実践化（実践と省察の繰り返し）を通して、子どもの良い変化を目の当たりにし、子ども観や指導観、学級観を基盤とした学級経

営観の問い直しと再構成を行ったと捉えることができる。加えて、学年団教師との相互作用や協働を通じて、他者や学年に開かれた学級経営観へと変容していったと言えるであろう。

　さらに異動校においても、A校で問い直し再構成された学級経営観—①教師主導から子ども主体への指向性、②子どもを学級づくりに参画する主体として位置付ける指向性、③開かれた学級観、④初任時からの強い自律性を維持しつつ協働性重視—は、学級経営改善の基盤として維持され、さらに発展していた。

　ナカニシ先生の学級経営観の変容過程において見られた特徴は、個業の順機能である自律性を維持しつつ、すべての子どもにとって「最高の1年」にするために、葛藤を内包しながらも他者に任せる／任される関係の協働性を内在化していったことであると捉えられる。こうしたナカニシ先生の学級経営観の変容と連動した教職観—子どもの人生に何か残したい—には、従前の閉じた学級観による「（何かを）残してその子たちを卒業させたい」ではなく、他者との協働を進んで取り入れながら「子どもの人生に何か残」せるような子どもにとって「最高の1年」にしたいという他者に開かれた教育観や教職観への変容があると思われる。

　本章でこれまで見てきたような指導観や子ども観、学級観は、相即不離の関係にあり密接に関連し合いながら指向する学級経営のあり方、つまり学級経営観の変容の基盤をなしていったと思われる。このように、実践のスキルや知識の変化のみならず、学級経営観に至る変容をA校の2年間で内在化していたからこそ、異動校においても、さらに多様な他者（同僚教師・支援員・子ども・保護者）と実践の協働化を図りながら、子どもが主体で楽しく活躍する／できる学級づくりを指向する学級経営観を確立していったと言えよう。よって、4年間にわたる意識変容過程は、管理主義の強い教師主導からすべての子どもの多様性を包摂する子ども主体と協働性重視の学級経営を志向する学級経営観への変容過程として意味付けることができる。

　図5−1は、A校と異動校の4年間にわたるナカニシ先生の学級経営観の変容の特徴を示したものである。

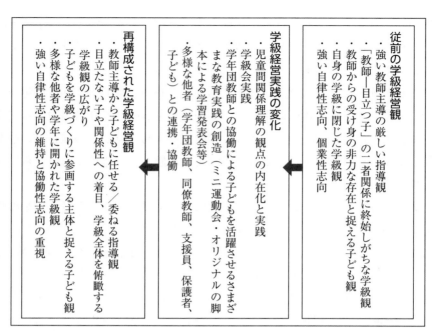

図５−１　ナカニシ先生の４年間にわたる学級経営観の変容の特徴

出典：筆者作成。

子どもの問題に目を閉ざしがちな
第6章　強い他律性志向から子ども主体と
協働性重視へ—カワモト先生の事例

　本章では、第5章に続いてカワモト先生の包摂志向の学級経営実践を通した意識変容過程を描出し検討する。具体的には、まず第1節で、教師による児童間関係理解に基づく実践を通じた意識変容過程について、第2節で、学級会実践を通じた意識変容過程について、第3節では、学年団教師との学級経営実践の協働化による意識変容過程の様相について、その内実を分析する。そして第4節では、異動校における2年間の学級経営実践と意識変容過程の特徴について分析する。最後に、第5節では、カワモト先生のA校からの4年間にわたる学級経営実践を通した意識変容過程の特徴について整理する。

1. 「教師による児童間関係理解」に基づく実践を通した
　　指導観の変容

　本節では、学級経営改善の方策として取り組んだ「児童間関係理解」に基づく実践の過程で、どのような教師の意識変容があったのか、その内実を抽出し分析する。

(1) 初期状態に見られた意識と行為の特徴—子どもの問題に目を閉ざしがちな指導観

　カワモト先生はA校で、3年（講師）・4年・5年・6年生を担任し（児童は毎年クラス替え有り）、新規採用後4年目に学年団教師と筆者とのARに臨んだ。それではカワモト先生の初任時からの学級経営における意識や行為

の特徴は、どのようなものであったのであろうか。

　カワモト先生の初期状態として、初任時から4年間もち上がった学級経営において「女子同士の関係が難しかった」ので、当時の校長の「そこにもう足を踏み入れない方がうまくいく、理解していることがあっても、こっちが把握していることがあっても波風立たないように」（X+2/3）という指導方針を受け、「（問題から）避けていた部分があったし、目を伏せがち」（X+1/7）であったと振り返っている。こうした語りからは、子どもの問題にできるだけ関わらない、等閑視しがちな波風立てない指導観が窺える。また、「結構もう本当に受け身で、新しいこともするのも苦手」で、「これ以上望まなくても、今がいいんだからいいんじゃないかみたいなっていう感じだった」（X+2/3）と述べている。ここでも、新たな教育実践に対する消極的な姿勢が浮かび上がる。

（2）「児童間関係理解」に基づく実践と意識変容との関連

　こうした指導観を身に付けて5年生の担任となったカワモト先生は、第4章で見てきたように年度当初からいきなり授業が成立しにくいという学級の危機を迎え、ARにおける学級経営改善の方策として、児童間関係理解の観点を活かした実践に取り組むことになった。

　例えば、「逸脱行動を繰り返す3名の児童の指導の困難さ」に対応するため、3名の児童の関係性に着目し「チームで、3人に一人ずつそれぞれに話」をしたり、「ナカニシ先生が去年からの関係で、個別に呼んでもらって話をしてもらったりしたこともあ」ると述べている。こうしたチームでの協働を通じて「情報の共有がたくさんできるので、私だけの見方じゃなくて、色んな先生から教えてもらうことで、また、私の見方も増えていくし、児童間関係理解に繋がっていく」と、他者の多様な見方を取り入れ子ども理解や子ども間の関係性の理解に活かすことの有効性を見出している。

　筆者が提示した「児童間関係理解」の観点について、カワモト先生は、「児童間関係理解っていうのを教えてもらってから、友だち同士の関係を意識して見るようにな」り、「気になるなあと思ったらもっと深く見ようとするよ

うになる」と子ども同士の関係性に着目するスタンスの変化に言及している。さらに「そこまで深くは見てなかったなあと思います。クラス全体としては」、「今度は意識して違う子を見てみようとか、その辺の意識も変わりました」（X/7）と自身の意識変容を捉えている。また、「席替え」や「班編成」などの実践にも活用できるようになり、そのことが「授業の落ち着きにも繋がってきてるんじゃないか」と分析している。児童間関係理解の観点の内在化と実践化を通じて、子ども間の関係性への意識的な着目が促され、さらに「クラス全体」へと学級理解が広がっていることが読み取れる。

　加えて、カワモト先生は子ども理解のオリジナルの実践である「こころのノート」を活用し、思春期を迎えた難しさを抱える児童の実態に寄り添う取り組みや児童同士の関係を架け橋になって繋ぐ取り組みをしている。「こころのノート」には児童間の関係性の悩みが書かれていることが多いという。この取り組みのなかでカワモト先生は「子どものSOS（を）出してくれることもありますし、私が把握できてないことも教えてもらえるからいいなあと思」う反面、その内容の重さや自身の理解との齟齬に「自分のこの力のなさをズーンと痛感する」（X/7）と省察している。児童の事実に寄り添うことは自身の力量不足を突き付けられることにもなると捉えていた。

　カワモト先生は、AR終了以降も同僚教師との日常的な情報の共有、「こころのノート」の取り組み等も含めて児童間関係理解を意識した実践を継続させた。例えば、いわゆる目立たない子への注目について6年生にもち上がった6月のインタビューで次のように語っている。

　　今日この子と喋ってないなあ、喋りにいこうとか、まあ、fに喋ったら「ハハハハハ」て言われて終わりとかもあるんですけど、あとは、いいことを見つけて帰りの会で発表をしているから、絶対誰か言ってあげようと思って見ているんで、この子はこの前言ったのでじゃあ次は違う子と思って注目するので。（X+1/6）

　fは、自分から担任教師に話しかけることはほとんどない、いわゆる目立

213

たない児童であるという。また、カワモト先生は、毎日の帰りの会で担任教師として見つけた子どもの良いことをクラス全体に発信する取り組みを継続していた。その取り組みでは、全員の児童に注目することに、より意識的になったと語っている。このように、カワモト先生は、児童間関係理解の観点を取り入れることによって大きく変わった学級経営実践として、目立つ子中心ではなく周辺化されがちな目立たない児童が抱えているだろうしんどさにも意識的に注目するようになったことを挙げている。また、初任時からの4年間を振り返り、子どもの一人一人は見ていたけど子ども同士の繋がり（関係性）は見れていなかったと自身の実践を振り返っている。

　　カワモト先生：なんかね、前の学年の子どもたちには申し訳ないですね。
　　　本当にそう思います。
　　筆　　者：振り返って。
　　カワモト先生：うん振り返って。5年生の1年終わってちょっと気持ち
　　　に余裕が出てマツムラ先生がいなくても大丈夫っていうちょっと自
　　　信がついて、最近4年間のことを振り返るんですけど、もっときっと
　　　できたはずとか思って、女の子同士のいざこざとかも、絶対もっと早
　　　くに気付いてあげれてただろなとか思って、児童間関係理解のとこで
　　　すけど、子どもの一人一人は見ていたけどやっぱり繋がりっていうの
　　　を見られてなかったし、もっと何とかしてあげられたんだろうなあと
　　　思って反省してます。
　　筆　　者：裏を返せばカワモト先生の成長ですよね。
　　カワモト先生：…成長してます。……がんばっていると思います。
　　筆　　者：何にがんばっていられるか話してもらえますか。
　　カワモト先生：何にがんばっているかというと、よく（子どもの）話を
　　　聴きます。（X＋1/6）

　これらの語りからは、児童間関係理解を意識した実践の継続は、子どもの話をよく聴くという新たな児童への関わりの変化を生起させていたことが窺

える。鷲田（1999）は「＜聴く＞というのは、（中略）単純に受動的な行為なのではない。それは語る側からすれば、ことばを受けとめてもらったという、確かな出来事である。（中略）聴くことが、ことばを受けとめることが、他者の自己理解の場を劈く（ひらく）ということであろう」（p.11）と論じている。例えば「こころのノート」の活用は、児童の心に土足で踏み込むためのツールではなく、多面的な理解（児童理解・児童間関係理解）の視座を拠り所としながら、児童の事実に真摯に向き合い児童の声を聴くことに繋げる方法であったからこそ、児童はそこに本音を書くようになっていったと思われる。カワモト先生の子どもの事実に寄り添いながら関わり・聴く姿勢への変化が確認できる。

　カワモト先生は、X+1年7月のインタビューで価値観が大きく変わったことに言及しているが、その一つに児童間関係理解の観点を導入したことによる子どもの見方の変化があるという。

　　カワモト先生：○○先生（筆者）がああやって児童間関係理解とか言ってくれたのもあるし、なんか滅多切りにされたのもあるし、とかとか色々なことが重なってますけど、なんか価値観が変わりました、去年1年間でがらっと（強調）。だから、前の4年間の子たちもすごく好きだったんですけど、あれは果たして先生として色々なことを教えてあげられたかなと思うとそうじゃなかったなと思う4年なんです。この1年半は（ナカニシ先生とマツムラ先生に）色々教えてもらったり巻き込まれたりしながら、なんか楽しくなってきたころです。
　　筆　　者：具体的に子どもの見方とかの価値観も変わりましたか？
　　カワモト先生：変わりました、変わりました。
　　筆　　者：例えば？
　　カワモト先生：結構私は、今まで一歩引いて見ていたと思うんですよ。また、あんなことをしているわとか。だけど、（今は）ちょっと入り込んで話を聴いたりとか、一緒になって遊んだりとか、そんな感じですかね。前の子たちは、ややこしいことがもっとあった気がするんで

　す。女子同士の人数が多かったので、そのことに私も避けていた部分
　があったし、まだということもあったりで、目を伏せがちというか。
　（だから）多分ごちゃごちゃが、また、こんなに大きくなったりとか
　していたと思うんですけど。何か話をしていたりするからこそ、今は
　余計に早めにストップできていることもあるかなと、大きく問題にな
　らずに女子とかが過ごせたりするのもあるのかなと思ったり、（不登
　校傾向の）ｅ子がこっそり話をしてくれたりとか、（学級のリーダー
　として活躍する）ｋが（学級のことを）言ってくれたりとかもあるし、
　このレーダーはちょっと広範囲になったと思います。（X+1/7）

　カワモト先生が「がらっと」変わったと語るほどの大きな価値観の変容の
要因の一つとして、児童間関係理解という新たな観点の内在化があり、その
ことは子どもの見方を変え、子どもの事実から目を逸らさない積極的な関わ
りや指導観への変化に繋がっていったと思われる。
　カワモト先生はＡ校に講師として赴任し、その翌年に新規採用されて教
職人生をスタートしている。つまり４年間の学級経営の振り返りは、入職時
からの４年間の教師としての振り返りでもあると言える。この点を考慮する
と、「価値観が変わった」と捉えている５年生の１年間は、カワモト先生にとっ
て職能発達の重要な転機として意味付けることができるであろう。
　カワモト先生は、卒業式前のインタビューで子ども理解について、生徒指
導の基本とされている児童理解に偏重するのではなく、子ども間の関係性の
理解にも意識的になることの重要性を看取したと以下のように語っている。

　こころのノートを教えてもらってから、本音も聴けたりとか、こっそり
　その子に話ができたりとか、子どものなかに介入する方がやっぱりうま
　くいくっていうのが分かって、いち早くそれに介入して何とかしてあげ
　ようかなっていう思いは出ました。うん、予防ですね。あとは現状把握
　とか児童理解とか関係性の理解とか。一番大きかったのは、児童理解だ
　けではなくて、こう多面的というか児童間関係理解が大事かなと。その

子を知るのはなんかもう自然としようとできるようになったというところで、後は児童間関係理解はやっぱり意識していないと見落としてしまう部分もあったり、私のこのレーダーからそれている部分もあったりするので、結構意識してきたかなあとは思います。……児童間関係理解がやっぱり衝撃が大きかったのと、……結局、児童間関係理解に関わっていくんですかね、学級経営には繋がると思うんですけど。そういうのを常に意識しておかないと学級経営が成り立たないというかうまくいかないという。（X+2/3）

　これらの語りからは、子どもの事実に向き合い子どもに積極的に関わり寄り添うことを、予防の生徒指導として捉えていることが窺える。そして2年間の実践化を通じて、児童理解だけではなく多面的な理解の観点として児童間関係理解を常に意識することはより良い学級経営に繋がると意味付けている。社会経済的に厳しい家庭環境にある当該学年の児童の実態として、他者との関係の築きが苦手な児童が多く見られ、SNS上のトラブルも含めて学校外での子ども同士の関係性に関わる問題が学級（学校）での生活にもち込まれることも多発していた。こうした実態を踏まえた学級経営において、子どもの抱える事実に目を閉ざすのではなく、できるだけ掬い取り、聴き、時には見守ったり、時には介入したりする関わりの指導が必要であることをカワモト先生が看取したと言えるであろう。ヨシオカ校長はX+2年2月のインタビューで「（カワモト先生とナカニシ先生は）子どものことが掴めたから……そのことで判断がしっかりできるようになったり、……それが（二人の）この間の成長かなと思う」と述べている。
　カワモト先生自身が「価値観が変わった」と捉える要因の一つになっていた児童間関係理解の観点の導入による意識変容過程の特徴として、子どもの問題を等閑視し波風立てないことを指向する初期状態の指導観から子どもの事実に寄り添いながら積極的に関わる・聴くことを指向する指導観への変容が捉えられる。そこでは、従来の目立つ児童への着目に終始しがちだった学級理解から、目立たない児童を含めたすべての児童への着目や児童理解にと

どまらない児童間関係理解を意識した多面的な子ども理解、学級理解への広がりが捉えられた。紅林（2014）は、教育の専門職としての教員に求められる判断とは、教育の当事者としての判断であり、問題の当事者としての判断ではないと述べる。児童が直面している問題に「波風立てない」スタンスを選択したのは問題の当事者としての判断であり、関わる・聴く・事実に寄り添うスタンスを主体的に選択するようになったのは教育の当事者としての判断であると言えるのではないだろうか。

2.　学級会実践を通した子ども観・学級観の変容

　本節では、カワモト先生の学級会実践の契機と定着の過程における意識変容過程を分析する。

（1）分析枠組み

　第5章のナカニシ先生の学級会実践に関する事例分析では、クラークら（2002）による「職能成長の相互連関モデル（Interconnected Model）」（図1-2）を援用したが、カワモト先生の事例では、以下のような分析の方法をとる。

　まず4回のインタビューデータ（X/7、X+1/7、X+2/3、X+3/11、以下、IDと表記）を文字化し、トランスクリプトを作成し（秋田・藤江2019）、学級会の取り組みに関するトランスクリプトを抽出した。該当の文字数は11814字であり、定性的コーディングの手法で分析した（佐藤2008）。発話のまとまりごとにコードを付し、51種類割当てられた。コードの内容を比較しながら類似する複数のコードをより抽象度の高い7つの概念的カテゴリー「学級会実践のハードル」「学級会実践の意味付け」「感情」「子ども観」「学級観」「他者への発信」「学級経営上の位置付け」にまとめ、フィールドノーツも組み合わせて分析した。

　本節では、筆者の解釈の妥当性を検証できるように、トランスクリプトの

一部を提示しながら、カワモト先生の学級会実践を通じた意識変容過程を分析する。具体的には、教師がいかに学級会実践を意味付けていたかに言及している箇所に下線を、そうした意味付けに至った背景に波線を、学級会の取り組みに対する感情に言及している箇所に二重線を付す。（　）は、筆者による補足である。次項の各トランスクリプトは、①X年7月、②X+1年7月、X+2年3月、④X+3年11月のIDである。また、次項③は、児童アンケート調査の分析結果を表に示したものである。

（2）学級会実践を通した意識変容過程
①X年度の様相（5年生）—学級会実践の経験がない段階における意識

　第4章でも触れたように、ARにおいてカワモト先生は不安感を理由に学級会の取り組みを回避し、乱暴な言葉が飛び交うクラスの実態に合うという理由からソーシャルスキル学習を選択した。

　カワモト先生は、学級会の取り組みのハードルになっていた要因について以下のように語っている。

　　　カワモト先生：①ハードルになっていることは、やり方がまず分からないのと、あとは、なんか②安心して取り組める題材（議題）が今いちよく見つからない。
　　　筆　者：学級会での言葉の傷つけ合いみたいな、そういう不安に思うことを以前話されていましたが。
　　　カワモト先生：③その辺で議題が見つからないんですよね。④それ（学級会）をすることによって、なんかマイナス方向に行くかもしれないってところが、まだ⑤不安要素としてあるので、⑥なかなかハードルは高いなあと思っています。でも、⑦1組さんがやったのを知ってるので、楽しみにしてる子はたくさんいると思うので、まあ⑧キーマンとなるのは、bとcかなあと思うので、その辺がもうちょっと、なんていうのか穏やかに二人が接し合えるようになったら、⑨安心して取り組めるのですけど。

　カワモト先生は学級会の取り組みを「なかなかハードルは高い」（下線部⑥）と意味付けていた。その背景として、やり方が分からない、一部の児童の態様への不安から安心して取り組める議題が見つからない（波線部①②③⑧）ことを挙げ、学級会の取り組みが学級経営にマイナスに働く可能性を想定し（波線部④）、不安要素（二重線部⑤）として捉えている。カワモト先生は子どもたちが学級会を楽しみにしていることを認識していたが（波線部⑦）、自身の学級会の意味付け―失敗リスクの不安感によるハードルが高い―を優先し、安心して取り組めない（二重線部⑨）と判断していた。不安感の感情が強い影響を及ぼしていたことが窺える。不安感についてはナカニシ先生も同様に経験しており、「すごくよく分かります」と共感していた。

② X+1年度の様相（6年生）―学級会実践の契機と定着の過程を通じた　意識変容

　児童はクラス替えをして6年に進級し、両教諭はもち上がった。bはナカニシ先生が担任し、ナカニシ先生が対応に難しさを抱えていた不登校傾向のe子をカワモト先生が担任することになった。X+1年6月のフィールドノーツに「ナカニシ先生がカワモト先生に昨日、2組も学級会に取り組んだらどうかと勧めたこと、カワモト先生は『今年はできそうだ』と答えたこと」と書かれていたように、前年度に学級会実践に取り組みその成果を看取していたナカニシ先生は、カワモト先生に実践を促していた。逆にナカニシ先生はソーシャルスキル学習に取り組みたいと考えていたので「放課後の教室で両教諭がソーシャルスキル学習と学級会のそれぞれの実践経験を双方向で交流し合った」（FN・X+1/6/11）。カワモト先生はナカニシ先生から学級会の具体的な進め方や議長団の指導、児童の反応などの情報を得て、背中を押される形で実践を開始した。カワモト先生は学級会実践に踏み切った主な理由として、①bが担任を離れたこと、②ナカニシ先生のサポートが背中を押したことの2点を挙げている。したがって、この時点では他律的な実践化であったと思われる。

　第1回学級会の議題は「運動会の優勝を祝う会について」であり、集会活

動に繋げる計画であった。初回は楽しい議題の方が良いというカワモト先生の判断により担任提案の形をとっていた。ナカニシ先生もそうであったように、学級会初心者というレベルにおいては失敗リスクや不安感を軽減するため、子どもにとっては楽しく、教師にとっては安心感のある議題選択であったと思われる。筆者も参観したが「意見が活発に出されとても話合いに集中した良い学級会であった」（FN・X+1/6/25）。また、「議長団が全部し切って」集会活動を行ったという。

カワモト先生は初めての学級会の実践化について次のように振り返っていた。

　bは、かなり厳しかったんで。で踏み込めたというところが大きくて、やってみたら、⑩子どももすごく楽しそうだったし、まあ今回は楽しい議題だから特にだと思うんですけど、⑪でもやってみて改めて子ども達は話し合うのとか自分の意見を言うのとか、好きだろうなあというのを感じたし、⑫議長団さんは振り返りに「楽しかったからまたやりたい」って書いてたし、「議長団もすごかった」とか子ども同士が認め合えてたりとか、だから、⑬そういうところでまた認め合えるとか、自分を主張するっていう機会ができるのはいいことだなあと思いますね。⑭i子とかあの辺が、自分の意見を言えたりとか、できる場面があるっていうのは大きいですよね。⑮授業中の全員発表とはまた違う、ああいう場でちゃんと意見が言えるというのは大事だなあと思います。

カワモト先生は学級会を、子ども同士が認め合い自己主張できる機会を保障する教育活動（下線部⑬）、教科学習とは異なる価値のある話合い活動（下線部⑮）として意味付けていることが確認できる。それは、カワモト先生が、子どもたちの楽しそうな姿（波線部⑩）、日頃の教科学習ではほとんど発言することのないi子も含めて（波線部⑭）、多くの子どもが進んで意見を述べ合う姿（波線部⑪）、議長団を務めた子どもたちの達成感やその活躍を認める他の子どもたちの姿（波線部⑫）を目の当たりにしたことによるもので

あったことが推測される。さらに、さまざまな課題を抱える児童が学級会で活躍する姿についても次のように注目していた。

> だって、⑯ヨシオがあれだけ活躍するなんて、（教科の）授業ではありえないことじゃないですか。⑰m子があんなに生き生きと何回も発表するとかね、楽しそうに。（お互いに聴き合うことが）そんなにできるのかいと思いましたけどね。

　ヨシオ（第4章第3節（2）の事例の児童）は議長団に立候補して記録を担当し、議長団の他の児童やカワモト先生の支援を受けながら、懸命に記録をとる姿が見られた。このように教科学習では苦戦している子どもの教科学習時に見られない活躍（波線部⑯）や、生徒指導上の課題を抱える子ども（m子）の生き生きとした姿（波線部⑰）を目の当たりにしたことも、カワモト先生の学級会の意味付けの変容を促したと思われる。つまり、失敗リスクの不安感による「ハードルが高い」教育活動（下線部⑥）から、子どもにとっての学級会の意味付け―子ども同士が認め合い自己主張できる機会を保障する教科学習とは異なる価値のある話合い活動―への変容である。こうした意味付けの変容は、以下の語りにも現れている。

> ⑱学級会って相手の意見を聴かないと、みんなの意見を聴いてないと成立しないし、⑲みんなでつくりあげてるっていう感じが強いけど、……⑳だから自分たちのクラスのためにっていうところで、㉑最終自分のためにっていうところにかえってきてるのかなあと思うんですけど。

　カワモト先生は話合い活動が成立するためには、互いに聴き合う姿勢がベースにあることの重要性を確信し（波線部⑱）、学級会を「みんなでつくりあげて」いく教育活動（下線部⑲）であると意味付けをしている。その背景には、自分たちのクラスのために（波線部⑳）話し合うことは、「最終自分のために」（波線部㉑）なることであるという当事者意識を児童がもって

いることを、カワモト先生が実感として感じたことがあると思われる。

　カワモト先生は、学級会実践の経験前後の自身の感情の変化について以下のように言及している。

　　　カワモト先生：（学級会実践は）㉒<u>とても不安でした。去年はもう、不安がでかすぎてもう。</u>
　　　筆　　者：そのように思われていた学級会を実際に実践されてみてどうでしたか？
　　　カワモト先生：㉓<u>あっ、こんなに楽しいのっていう感じです。去年の不安はどこへみたいな。</u>

　カワモト先生も子どもと同様に学級会の楽しさを実感し、不安感が軽減されていることが窺える（二重線部㉒㉓）。このように学級会での話合い活動に良い手応えを看取したカワモト先生は、国語科の討論会の学習とも連動させ以下のような成果を看取したと語る。

　　　その後、国語の時間に討論もやってるんで。討論もいったら30分ぐらい子どもに任せているんで、㉔<u>任せていけるなっていう感じですね。</u>㉕<u>ああすごいなあって、</u>㉖やっぱり司会の子がしっかりしているっていうのも大事だし、……そこに対する信頼も、信頼感というのも出てくると思うんです、学級会も、討論会もどちらも。……どうでもいいわと思ってたら聴かないじゃないですか。だけど、（初めての学級会も）しっかり聴けてましたよね。だから、大事にしているんだろうなと思います。

　カワモト先生は、討論会と学級会での子どもたちの信頼し合い聴き合う姿を重ねて見取っている（波線部㉖）。さらに、任せることで発揮される子どもの潜在力に「ああすごいなあ」（二重線部㉕）と気付き、学級会を「子どもに任せていける」（下線部㉔）という意味付けを付加している。しかしながら、このように学級会の意味付けが変容していく一方で、学級会実践は学

級がある程度落ち着いていることが前提であるという意味付け（下線部㉗）
が維持されていたことが、カワモト先生の次の語りから窺える。「㉗なんか
ある程度、クラスが落ち着いてないと（学級会の取組は）厳しいやろうなと
はやっぱり思うんですけど」。子どもの姿から成果を看取しつつも、1回の
実践では「学級会は学級経営の手段であるのに、学級経営がうまくいってい
ないと実践できないという逆転した」（中村 2016a：p.141）意味付けが維持
されていたと思われる。

　こうした葛藤を抱えながら、以降も学級会の実践と振り返りを継続し
た。例えば不登校傾向の e 子が学年全体として言葉遣いが良くないことへ
の不満を訴えていたという情報が養護教諭よりもたらされたことを受けて、
11 月の学級会でカワモト先生は「言葉遣いについて考えよう」という議題
を担任提案の形で設定した。乱暴な言葉が飛び交う実態は、5 年時からの
当該学年の課題でもありソーシャルスキル学習でも取り組んでいた。学級
会で話し合った結果を議長団がミニ学年集会で学年全体に発信した（FN・
X+1/11/21）。学級会を活かした一連の取り組みは、e 子の訴えをカワモト
先生や子どもたちが真剣に受け止め、学級・学年で改善を図っているという
e 子へのメッセージの意図もあったという。

　ユリ（第 4 章第 3 節（3）の事例の児童）は、年明けの 1 月の学級会で議
長団に立候補し、念願の白板記録の役割を担い得意のデザインや絵画の能力
を発揮した。分かりやすく工夫された板書にカワモト先生と他の児童は感心
したという。達成感を味わったからであろう。その経験を卒業間際の自由作
文に「少しだけ成長したと思う」と綴っていた（中村 2016b）。

　カワモト先生は、全 6 回の学級会実践を振り返って次のように語っている。

㉘（学級会は）良かったです。㉙（良かったと思う点は）まず友だちの
意見を大事にできること、意見を言う人もみんなの前で遠慮なく言える、
だから自己主張プラス受け入れる体制ができたところですかね。後は、
㉚発展していくと自分たちの力で（学級を）変えていこうっていう自主
性、ですかね。（道徳との違いは）ありますね。㉛道徳っていうとどっ

ちかっていうとなんか教え込まれているタイプですよね。考えはするけれども最終こうなれたらいいねみたいな、……㉜だけど学級会っていうのは、自分たちが主体で動くことによって自分の意見にも責任をもつし、それによってがんばろうと子どもたちはきっと思っていると思うんですよね。㉝言葉遣いにしろ、未だに「今の〜」とか子どもたち同士で言い合っているし、時間とかも結局1組には発信できなかったんですけど、「チャイム鳴ったで座ろう」とか声かけが続いてたりとか、まあそこで言葉遣いがきつかったりもするんですけど、そういうのが少なからず意識できる子がいるというのが教室に徐々に広がっていくっていうのが、今年は本当によく見えた1年だったなあと思います。㉞次の学校でもしたいです。だから、年間反省にも㉟広めるために、私もナカニシ先生も学級会ではこんなことをしてこんなことが変わったとかを二人とも書きました。

　カワモト先生は、学級会を通じて、児童同士が互いの意見を大事にし遠慮なく発言できる「自己主張プラス受け入れる体制ができ」（波線部㉙）、それが発展して「自分たちの力で（生活や学級を）変えていこうっていう自主性」（下線部㉚）の育成に繋がっていることを理由に、学級会を「良かった」（下線部㉘）と意味付けている。また、「最終こうなれたらいいね」と教える傾向が強い道徳の学習（波線部㉛）に対して、学級会は児童が「主体で動くこと」により自分の意見に責任をもちがんばろうとする教育活動（下線部㉜）であると意味付けている。こうした意味付けは、実践前の観念的なものではなく、カワモト先生が1年間の児童の変化を学級全体を俯瞰して捉えてきたことによるものであった（波線部㉝）。だからこそ、「次の学校でもしたい」（下線部㉞）と考え、A校全体に「広める」（下線部㉟）ためにナカニシ先生と共に年度末の職員会で発信したと思われる。自主的、主体的に学級や生活を変えていこうとする児童の姿の見取りを通して、受動的な子ども観から主体的で自主的な子ども観への変容が窺える。

③児童にとっての学級会の意義

　それでは、児童は学級会をどのように意味付けていたのであろうか。X+2年3月の卒業直前に、6年生2クラスを対象に筆者がアンケート調査を行った（表6-1）。

　児童アンケート実施に関しては、内容や方法を事前に校長や学年団教師に提示し了承を得て、2クラスとも筆者が行った。データの分類にはKJ法を

表6-1　児童アンケート

番号	質　問　事　項
①	あなたやクラスにとって、「学級会」は「必要（ひつよう）」だと思いますか。 （1つ選んで、○でかこんでください。） 　1とても思う　　2やや思う　　3あまり思わない　　4そうは思わない
②	①で答えた理由を教えてください。いくつ書いてもいいですよ。
③	「学級会」を通して（経験して）、あなた自身が学んだことや考えたことを自由に書いてください。いくつ書いてもいいですよ。
④	「学級会」は、クラスにとって、どんなことに役にたちましたか。

出典：中村（2016b）p.84。

表6-2　学級会が必要だと思う理由（質問項目②の結果）

カテゴリー	自　由　記　述　の　統　合
他者の受容	・異なる多様な意見や考えを受け入れる。（みんなの意見が集まる場） ・みんなの気持ちが分かった。 ・悩みながら友だちと協力できる。
自分の意識の変化	・話し合うことで改めて学んだり考えたりすることができる。 ・クラスのことを考える、考えさせられる時間。
学級みんなで共有する活動への意欲	・クラスが楽しくなることをみんなで考え、計画を立て実行することの良さ。 ・みんなが一つのために動く実践の場。 ・意見が分かれるから必要であり、学級会がないとクラスみんなで話し合う場がなくなる。（学校生活について、みんなで話し合える。） ・普段話さないことや話したい自分の意見を素直に言える。 ・学級会があるからお楽しみ会や議長団の経験ができる。
クラスの変化	・クラスにとって大切なことをみんなで話し合うことにより、みんなの態度の変化。（例：言葉遣いも変わっていいクラスになった。） ・困ったことや楽しい思い出となることを話せるから、良くなった。（例：時間の問題）

出典：中村（2016b）p.86を一部加筆。

一部援用し、類似のものをグループ化し見出しをつけてカテゴリー化した。その際できるだけ児童の声を反映するため、類似の内容を統合して文として表記した。ヨシオカ校長と学年団教師3名に分析結果の妥当性について検討を依頼したが、異論は出されなかった。アンケートの結果から、質問項目ごとに表に整理したものから一部を抜粋して提示する。

　質問項目①の結果は、とても思う（69%）、やや思う（29%）、あまり思わない（2%）、そうは思わない（0%）であり、ほとんどの児童が、学級会を必要だと捉えている。質問項目②の結果は表6-2に、質問項目③の結果は表6-3に、質問項目④の結果は表6-4にそれぞれ対応する。各表から、

表6-3　学級会を経験して学んだことや考えたこと（質問項目③の結果）

カテゴリー	自　由　記　述　の　統　合
他者の受容	・人の意見を大切にするようになった。 ・みんなとの交流の楽しさ。（例：お楽しみ会） ・自分と友だちの意見が違うことが分かった。（例：議題に対してみんなの意見を聞いて「そんなこと思ってたんだ」と思う。） ・みんなの意見を聞いて、自分の思いや考えをみんなに伝えられた。
自己の相対化	・自分と友だちの意見が違うことが分かり、自分のためでもあり、クラスのためでもある。 ・自分から進んで自分の意見や考えを発表するのは難しいけれど、大切。 ・たくさんの意見と自分の意見をからめ合うのは難しいし、将来もこんなふうに大変なことがたくさんあると学んだ。 ・みんなと協力し、努力して考える力がついた。 ・学校生活のなかで、改めて、友だちの大切さやマナー、そうじのことなど、自分のすることの大切さを学び考えさせられた。 ・みんなの気持ちを聞いて、自分も変わろうと思った。 ・自分たちで話し合って考える幅が広がった。 ・自分の意見や考えをしっかり言えるようになった。 ・議長をして自分で進めてとても良い経験になった。（議長団の経験）
自分の経験の広がり	・お楽しみ会の計画などこれまで経験したことのないことができた。（議長団の経験） ・意見を言うと自分のやりたいことができる。
規範意識の変化	・クラスのルールを決めることができるので良いと思う。 ・普段使っている言葉の大切さを学んだ。（例：言葉遣いが良くなった。） ・時間を守れるようになった。

出典：中村（2016b）p.86を一部加筆。

表6-4　学級会はクラスにとってどんなことに役に立ったか（質問項目④の結果）

カテゴリー	自　由　記　述　の　統　合
他者との交流	・普段あまり話さない人も意見を言うのでみんなのためのクラスになる。 ・友だちとの交流が深められる。（例：みんなで楽しめた。） ・みんながまとまり団結できた。
個々の成長	・考える力や話し合いの力、計画する力など色々な力がつく。（例：会話術がついてきた。みんなでしっかり考えて全員で答えを出すこと。） ・学校生活のマナーや友だち同士の関係が良くなった。
楽しい経験の広がり	・遊ぶ機会が増え、楽しいことが増えた。 ・みんなで楽しむために考え、さらに楽しくなる。
学級生活の改善	・議題を意識して実践できる。（例：時間について、言葉遣いについて） ・学校のルールを守り、友だちを大事にすること。 ・クラスが良くなった。（暴言の減少） ・クラスの課題を考えてクラスを変えることができる会。（例：雰囲気が良くなった。なんとなくやけど変わった気がする。） ・掃除の仕方や宿題のことなどを提案し、掃除が楽しくなった。

出典：中村（2016b）p.87を一部加筆。

　児童にとって学級会は、互いの意見を大事にしながら進んで発言したり異なる意見を受け入れたりする活動（表6-2・表6-3下線部）であり、話し合って合意形成を図ったことについて、自分たちで実践することにより生活や学級を変えていく活動（表6-4下線部）であると捉えていることが分かる。児童の学級や生活づくりへの主体的な参画や意欲を窺うことができる。こうした結果は、ナカニシ先生やカワモト先生が看取し、意味付けた子どもの声や姿と符合する。

④ X+2年度〜X+3年度の様相—異動校での学級会実践の継続の過程を通じた意識変容

　では、初めての異動校であるC校におけるカワモト先生の学級会実践はどのようなものであったのだろうか。カワモト先生は、異動後すぐに5年生を担任し、当初に直面していた学級経営の課題は、クラスの人数が40人近くになったことで、個々の子どもや子ども間の関係性を理解したいと思っても「あまり見えてこないなあという期間が長」く、「そんななかでやっぱ

り女子のトラブルも多いしどう関わっていこうかなというのが最大の悩み」
だったという。カワモト先生は、そうしたなかで学級会に取り組むことを選
択した経緯を以下のように述べている。

　　㊱学級会をまずやっていこうかなって、㊲全然意見を言わない子たち
　　だったんで。やっぱりこう押さえ付けられてきた子たちの特徴かなって
　　いう感じがしたんで。もうわれ関せずというか、学級で何か起こってい
　　ても自分に降りかかってこなければそれでよしみたいなところがすごく
　　強かったんで。㊳自分の意見を前に出してもいいんだよっていう空間づ
　　くりがまず何よりもしたかったことです。㊴やってみたら「すごく楽し
　　い」って言って反応もすごく良かったし、議長団として前にも出たがる
　　し、そういう気持ちはあるんだなっていうのが学級会をやってまず分
　　かったことが㊵良かったなあと思います。

　ここで注目したいのは、「全然意見を言わない」「われ関せず」の傾向にあっ
た児童の実態（波線部㊲）を分析し、どんな実践が必要かを考え、その一つ
として「学級会をまずやっていこう」（下線部㊱）と判断していたことであ
る。つまり、先に学級会ありきではなかったという点である。その判断・意
思決定の基になっていたのは、「自分の意見を前に出してもいいんだよってい
う空間づくりがまず何よりもしたかった」（下線部㊳）という学級経営に
おける学級会の活用（という意味付け）であった。そして、やってみたら「す
ごく楽しい」「議長団として前にも出たがる」（波線部㊴）というこれまで表
出されにくかった子どもの気持ちや行動が分かり、学級会をやって「良かっ
た」（下線部㊵）と意味付けている。Ａ校で初めて取り組んだ際には、その
成果を看取しながらも「学級経営がうまくいっていないと実践できない」（中
村 2016a）という意味付けが維持されていた。しかし、Ａ校での１年間の実
践化により、異動校では学級経営の手段として選択していたと言えよう。カ
ワモト先生は、「これは続けてもいけるなっていう手応えがあって、まあ最
初は楽しい議題から入ったと思うんですよ。……その次は、やっぱりクラス

のことにも目を向けてほしいので課題解決のようなもので、この順番に去年はやったかなあと思います」と語るように、楽しい議題と課題解決的な議題を組み合わせた学級会の実践を継続した。

　さらに、6年生にもち上がっても学級会の取り組みを継続した。筆者の「学級会実践というのは学級経営上どんな位置付けですか」という問いに対して、カワモト先生は次のように語った。

> ㊶学級のことをみんなで考える、㊷なんか気になってる子はぽつぽついるんだけど、それは一人の力じゃどうにもならないけど、やっぱり学級会でこう問題に向き合うことで長くは続かないかもしれないんですけどその話し合って決まったことが。でも㊸1回でも学級会で自分のクラスについて目を向けるっていうのは大事だなあと。㊹振り返り振り返り「自分たちで決めたやん」ってなんかそれが合言葉のように、まあ続かないことも多々あるんですけど、結構子どもたちのなかでは意識としては強く残るなあと。私が何百回言うよりも「自分たちで決めたやん」みたいなそういう友だちからの声って大きいなあっていう風には感じます。

　学級会は「学級のことをみんなで考える」（下線部㊶）教育活動であり、「学級会で自分のクラスについて目を向けるっていうのは大事」（下線部㊸）であると意味付けている。学級会で児童が主体的に学級の問題に向き合い、決められたことが日常生活での実践や振り返りを通して児童に意識化されていくことの重要性が、教師が「何百回言う」ことと対置して述べられている（波線部㊹）。つまり、カワモト先生は、教師が一方的に注意や叱責をするよりも、児童が当事者意識をもって話合いに参画し、合意形成を図り、実践し、振り返る過程を通して協働して生活の向上を図っていくことに価値を置く学級経営を指向していると言えるであろう。子どもを学級を構成する主体として認め、子どもと共に学級をつくっていくことを指向する学級観の重視が窺える。こうした学級経営には、児童の参画が明確に位置付けられていると言えよう。

（3）学級会実践を通した意識変容過程の特徴

　以上を踏まえると、初めて学級会に取り組んだカワモト先生の意識変容過程の特徴は次の2点に整理できる。

　第一に、カワモト先生の学級会に対する意識変容には、子ども観や学級観の変容が関連していることが明らかになった。当初の一部の児童の影響を不安要因とみて学級会の取り組みを回避する子ども観からは、教師からの受け身の非力な存在として子どもを捉えていることが推測される。しかし、任せることで発揮される子どもの潜在力や、主体的、自主的に学級や生活を変えていこうとする姿の見取りを通して、受動的な子ども観から主体的で自主的な子ども観へと変容したと思われる。こうした子ども観の変容は、学級づくりに参画する主体として子どもを位置付け、子どもと共に学級をつくっていくことを指向する学級観への変容へと繋がっていったと考えられる。

　第二に、学級会実践を学級経営の有用な手段として活用できるようになったことである。当初カワモト先生は、失敗リスクの不安感によるハードルが高いという観念的な意味付けに終始し、実践を回避していた。しかし、初めて学級会に取り組み1年間実践を重ね、その過程における児童の変容の姿を見取ることにより、子どもにとっての学級会の意味や特長を内在化していったと思われる。そこでは、学級会のスキルの獲得のみならず、第一で述べたように子ども観や学級観という教師の「観」の変容が促されていた。だからこそ、異動校において直面した学級経営上の課題に対して、児童が意見を出しやすい「空間づくり（学級づくり）」の実践として、学級会を学級経営に位置付けていったと言えよう。不安感を抱えながら恐る恐る実践を始めたが、予期せぬ子どもや学級の変化を成果として看取することを通して、学級経営の手段として学級会実践を獲得していった。

　こうした学級会実践を通したカワモト先生の意識変容過程は、第5章で検討したナカニシ先生の変容過程と例えば実践に至る契機などは異なるが、児童の変容を成果として看取したことにより、指向する子ども観や学級観の変容が促されたことは共通する特徴として捉えられる。

3.　学年団教師との実践の協働化による指導観・授業観の変容と協働性の重視

（1）初期状態における学年団教師との関係性と意識の様相

　カワモト先生は、講師を含めた入職時からの4年間の学級経営は、他者（主に同学年団教師）への依存が強かったと以下のように振り返っている。

　　3年生をもったときは、優しい何でもしてくれる若手の先生（が学年主任）だったんですけど、その先生の言う通りにただただ仕事をするっていう感じで、4年生をもったとき（の学年主任）は……、もう自分の好きにしてというスタイルなんで、そこで私は第一段階愕然とするというか、好きにしてと言われても好きにするほどの引き出しがないと思って、結構しんどい1年だったんです。で、5、6年生をもったとき（の学年主任）は、頼れる先生なんでおんぶにだっこというか、お任せしていた部分が多かって。（X+1/7）

　こうしたカワモト先生の他者（同学年教師）への強い依存の姿勢は、第1節でも述べたように、初期状態に見られた子どもの問題に目を閉ざしがちで子どもとの関わりに消極的と思える学級経営の姿勢や、「なんかただただ仕事に来てたみたいな感じです、それまでは。正直に」（X+2/3）と語る教師という仕事への向き合い方にも通底していたと思われる。
　また、「結構もう本当に受け身で、新しいこともするのも苦手だし、超、後ろ向きな性格」（X+2/3）で、「年次も結構離れている先生とか、結構年上の先生だったので、教えてもらうばっかりでずうっと受け身できていた」（X+2/3）とも振り返っている。こうした語りから、当初のカワモト先生の姿勢には他者（同学年教師）への強い依存性が窺え、教職へのやりがい感は希薄であったことが推測される。

(2) 学年団教師の影響による指導観・授業（教材）観の変容過程
―5～6年生の2年間

　しかしながら、ARを契機とする学年団教師との学級経営改善を通した関わりや協働を通じて、マツムラ先生の学級経営力やナカニシ先生の授業に対する丁寧さや指導力に直接触れ、「自分の力を高めていきたいと思うようになった」と、以下のように述べている。

　なんか自分が変わるきっかけというのはやっぱりチームの先生の関わりありきだなあと思います。マツムラ先生で言うと学級経営がすごいなあと思って近づきたいと思った去年だったんですよ。……ナカニシ先生でいうと授業の丁寧さとか指導性とかすごいなあと思うし、全体の指導とか。そういうのをすごいなあと思いながら、でも自分のスタイルに合わない場合もあるんで、それは本当に採用しないし、だから自分の力を高めていきたいと思うようになったのがまず第一段階で、それを真似てやってみてうまくいったし続けてみようとか、なんかね、いいとこどりをしたくなりました。欲張りになりました。それは、新しい先生と関わる、たまに関わるのではなくて年間を通してとか、間近で見て感じるところでもあるし、……チームってなんかパワーあるって思って。(X+2/3)

　本章第1節（2）でも言及したように、カワモト先生は6年生にもち上がったX+1年7月のインタビューで、5年生の1年間を振り返り「価値観が変わった」と意味付け、その要因として「児童間関係理解」以外に「（ナカニシ先生とマツムラ先生に）色々教えてもらったり巻き込まれたりしながら、なんか楽しくなってきた」と二人の影響を語っている。カワモト先生は5年生当初、ナカニシ先生とマツムラ先生の自身とは異なる「パワー系」の姿勢に「しんどいなあって感じていた」と吐露していた。しかし、二人が発揮する指導力の基盤に、子どもに一生懸命向き合う「熱い」姿勢があることを目の当たりにしたことも、二人の指導のスタンスを「取捨選択しながら」積極的に取り入れていこうと思う理由になったと言う。例えば、ナカニシ先生に

関する以下の語りにそのことが読み取れる。

> （同学年で）一緒に働いてみてすごいなあと思って、あの熱さとか、でも熱さのなかにすごい丁寧さがあってとか、わあーすごい先生っていう尊敬が今までのなかにプラスされたんですよ。私のナカニシ先生のイメージから。すごいなっていうのは単純に思ってたんですけど、もっと深く知れたことで、わあ、すごい、真似しようとか、できるところだけ、あれはちょっと無理とか取捨選択しながら、でも学ぶところはすごく多かったし、だから次第に尊敬していきました。（X+1/6）

　このようにカワモト先生の意識変容には、とりわけ2年間にわたって同学年担任教師として関わったナカニシ先生の強い影響が窺われる。それでは、ナカニシ先生との関わりを通して具体的にどのような意識変容があったのであろうか。

> 授業の準備にしろ子どもの対応にしろ、手を抜かないじゃないですか。そんなにフルでよくできるなあって私は思うんですよね。私はやっぱりどっかで手を抜いちゃうし、ああしんどってどっちかというとだるーい感じなんで、だからすごいなあと思います。（X+1/6）

　この語りには、ナカニシ先生の授業に対する姿勢や子どもへの対応のあり方を自身と比較して「すごい」と感じている心情が表出されている。そこで、ナカニシ先生の刺激や影響を受けながらカワモト先生の授業に対する意識が、初期状態と比較してどのように変化したのかを見ていきたい。

　5年生当初の「もう4月と5月の初めが、それ（授業改善）をできなかったんですよね、体力的にもそうですし時間的にもそうですし」と語るように、年度当初の学級の危機は、カワモト先生から授業改善や教材研究への気力や体力を奪っていたことが推察される。そして、学級が落ち着いてきた5

年生後半頃から、「子どもを思い浮かべながら（教材研究を）するようにな」（X+1/6）ったと振り返っている。その背景には、学級が落ち着いてきたという要因のみでなく「細かな準備もするし、ノートに板書例を書いてたりとか、……そうやって授業に挑む姿勢がすごい」と語るように、ナカニシ先生の授業に対する姿勢の影響があったという。加えて授業の準備を日々丁寧に行うナカニシ先生が、子どもたちから期待していたような反応が得られなかったときに、「悔しい」と繰り返し言うのを聞いてきたことによる刺激もあったと次のように語っている。

　　カワモト先生：教材研究をするようになりました。反応悪かったら悔し
　　　いみたいなっていうのが出てきたかなと思います。ナカニシ先生の「悔
　　　しい、悔しい」を散々聞いていたので、私はあんまり負けず嫌いでは
　　　ないのでふーんみたいな、私は私みたいなタイプなのであんまり思わ
　　　なかったんですけど、なんかよく言っていて「悔しいんですよ、これ
　　　だけ準備したのに悔しいんですよ」って言っていて。
　　筆　者：子どもの反応が？
　　カワモト先生：そうです。悔しいって何って思ってたんですけど、私悔
　　　しいなんか言ったことないわと思っていて。それでどんな感覚と思っ
　　　てやってみようと思ってやってみて。
　　筆　者：教材研究をね。
　　カワモト先生：そうそう、確かに、確かに、うーんあるなあと思って。
　　筆　者：実感された、ナカニシ先生の気持ちを？
　　カワモト先生：はい、そうです。これか（強調）みたいな感じで。（X+1/6）

　6年生にもち上がって、さらにナカニシ先生との授業実践や教材研究の交流を深めていった。その様子についてカワモト先生は、「5年のときは、ナカニシ先生が言ったような授業を同じように進めていこうという感じがあって、……ちょっとこだわりも出てきて、結構今年は自分から『こんなのどうですか』って提案できた1年だったかなあと思います、逆に」と振り返って

いる。そして「提案したのをお互いに吟味しながら、じゃあこんなんどうですかとか、それね、こんなんどうですかとか、同じ教材を通して何か授業の方法が作れるようになったなあと思います」（X+2/3）と活発な相互刺激の基で教材作りをしていたことが捉えられる。

　こうした変容の過程において、「子どもを思い浮かべながら（教材研究を）するようになりました。図があった方がいいだろうなあとか、あんまり貼ってたら多分どれのことってなる子も多いだろうなあとか。今まではそうではありません」（X+1/7）と述べるように、子どもの実態や存在を中核に位置付けた授業（教材）観への変容が捉えられる。このようにカワモト先生の変容は、日々の関わり合いを通じて認識したナカニシ先生の授業（教材）観の影響を受けたものであると言えるだろう。しかしながら、そこでは従来の強い他者（学年団教師）への依存ではなく、「一応お互いに聴き合うんですけど、最終自分がいいと思う方を選択してやっている」（X+2/3）と述べるように、授業の力量を高めるために進んで他者性を取り入れながら、最終的に良いと思う方法を自分で取捨選択するという自律性志向へと変容していることが窺えた。

　このような授業に対する意識や姿勢の変化は、カワモト先生に本物の教材に触れたいという教材観を惹起させた。例えば、5年生時には国語科と道徳、社会科の教材になっている濱口儀兵衛の資料館（和歌山県）を訪れ、職員に質問をしたり資料を集めたりしたという。また国語科の教材である鳥獣戯画展（京都府）に足を運んだこともあったという。6年生の国語科の教科書に掲載されている「平和のとりでを築く」という教材に関しては、次のように語っている。

　　「平和のとりでを築く」だったかな、あそこであんな大事な教材やのに私が何も知らない。おじいちゃんとかおばあちゃんから聞いたことがあるんですけど、修学旅行でも自分が行ったことないし、そんな大事な教材を何も知らない私が教えても大丈夫って思ったのがきっかけで広島へ行きたいと思ったけど、結局思い立ったのが遅すぎて、それは教材研究

が遅かったからなんですけど実現せずに終わって。（X+2/3）

　筆者もカワモト先生から、広島平和記念資料館や原爆ドームを訪れて自分の目で見てきたいと考えているという話を聞いていた。以上のように、「子どもを思い浮かべながら」教材研究に取り組んだり、積極的に指導方法やオリジナルの資料をナカニシ先生に提案したりする姿勢への変化が捉えられる。さらに、ナカニシ先生と議論しながら協働で授業の方法を創造する指向性も見られる。つまり、子どもの実態を重視し、子どものために少しでもより良い授業を実践したいという授業観や教材観への変容（問い直しと再構成）だと言えるであろう。こうした変容の主な要因として、上述のようにナカニシ先生との相互作用による刺激や影響があった点が、カワモト先生の意識変容過程に見られる特徴である。

　カワモト先生は、こうした授業に対する姿勢や授業観の変容を自身の成長と捉え、ナカニシ先生の影響があったことをX+2年3月のインタビューで次のように振り返っている。

　（この2年間で成長したと思うのは）まず一つは、授業に対する姿勢、それまではのらりくらりとしていたんですけどやっぱり参考になったのはナカニシ先生で、……私も教材研究をがんばるようになった2年間だったかなと思います。（X+2/3）

　さらに、カワモト先生はナカニシ先生から影響を受けた子どもに対する姿勢の変化について、卒業式直後のインタビューで次のように述べている。

　この学年と出会って（初期状態の実践への消極的な）そのスタイルではもうなんともいかんだろうと、子どもたちが。ナカニシ先生はどんどん楽しいことをしようっていうタイプだし、色んなことしようっていうタイプと今の学年とがすごく合っていて、その環境に私も触れたことで、自分自身も挑戦しようとか、子どもに挑戦しろ、挑戦しろという割に私

は何もしないのかいみたいな感じだったので、これは一緒にがんばらないと子どもも見抜くなという危機感もあって、がんばらなければというところですかね。(X+2/3)

ナカニシ先生と関わらせてもらったことで、……自分が成長するためにも努力を惜しまないっていうところ。(教育実践は)全部最終子どもにかえってくることだなあと感じるようになりました。だから何ていうんですかね、子どものために何かをがんばるっていうところが、教員としての大事なところかなあと改めて感じます。(X+2/3)

　また、ナカニシ先生も２年間のカワモト先生の子どもに対する姿勢の変化を間近に見てきて、卒業式直後のインタビューで以下のように語っている。

とても偉そうな言い方ですけど、カワモト先生は、僕成長したなあととても思っているんですけど、子どもへの熱意というか、一生懸命さというか、何かものすごく出てきたなあと思って、うん、僕はそこがとても嬉しくて……。最初の頃は、カワモト先生は割と割り切って仕事をしていたから、「こんなもんや」とか、「ここまでや」とか。マツムラ先生はその熱意は僕が負けたくないなあという位、熱意をもっているから、でも熱意と熱意で４年のときは大変だったんですけどね。思いばっかりで学年が進んでいたから、あれは子どもたちもしんどかったと思います。……カワモト先生が冷静に全体を見る力を与えてくれたなあと思って。でもその分、カワモト先生は、僕とマツムラ先生から仕事への思いを感じてくれたのかなあと思って。(X+2/3)

　ここでは、ナカニシ先生やマツムラ先生の影響を受けて「これ以上望まなくても今がいいんだからいいんじゃないか」という実践への消極的な姿勢から新たな教育実践に積極的に「挑戦しよう」という姿勢への変容が捉えられる。その新たな実践とは、ナカニシ先生が語っていた５年生時のすべての子

どもを活躍させるために学年団教師で目標を作り、毎月アイデアを出し合って実践した、例えばミニ運動会やオリジナルの脚本を作成した学習発表会などがそれにあたる。そうした学級経営実践における学年団教師との関わりは、カワモト先生が語っているように「たまに関わる」のではなく、年間を通じて対面での相互作用や協働化による関わりであるからこそ、カワモト先生の意識変容に大きな影響を及ぼしたと思われる。そして、それぞれの他者性を取捨選択しながら取り入れていくことによりカワモト先生の意識変容が促され、「今までは本当にクラスとしてしか捉えられてなかったことが、いやいや学年やなっていうところに繋がった」（X+1/6）と語るように、学級が開かれていったと言えよう。

　以上を踏まえると、カワモト先生の意識変容には学級経営観の変容が関連していることが明らかになった。その特徴は、次の３点に整理できる。第一に子どもの問題を等閑視する波風立てない指導観から子どもに積極的に関わることや子どもが活躍できる実践の創造を指向する指導観への変容である。これらの変容は、本章第１節や第２節で見てきた子ども観や指導観、学級観の変容と連関していると考えられる。第二に、「のらりくらり」の姿勢から、子どもを思い浮かべ、子どもの実態を重視し、学年団教師と協働で子どものためにより良い授業づくりに積極的に取り組むことを指向する授業観（教材観）への変容である。第三に、閉じた学級観から学年に開かれた学級観への変容である。

　こうした変容には、学級経営実践を通した他者（学年団教師）との相互作用や協働による日常的な刺激や影響があった。よって第５章のナカニシ先生の事例と同様に、学級経営観の変容には学年団教師との連携や協働が大きな影響を及ぼしていたことが明らかになった。

4.　異動校（C校）における子ども主体の学級経営実践の継続

　本節では、A校において問い直しと再構成が捉えられたカワモト先生の学級経営実践や学級経営観が、初めての異動校においてどのような様相であったのか、その特徴について検討する。用いるトランスクリプトは、C校においてカワモト先生とV校長に実施したインタビューデータ（調査日：カワモト先生X+3年11月、V校長X+3年12月）によるものである。

（1）C校における2年間の学級経営実践の特徴

　カワモト先生が初めて異動したC校は、A校・B校と同様に社会経済的に厳しい家庭の子どもが多く在籍しており[80]、学力向上はもとより生徒指導上の問題が学校経営の重点課題となってきた経緯がある。C校は、学年により3学級と2学級編制である。

　カワモト先生は、異動後1年目に5年生を担任し2年目に6年生にもち上がっている（児童はクラス替えなし）。当該学年は3学級編制であり、低学年時より生徒指導上の課題の多い学年であったことを、V校長は次のように述べている。「この学年が卒業したらC小学校にずうっと続いてきた学級崩壊、担任が途中で代わったというのは無くなる。……要はこのC小学校でしんどかった子ども、最後の学年が今カワモト先生に担任してもらっている学年です」。

　カワモト先生は、1年目に直面した学級経営の課題について以下のように語っている。

　　クラスの人数が倍になったことで、……児童理解もしたいし、児童間関係理解もしたいんだけれども、なんかあまり見えてこないなあっていう期間が長くて、……そんななかでやっぱり女子のトラブルも多いし、どう関わっていこうかなっていうのが最大の悩みでした。で、学年主任の

---

[80] 例えば、要保護・準要保護の家庭の割合が5割を超えている。

先生にも相談しましたし、去年担任されていた（もち上がりの）もう一人の先生にも相談したりとか、あとは校長先生に話したこともあります。

このように直面していた課題に対して、進んで他者（学年団教師・管理職）に相談したり情報を求めたりしながら、子どもの実態を分析し、どんな実践が必要かを考え判断して学級会実践を選択していた。

また、「個別に話を聴く」ことや、学級会などで話す力がついてきたことを感じ始めた5年生の後半頃からは、気になる子ども間の関係性を繋ぐために、子ども同士を直接「向き合わせ」て思いや考えを伝え合う対話の場を設けることにも卒業まで取り組んだという。

さらに、子どもの困りや悩みの実態を捉えるために、A校で取り組んでいたこころのノートの取り組みを継続していた。それは、「ちょっとなんか（教室の）空気が悪いなっていう感じがしたときには、短いスパンでやったりとか、ちょっと今は穏やかやなあと思ったときは、あんまりこう悪いことが入ってこないなあと思ったときはちょっと（実施のスパンを）長めにしたりとか」と語るように、カワモト先生が感じる学級の雰囲気と連動させての実践となっていた。こころのノートに書かれた内容は友達関係や学級に関することが多く、「やっぱり子どもたちも思ってることは一緒か」と感じたり、一方で担任教師が捉えられていなかった内容を「教えてくれたり」とかの材料になったという。こうした取り組みは、個人のプライバシーを守ることや子ども自身が教師にどのような対応を求めているかの事前の「確認は必ずするようにし」たうえで、前述のように子ども同士を対面で向き合わせたり、様子を見守ったり、また内容によっては学級全体の課題として学級会の議題として設定し話し合うことに繋げていったという。

例えば個人名が出てくることは絶対言わないし、書いた子には直接「これはどういうこと」ってもうちょっと詳しく聴いたりとか、「それは相手にどうしてほしいの」とか、……それ以上求めているかどうかっていう確認は必ずするようにして、「それ以上は」っていうことであれば「じゃ

あ先生知っておくから気をつけるわ」っていう感じでいいかなっていう、そうっとしておくときもあります。で、気をつけて見ていくみたいなっていうパターンと、「もう授業中うるさい」とか「私語が多い」とかそういうことを書いてることが多いときには、「こういう風に考えている人がたくさんいて、ちょっとこれについては1回学級会で話し合いをしない？」と言って、クラスにもちかけて返すっていうスタイルです。

　A校では、全学年、毎年児童はクラス替えを実施していたが、C校は原則、低・中・高学年はクラス替えなしの進級であった。したがって、クラス替えなしのもち上がりはカワモト先生にとっては初めての経験であり、そのことの学級経営上のデメリットとして、2年間の学級経営に子ども同士の関係性の修復の難しさを抱えなければならないこと、メリットとしては子どもの成長を大きく見られることを挙げている。

　関係性が悪いと思ったら前の学校のときは1年で切り離しができたじゃないですか。今はここは確実（に）悪いと思っていてもそれをもう1年やっぱり過ごさないといけないし、何とかしてあげたいとは思うけれども、まあその数も1組ならいいですけどっていうようなところで、もち上がりの大変さっていうのも初めて直面しました。関係性です、本当に。そういうのもやっぱりこころのノートから分かってくるものもあるし、2年間一緒にいると話してくれることも増えるし、全然関係ない子が「先生、あそこ今、喧嘩しているの知ってる？」とか心配して教えてくれたりとか、子ども同士で「もうやめとき」って言ってくれる子が出てきたりとか、子どもの成長もこう大きく見られたなっていう感じです。

　また以下のエピソードは、カワモト先生がC校での2年間を振り返って非常に反省をした出来事として述べられたものである。そこからはカワモト先生のC校での学級経営観が顕著に窺える。
　6年の夏休み前の個人懇談会で、tの母親から、tが5年生時や6年生に

なってからの友だちとのトラブルに対するカワモト先生の指導に不満を抱いているという訴えを聴いた。それまで t との関係は良好だと思い込んでいたカワモト先生は非常にショックを受け、以下のような問い直しをせざるを得なかったという。

　　まずは、可哀そうなことをしたなあっていうところですかね。あの子も1年、2年、3年生くらいまで不登校傾向だったんで、お母さんも仕事が忙しいからあんまり話を聴いてもらえないっていうのも分かっていたのに、私も聴いてあげてなかったのだっていうこの反省ですね。関係がむしろいいと思っていたから、とんだ勘違いだあみたいな、自分のこの読みの甘さとかが色々そこを。

　このtの母親からの訴えを聴いた当日に、カワモト先生は早速以下のように学年団教師への支援を求めたという。

　　「ちょっと私は一旦距離を置こうと思いますので」と言って、「気になることがあってもすぐに言うのはやめておきます」と言って、「学年で気になることがあったら、学年から言ってもらえますか」と言って、私との関係が濃くならないように学年の先生にもお願いしました。

　一方でカワモト先生は、翌日の放課後に t と直接話をする場を設け、「悪かったね」とまず謝り、「先生にはこれからどうしてほしい」と尋ねたという。t はそれに対して、「同じようなことがないようにこれから見てほしい」と答え、「先生、もうちょっと真剣にがんばるわ」と応えたという。しかしその後も、t のカワモト先生に対する言動はぎこちなく、そっけない日々が続き、関係が修復されない状態で夏休みに入った。カワモト先生は夏休み明け以降も様子を見守りながら、前期の終業式を迎え、以下のような関わり方をしたという。

　通知票を渡すときに……1対1に全員がなるという時間なんで、通知票
を渡したときにすごい成績が上がってもう本当に努力したからそのこと
を褒め、「ところで」という感じで、「その後の先生はどうですか」って言っ
て、「tさんからちょっと通知票みたいな感じで言ってくれる」って言っ
たら「まあ、いいんじゃないんですかね」みたいな（笑）。……「じゃあ、
先生このままがんばりますね」って言ったら「はい、じゃあがんばって
ください」みたいな感じだったんで、ああちょっと関係も戻ったかなあ、
戻りつつあるのかなあっていう風に思って、そこから1週間ぐらいだっ
たかな、○○さん（他の児童）とまた毎日のように喧嘩になるんで、（t
が）「先生、話に入ってほしい」って。

　このようにtから相談され支援を依頼されたとき、「ああ〜、久々頼って
くれたみたい」に感じ、「すごく嬉しかったですね」と語る。このエピソー
ドからカワモト先生は以下のことを学んだと述べている。

　だからこううまくいっていると思っていても、なんか一方通行だったん
だなあっていうのが、まだ態度に出してくれる子ならいいんですけど、
もう「ふん」みたいな感じとか、「先生、これ以上近寄らないでください」
みたいな子とかはすごく分かりやすいし、距離も取りやすいんですけど、
なんかこう「先生、先生」って言ってくる子にも、すごい注意しないと
だめなんだなっていうのが勉強になりました。

　A校においては児童間関係理解の観点の内在化により、いわゆる目立た
ない児童への注目も意識的に行うようになったと述べていたが、ここでは逆
に自分から進んで教師に関わってくる児童との関係性の形成にも配慮が必要
であることを学んだということであろう。
　この事例からは、実践の最前線で個々の子どもの発達特性や生育環境など
の多様性に配慮しながら教育コミュニケーションとして教師が「押す」のか
「引く」のか、「待つ」のか「促す」のか、あるいはどのような言葉で働きか

けるのかなど、「教育の成功」を志向した危うい采配（意思決定）をとり続けなければならないという教師の専門性（安藤 2016：p.31）が浮かび上がる。

　また学級全体として学力が低い実態があり、特に学力の低位の子どもたちが意欲を高めることができるようにノート創りを工夫して実践していた。カワモト先生は、学級の人数が 40 人近いにもかかわらず、毎時間ノートを集めて見ていたという。そしてその成果は徐々に表れて学級全体の学力は向上していった。

　こうした新たな課題を抱える 2 年間の学級経営において、カワモト先生はＡ校でのナカニシ先生・マツムラ先生とのチームでの協働の経験を活かして、進んで他者（同僚教師・管理職）の支援を求めてきたという。その同僚教師は、上述のような学年団教師のみならず、理科の協力指導担当教師や特別支援学級担任教師など、「もう関わってもらえる先生は、積極的に声をかけてお願いして子どもに関わってもらうっていうのは継続しています。厚かましいぐらいに」と述べている。そのなかでも、理科の協力指導担当教師から、学級経営や子どもの様子について客観的な視点で指摘されることは非常に参考になり、学年団教師の方から揃って「客観的に見られてどうですか」と意見を求めることがあったと語っている。

　　理科の先生は 5 年のときも人数が多いということで5、6（年）と見てくれているんで、それこそクラスのことについても、子どもたちにもズバッと言ってくれるし、で私たち 3 人についてもズバッと言ってくれるんで、もう客観的な目ですごく捉えてくれるんで、意見は非常に参考になります。

　教師にとって自身の学級経営に関して客観的に厳しい意見を言われることは、通常受け入れ難いことが予測される。しかしカワモト先生は「言われたときはくそ〜と思うこともあるんですよ。分かっているけど、私は今それがまだできてないんですよ」と思いつつ、「次までに見てろよみたいな、これはナカニシ先生のを採用させてもらっています」と語っている。つまり、こ

こでは、葛藤を内包しながら積極的・主体的に他者（の意見）を位置付け／意味付けることを内在化していることが窺える。

　加えてカワモト先生は、学級会実践の経験や先述したノート創りの情報などを学年団教師にも進んで発信していた。それまで学級会実践の経験がなかった学年団教師はそれぞれの形で実践を始めたという。またＡ校でのミニ運動会の経験を活かして、「学年でまえ（ミニ）運動会とかやって楽しかったんですよ」と学年集会を提案して学年団教師の了承を得た。Ａ校でのミニ運動会は司会・進行をすべて子どもが担っていたが、学年集会は教師主導だったため、カワモト先生は子どもに司会を任せる学年集会を企画したいと考えていた。そうした思いについてカワモト先生は、以下のように述べている。

　　毎月学年で気になっていることとか、ここがいいなっていうところはもち回りでクラスごとで司会を立てて、それがＡ校のとき、確かできてなかったなあと思って、去年「やりたいです」って言ってたんですけど、それが実現しなかって今年ようやく実現したっていう。「やりたいけどできなかったので、今年こそは」って言って。

　そこでは「（学年）主任の先生が……、司会の（原稿を）作ってくれてという、協働です」と語るように、学年団教師による自主的な役割分担による協働がなされていた。

（2）Ｃ校における２年間の意識変容過程の特徴
　以上のように、異動校において新たな学級経営の困難や課題に直面するなかで捉えられたカワモト先生の意識や行為の特徴は、以下の３点に整理できる。
　第一に、子どもが抱える問題（課題）に生徒指導・学習指導の両面で目を閉ざすことなく向き合い積極的に取り組む（見守ることも含めて）指向性である。具体的には、例えば子どもの話を聴くことやこころのノートの活用等

による子どもの事実に向き合うことを重視する指向性、児童の学習意欲を高めるノート創りの工夫等による子どもの実態を重視する指向性である。第二に、子どもの成長や学級経営改善により良いと思う方策として、例えば学級会や学年集会を考え、選択し、実践化を図る自律性・主体性である。そこでは、子どもを学級・学年づくりに参画する主体として位置付け、子どもと共に学級や学年をつくっていくことを指向する子ども観や学級観が読み取れる。第三に、子どものために進んで学年団教師を中心とした同僚教師との任せる／任される関係の協働を取り入れる協働性重視の高まりであり、そこには第二とも関連して、他者や学年に開かれた学級観が捉えられる。

　Ｖ校長はこうしたカワモト先生の２年間の学級経営の様子を見て「彼女のいいところはやっぱり、早期発見、早期対応がもう彼女の一番の良さで、特に女子のトラブルに関しては自分がなかに入って、状況を知ったら説得をしながら、子どもたちが喋れるようにもっていって聴いてあげる」と評価している。カワモト先生は、初任時からの自身の学級経営観や教職観に関して振り返り、以下のように変化してきたと語っている。

　　それは変わりましたね（強調）。本当に職業としてなんかこう子どもと
　　向き合うことの重大さというか、本当に（子どもの）人生に関わってる
　　んだなっていうのが分かるようになった、遅ればせながら。だから新採
　　３年間はもう自分で精いっぱいみたいな。……こう自分で発信したりと
　　かどうしたらいいんだろうというのは、それ以上貪欲に考えることがな
　　かったなっていう。ナカニシ先生とマツムラ先生に関わってもらって、
　　ああそんな真剣に関わるんだあみたいなところを学び、……「とても重
　　大だ」っていうことに気付いたこう４年目、５年目。……（初めて異動して）
　　自分自身でこう考える、振り返ることが増えましたかね。なんでうまく
　　いかなかったんだろうとか自分自身の言動とかも含め、授業も含め振り
　　返ることが多くなったかな。多分初めの頃はそんな振り返る余裕なんて
　　ないから、だあーっと進んでたと思うんですけど、ちょっとそういう傾
　　向はあります。

　以上を踏まえると、A校で問い直しがなされ再構成された学級経営観――一方的な他者（学年団教師）への依存ではなく、積極的・主体的に他者を位置付け／意味付け、任せる／任される関係の協働性重視、子どもに積極的に関わる指導観、子どもを学級づくりに参画する主体と捉える子ども観、開かれた学級観――は、C校において、さらに多様な他者（子ども・学年団教師・他の同僚教師）との関係性のなかで維持・発展していたことが窺える。そして、そうした学級経営観の変容は、教師という職業は子どもの「人生に関わっている」仕事であるという教職の重さへの気付き（教育観・教職観）に繋がっていったものと思われる。このように見ると学級経営観のあり様は、教育観や教職観にも連動していると言えるであろう。

5. 4年間にわたる意識変容過程――子どもの問題に目を閉ざしがちな他律性志向から積極的に関わる子ども主体と協働性重視の学級経営観へ

　本章では、A校においてナカニシ先生に見られたようにカワモト先生にも新たな実践の創造――子どもの関係性に意識的に着目する観点の内在化や実践、学級会実践、子どもが活躍できる多様な教育活動――により、子どもの良い変化を目の当たりにし、初期状態の学級経営観を問い直し再構成していく過程が明らかになった。また、他者（学年団教師）との相互刺激や実践の協働化を通じて他者性を取り入れることにより、学級経営観の問い直しと再構成がなされていく過程が明らかになった。さらに、そうした学級経営観は、異動校においても継続・発展していたことが確認された。

　まずA校における学級経営観の変容の特徴については、以下の4点に整理できる。第一に、初期状態に見られた子どもの問題を等閑視する波風立てない指導観は、子どもの事実から目を逸らさない積極的な関わりと多面的な子ども理解を指向する指導観へと変容していることが捉えられた。当初カワモト先生は、子どもの問題に目を閉ざしがちな指導観を有していたが、児童

間の関係性への意識的な内在化と実践化により児童の実態に寄り添いながら「関わり・聴く・待つ」ことに意義を見出す指導観への変容が明らかになった。具体的には、従前のカワモト先生は「教師－児童（目立つ児童）」の二者関係に偏重する対症療法的な指導に終始しがちであった。しかし、児童間関係理解の観点の内在化や実践化により、子どもに積極的に関わるスタンスや待つスタンス、いわゆる目立たない子や子ども間の関係性、学級全体を視野に入れた学級理解の広がりが見出された。加えて、ナカニシ先生と同様に学年団教師と情報の共有が図られ、多面的な児童理解や関係性理解の視点を取り入れ、そのことがカワモト先生の指導観の変容を促したことが示唆された。

　第二の特徴として、学級会実践の過程において子どもを非力な存在として見なす子ども観から学級づくりに参画する主体として捉える子ども観への変容が捉えられた。当初の一部の児童を学級会の取り組みを回避する不安要因とみる子ども観からは、子どもを教師からの受け身の非力な存在として捉えていることが推測された。しかし、実践を継続する過程において見られた児童が主体的に自分たちの力で学級や生活を変えていこうとする自主性・主体性の育成を重視する子ども観からは、子どもの潜在力を認め、子どもを学級づくりの主体として位置付けていることが推測される。こうした子ども観の変容は、子どもと共に学級をつくっていくことを指向する学級観への変容へと繋がっていったと思われる。

　第三に、子どもの実態を重視し、子どものために少しでもより良い授業を実践したいという授業観（教材観）への変容が捉えられた。そこでは、初期状態の「のらりくらり」の授業に対する姿勢から、「子どもを思い浮かべながら」教材研究に取り組んだり、本物の教材に触れたり、積極的に指導方法やオリジナルの資料を学年団教師に提案したりする姿勢への変容が浮かび上がった。こうした変容の主な要因として、常に子どもの反応を意識しながら熱心に授業の準備に取り組むナカニシ先生の刺激や影響があった。

　第四に、自身の学級に閉じた学級観から他者や学年に開かれた学級観の広がりが捉えられた。初期状態のカワモト先生の学級観は、「自分のクラスさえよければいい」という閉じた視野に限定されがちであったが、学年団教師

との相互作用や協働を通して、「いやいや学年やなっていう」学年に開かれた学級観へと変容していったことが読み取れた。

　以上のように、カワモト先生は子ども同士の関係性に意識的に目を向け、理解したり育てたりする実践化（実践と省察の繰り返し）を通して、子どもの良い変化を目の当たりにし、学級経営観の問い直しと再構成を行ったと捉えることができる。加えて、学年団教師との相互作用や協働を通して、他者や学年に開かれた学級経営観へと変容していったと言えるであろう。

　さらに異動校においても第一に、子どもが抱える問題（課題）に生徒指導・学習指導の両面で積極的に取り組む（見守ることも含めて）指導観が継続していたことが捉えられた。また、Ａ校ではいわゆる目立たない児童への着目の必要性が内在化されたが、異動校では、自分から進んで教師に関わってくる児童にも配慮が必要なことを改めて学んだという。第二に、子どものために進んで学年団教師や他の同僚教師との任せる／任される関係を取り入れる協働性重視のさらなる高まりが捉えられた。第三に、子どもの成長や学級経営・学年経営の改善により良いと思う方策、例えば児童の学習意欲を高めるノート創りの工夫、学級会や学年集会等を考え、選択し、実践化を図る自律性・主体性が捉えられた。第四に、子どもを学級づくりの主体として位置付ける、つまり子どもと共に学級をつくっていく学級観の継続が捉えられた。

　カワモト先生の学級経営観の変容過程において見られた特徴は、他者（学年団教師）への強い依存を基盤とする他律性志向から脱却し、子どもの状況がより良くなるために子ども（の問題）に積極的に関わる自律性と他者性を取り入れる協働性を内在化していったことであると捉えられる。こうしたカワモト先生の学級経営観の変容は、「（教育実践は）全部最終子どもにかえってくる」「（教職は）子どもの人生に関わる職業である」という教育観や教職観の変容へと連動していったものと思われる。

　本章でこれまで見てきたような指導観や子ども観、授業観（教材観）、学級観は相即不離の関係にあり密接に連関し合いながら、志向する学級経営観の変容の基盤となっていったと思われる。ナカニシ先生がそうであったように、スキルや知識の変化のみならず、学級経営観に至る変容をＡ校の２年

間で内在化していたからこそ、異動校においても、さらに多様な他者（学年団教師、他の同僚教師、子ども）と連携や協働化を図りながら、子どもが主体で参画する学級・学年づくりを志向する学級経営観を確立していったと言えるであろう。よって、4年間にわたる意識変容過程は、子どもの問題に目を閉ざしがちな強い他律性志向からすべての子どもの多様性を包摂する子ども主体と協働性重視の包摂の学級経営を志向する学級経営観への変容過程として意味付けることができる。図6－1は、A校と異動校の4年間にわたるカワモト先生の学級経営観の変容の特徴を示したものである。

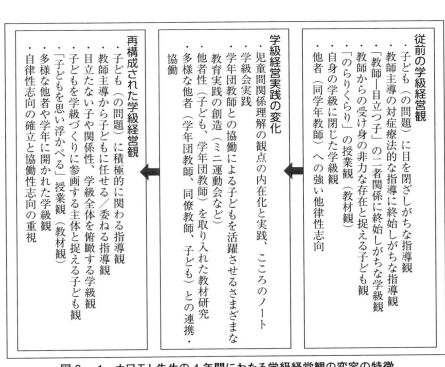

図6－1　カワモト先生の4年間にわたる学級経営観の変容の特徴

出典：筆者作成。

結論部

「包摂の学級経営」の実現を目指す若手教師の職能発達

第7章 「包摂の学級経営」を目指す実践を通した若手教師の職能発達の特徴

　包摂志向の学級経営改善に取り組むことが小学校教師としての職能発達にどのように、なぜ繋がるのか。本章では、これまで第3章から第6章で見てきた包摂志向の学級経営改善を意図した学級経営実践の変容過程とそれを通した教師の意識変容としての学級経営観の変容が、小学校若手教師の職能発達にどのように関連するのか、その特徴について考察を深めたい。さらに学級経営実践を通した教師の学級経営観の変容の要因として見出された教師間の関係性の変容の特徴について考察する。具体的には、第1節で包摂志向の学級経営改善を通した教職経験およそ4〜10年の若手教師の職能発達の特徴と構造について、第2節で若手教師間の関係性の変容の特徴について、整理し、考察する。そして、第3節で本書から得られた知見（成果）を整理し、それをもとに包摂志向の学級経営の推進と若手教師の職能発達支援のあり方への示唆を提示したい。

1. 子ども主体の学級経営実践を通して若手教師は主体的に育っていく

（1）学級経営実践を通した学級経営観の変容と職能発達との関連

　ここでは、第1章第4節で言及したように今津（2012a：pp.47-68）の教師の「資質・能力の六層」（表1−1、第1章で既出）を枠組みとして考察する。表1−1のA（実践的指導力）は、勤務校の現実に向き合いながら個別問題状況を解決するために必要な力量であり、B（教科指導・生徒指導の知識・

254

技術）と C（学級マネジメントの知識・技術）を基礎とし、D（子ども・保護者・同僚との対人関係力）と E（授業観・子ども観・教育観の錬磨）も動員されて初めて発揮され、実現する（p.64）。そして、F（教職自己成長に向けた探究心）は、A ～ E で発揮されるすべての実践の原動力になるものである（p.58）。

　それでは、A 校での学級経営におけるさまざまな個別問題状況を改善するために、2 名の若手教師はどのように A（実践的指導力）を身に付け、発揮していったのだろうか。

　第 3 章・第 4 章で見てきたように、5 年生当初の 2 名の教師の学級経営の課題は、共に目立つ児童の態様に強い影響を受け、対症療法的な指導に終始しがちであり、いわゆる目立たない児童への着目や児童間の関係性理解の視点は後退していた。ナカニシ先生は新任時からの強い教師主導の厳しい指導に行き詰まりを感じ、カワモト先生は 4 月当初から「学級の危機」に陥り、共に実践の「引き出しが少ない」という理由で学級経営改善のビジョンが描けない状況に直面していた。そうしたなか、ナカニシ先生とカワモト先生は、AR を契機に学級経営改善の新たな実践として「児童間関係理解」の観点を導入した。そして、子ども間の関係性に意識的に着目する観点の内在化や実践を重ねることを通して、「教師－児童」の二者関係に限定されがちな目立つ子中心から目立たない子や関係性、学級全体を視野に入れた学級理解の広がりへの変容が捉えられ、意識的に学級のすべての子どもに向き合う学級経営改善が進んだ。

　こうした児童間の関係性に着目する観点の内在化や実践化は、第 5 章・第 6 章で見てきたように AR 以降も継続され、子どもの変化を看取することを通してナカニシ先生には、初期状態の強い教師主導から児童に任せたり委ねたりする児童尊重の指導観への変容が、カワモト先生には、初期状態の子どもの問題を等閑視する波風立てない指導観から子どもの事実から目を逸らさず積極的に関わることを指向する指導観への変容が捉えられた。またその過程において、学年団教師間で情報の共有が図られ、他者の視点を取り入れることで多面的な児童理解や関係性理解が図られ、そのことがそれぞれの指導

観の変容を促したことも示唆された。

　次に、新たな学級経営実践としてナカニシ先生とカワモト先生は、学級会実践に取り組んだ。ナカニシ先生は AR を契機に 5 年生から取り組み、カワモト先生はナカニシ先生の支援を受けて背中を押される形で 6 年生から取り組んだ。共に当初は他律的実践であったが、実践の過程において子どもや学級の良い変化を看取し、学級会実践を他の教科指導では得られない有用な教育実践として意味付けていった。そして、子どもを教師からの受け身で非力な存在として見なす子ども観から学級づくりに参画する主体として位置付ける子ども観への変容が促された。

　個別の特徴としてナカニシ先生は、学級会実践を通して子ども自身の変容を媒介とした意味内容——子どもに任せるという意味で学級会は良かった——をつくり上げていった。そこでは、個々の子どもや子ども間の関係性、集団を育てることの新たな意味や価値の気付きが促され、先に挙げた児童間関係理解の観点の内在化や実践化による指導観の変容と連動して、それまで自明の前提としてきた強い教師主導の学級観から、子どもに任せる／委ねる活動を取り入れることにより子どもの参画を促し、子どもと共に学級をつくっていくことを指向する学級観への変容へと繋がったことが見出された。一方カワモト先生は、学級会実践を通して、子ども自身の変容を媒介とした意味内容——児童が自分たちの力で学級や生活を変えていこうとする自主性の育成に繋がる意味で学級会は良かった——をつくり上げていった。そして、子どもの参画を重視し子どもと共に学級をつくっていく学級観への変容へと繋がっていったことが見出された。

　さらに、AR 以降の 5 年生後半には、3 名の学年団教師の連携・協働により、すべての子どもが楽しみ活躍できることを目指す多様な教育活動の創造と実践が展開され、6 年生でもナカニシ先生とカワモト先生により継続して展開された。

　以上のような子どもの関係性に意識的に着目する観点を活かす実践や学級会実践、ミニ運動会などの子どもが活躍するさまざまな実践の知識やスキルは、「知識・技術（B）」にあたる。こうした新たな実践では、とりわけ子ど

もを主体として位置付けることが重要であった。

「マネジメントの知識・技術（C）」には、例えば 5 年生から 6 年生にわたって「子どもの状況がより良くなるために」という問いを立て、「子どものために何とかしたい」という価値観のもと、学年団教師との連携や協働を積極的に取り入れながら、周辺化されがちな子どもの状況改善やどの子も楽しみ活躍できる教育活動の創造などを展開した学級（学年）経営改善がこれにあたる。そこには、児童間関係理解の観点や学級会の知識・技術も含まれる。そうした実践を通して、2 名の若手教師は児童や学級の良い変化を看取し、子どもや学年団教師と信頼関係を構築しながら「対人関係力（D）」を培っていった。その結果、目の前の多様な背景を抱える子どもを包摂する指導や支援のためには、閉ざされた個業の学級経営（観）では限界があることを認識し、学級が学年に開かれ学年団教師との連携や協働が重要であるという協働性重視の学級経営観への変容が促された。また、カワモト先生には、子どもの実態を重視する授業観（教材観）への変容が捉えられたが、その変容を促した要因としてナカニシ先生の影響や刺激に加えて、上述した子ども観や指導観の変容との連動も挙げられるであろう。

このように 2 名の若手教師の事例では「勤務校での具体的文脈で発揮される個別対応の力量の層」である B ～ D の資質・能力が培われ、さらに「どのような具体的文脈であろうと適用されるような普遍的な力量への層」である学級経営観（子ども観・指導観・授業観・学級観）の変容が促され、A（実践的指導力）の力量として結晶し、発揮されていったと捉えることができる。「授業観・子ども観・教育観の錬磨（E）」にあたる学級経営観の変容にまで及んだからこそ、例えばカワモト先生に見られた「（教育実践は）全部最終子どもにかえってくる」「（教職は）子どもの人生に関わる職業である」という教育観や教職観の変容へと連動していったものと思われる。つまり、子どもの立場を尊重する子ども主体の新たな実践により子どもの良い変化を成果として看取したり、他者（学年団教師）との協働を積極的に取り入れたりする学級経営改善（A ～ D）の過程を通して「授業観・子ども観・教育観の錬磨（E）」の層に及ぶ学級経営観の問い直しと再構成を行った。ゆえに「子

どものためにという根底は一緒で、でもそれぞれが成長したい」（カワモト先生・X+2/3）という主体的な「教職自己成長に向けた探究心（F）」に繋がっていったと推測される。Fの探究心は、A〜Eを支える源泉であり、これがあるからこそ専門職としての自律性が保証され、枯渇すればA〜Eのすべてが低下する（p.66）。加えてA〜Fは、実際の事例においては有機的に関連し複数にまたがる場合があることには留意したい。

　2名の若手教師は、A校の包摂の学級経営の実現を目指す改善において知識やスキルとしてのBやCのみならず、それらを支える「普遍的な力量」であるD〜Fも結晶した実践的指導力（A）としての力量を高めた。だからこそ、それらがまた異動校の新たな学級経営における個別問題状況を改善するため、多様な他者と連携・協働しながら（対人関係力D）、実践的指導力（A）として柔軟に発揮され、さらに個別対応の力量を高めていったと言えよう。

　本事例において見られた2名の若手教師の学級経営観の変容過程は、新たな状況に対応して、従来の学級経営観（子ども観・指導観・授業観・学級観）を脱ぎ捨てながら進みゆくべき新たな方向を選択しつつ、主体的な決断と選択によって発達と力量形成を図っている姿として捉えることができる（山﨑2012a：p.23）。その様相は、日常の経験や実践のなかで、教師の力量は発達主体としての教師自身によってその意味内容がたえず産み出され構成されていく自己生成的で文脈状況依存的であると言えよう（山﨑2012c：p.162）。よって、2名の若手教師が「教師になっていく過程」（安藤2000：p.99）として、「若手教師は現場で主体的に育っていく」過程が見出された。

　このように見ると、目立たない子や関係性、学級全体を俯瞰する学級理解の視野の広がり、他者の視点を取り入れた多面的な児童理解や関係性理解に基づく児童尊重の指導観、子どもを学級づくりに参画する主体として位置付ける子ども観、子どもの潜在力や可能性を認め子どもに任せる／委ねる活動を積極的に取り入れることにより、どの子も活躍することができる場を設け子どもと共に学級をつくっていくことを指向する学級観、児童の実態重視の授業観（教材観）は、包摂の学級経営を志向する小学校教師の職能発達にとっ

て中核になるものだと捉えることができる。よって、包摂志向の学級経営改善に主体的に取り組むことは、実践を通したスキルや知識の獲得のみならず学級経営観の問い直しと再構成に繋がることであり、それが小学校教師としての主体的な職能発達に繋がることが明らかになった。またそれらを促す要因は、子ども主体の新たな実践による子どもや学級の変化の看取と他者（学年団教師等）との協働の経験であることも明らかになった。

　加えて、本事例から包摂の学級経営の具現化には、児童間関係理解（生徒指導）や話合い活動である学級会（特別活動）に着目した教育実践が有効であることが示唆された。このことは教科指導を軽視するものではなく、以下のヨシオカ校長の語りからも窺えるように、一人の学級担任教師が教育活動の大部分を担う小学校の学級経営においては、生徒指導や特別活動の実践が重要な機能を果たすことになるということである。

　　　授業力があるという言葉だけでただ単に授業がうまいじゃなくて、それは学級経営も含めたそういうトータルとして子どもに何か指導していったり、子どもに寄り添えたりそういう力をもっている教師がやっぱり授業力が高い。（ヨシオカ校長：X＋5/3）

　多様な価値観や行動様式を有する子ども、社会的に多様な文化背景をもつ子どもが入学してくるのが公立小学校であり、そうした多様性を排除しないで包摂するように配慮されている二十一世紀型学級経営の実現（白松 2017）は、公立小学校の役割であることに異論はないであろう。このように考えると、改めて生徒指導や特別活動領域に着目した教師の職能発達に関する知見の蓄積が必要であると考える。

（2）小学校若手教師（教職経験およそ4～10年）の職能発達の特徴と構造

　本事例に特徴的な若手教師の職能発達（教職経験4～10年）の様相は、図7－1のように整理できる。なお、図中の⇔は、循環のイメージを示すものである。

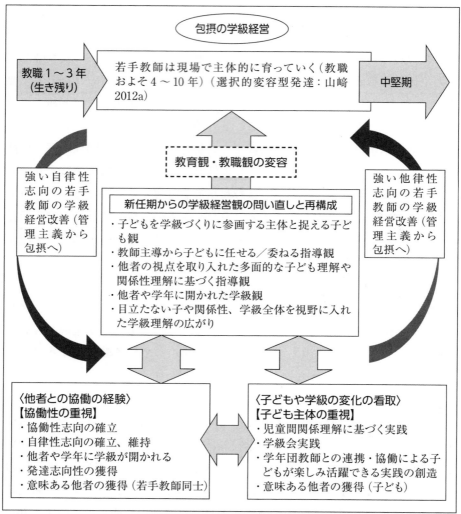

図7－1　本事例における小学校若手教師（教職経験4～10年）の職能発達の特徴

出典：筆者作成。

　本事例の2名の若手教師は、「強い自律性志向」と「強い他律性志向」という対照的な教師であったが、いずれも包摂志向の学級経営改善への主体性を高めるなかで協働性を重視するようになり、そのことによって職能発達をしていく―主体的に育っていく―ことが見出された。

　まず、新たな実践―児童間関係理解の観点を活かす実践、学級会実践、学

年団教師との連携・協働による子どもが楽しみ活躍できる実践―では、とりわけ子どもを主体として位置付けることが重要であった。そこでは 2 名の若手教師の意識変容や発達を促す重要な役割を果たした「意味ある他者」（永井ほか 1981）として、子どもを捉えることができる。教職経験年数が 4 ～10 年にあたる若手期に、こうした子ども主体の学級経営を身に付けることは、中堅期以降の職能発達に有用な影響を及ぼすと思われる。

　次に、他者（学年団教師）との協働の経験が重要であった。協働性重視により他者の視点が取り入れられ教師自身が他者に開かれ、学級（教室）が開かれるからである。A 校においては若手教師同士の主体的な実践の協働化が展開された。そこでは「子どもの実態の重視」「子どもの状況が良くなるために何とかしたい」「子どもが楽しみ活躍できる教育活動の創造」という価値観やビジョンがぶれずに学年団教師に共有されていた。こうした学級経営改善の過程において、学級が開かれ、教師に個業の限界が認識され、協働性志向が高まり、そして互いの学級経営観や教育観・教職観の変容に影響を及ぼし合い、「教師として互いに成長したい」という発達志向性に連動していった。よって、「意味ある他者」（永井ほか 1981）として、子どもと共に若手教師同士を捉えることができる。ナカニシ先生とカワモト先生とマツムラ先生は、互いに「意味ある他者」であったと言えるだろう。マツムラ先生は年齢は 30 代後半であるが、教職の経験年数が近いという点で若手教師同士と捉えることができる。とりわけ、カワモト先生とナカニシ先生は、2 年間にわたる同学年担任教師としての実践の協働や相互刺激を通して互いの力量形成に大きな影響を及ぼし合っていたことが見出された。

　以上のように、子ども主体の実践による子どもの変化の看取と学年団教師との主体的な協働化の経験がループのように循環することが教師の職能発達を促す要因として重要であると考えられる。A 校で獲得した力量や学年団教師との協働の経験は、異動校においてさらに多様な他者と新たな学級経営改善を通じた連携や協働関係を形成する基盤となっていた。

　第 1 章でも述べたように、これまで若手教師にとっての「意味ある他者」（永井ほか 1981）は、功罪両面を含めて多くは年長の同僚教師を指してきた。

しかし本事例では、子どもと若手同僚教師であった。A校のように教師の若年化が進行している学校現場においては、従来のメンター制や意味ある他者の言説とは異なる状況が展開されていた。そこには、教師からの受け身の非力な存在としての子どもではなく、また指導されるべき受け身の未熟な存在としての若手教師ではなく、共に発達主体としての主体的な姿が浮かび上がってきた。

初任期（1〜3年）の時期を乗り越え、教職という世界に生き残り、徐々に自身の学級経営や教育実践を対象化し他者の言葉に耳を傾ける余裕が生まれてくるのがおおよそ4年目以降であることはカワモト先生の語りからも窺える。そして教職経験おおよそ10年目までの期間に新任期からの学級経営観を問い直し再構成する経験を有することが、中堅期以降の職能発達において重要になることが本事例から示唆された。よって本事例で見てきた4年間は、A校における2年間を契機として「選択的変容型」（山﨑2012a）の発達がもたらされた転換期であり、教師としての新たな力量が獲得された時期と言えよう。このように見ると、教職経験がおよそ4〜10年の時期を、新任期からの学級経営観の問い直しと再構成の時期と位置付けることもできるかもしれない。こうした一人一人異なる教師の主体的な発達は、「研修管理」などで見られる付与型で脱文脈的・脱状況的に設定された目標に向かって右肩上がりに積み上げていく垂直型発達観で捉えることはできない。ARによる包摂志向の学級経営改善のプロセスとそれを契機とした若手教師の職能発達過程との関連を一体的に追究したからこそ、見出されたものであると考える。

2. 若手教師間に形成された関係性の特徴—協働文化の特徴を有する関係性の構築

研究課題として設定はしていなかったが、これまで見てきたように包摂志向の学級経営を通した若手教師の職能発達を促す要因として、若手教師同士

の協働が浮かび上がってきた。第 1 章で言及したハーグリーブス，A.（1992、1994）の教師文化論に依拠するならば、図 7 − 1 で示したナカニシ先生とカワモト先生に捉えられた学級経営観（「内容」）は、A 校での学年団教師間に「特徴的な関係性のパターンや結びつきの形態」の変化の影響を受けて現れたのであり、教師発達を探るにはそれらを明らかにしておく必要がある。

　そこで、本節では、A 校における AR 終了以降の 5 年生後半〜 6 年生の学年団教師間の関係性の特徴（主に形態）に焦点を当てて分析する。その際、必要に応じて初期状態や AR における教師間の関係性にも遡って言及する。具体的には、5 年生当初（X 年 4 月）の 3 名（ナカニシ先生・カワモト先生・マツムラ先生）の教師間の関係性、AR（X 年 4 〜 7 月）における 3 名の教師間の関係性、AR 終了以降 5 年生後半（X 年 8 月〜 X+1 年 3 月）における 3 名の教師間の関係性、6 年生（X+1 年 4 月〜 X+2 年 3 月）にもち上がった 2 名（ナカニシ先生・カワモト先生）の教師間の関係性を時系列で分析する。

（1）5 年生当初における学年団教師の硬直していた関係性（X 年 4 月）

　それでは、5 年生当初、3 名の教師の関係性はどのような様相にあったのであろうか。当初の様子について、3 名の教師は次のように振り返っている。

　カワモト先生はどういう風に子どもに指導するかとか、どういうクラス運営をするのか、例えばどこを任せたらいいかなとか、どこは自分がやった方がいいかなというのが分からない状況が 5 年の 4 月だったんです。（ナカニシ先生・X+1/6）
　自分自身学年主任させてもらってるけど、……僕年下だから偉そうに言いたくないんですよ。（ナカニシ先生・X/7）

　マツムラ先生の方がこの学年のことを知っているからとか、結構遠慮、遠慮が重なってあまり踏み込めなかったところもあって学年スタート当初は。というので、みんなが遠慮していたと思います。（カワモト先生・X+2/3）

　　校長先生は、どんどん関われと仰るのですが担任の先生の思いもあると
　　思うので、例えば、給食指導一つにしてもやり方が違うので難しいです。
　　（FN・マツムラ先生・X/4/23）

　こうした語りからは、年齢や勤務校でのキャリア等の属性により3名の教
師が「遠慮」や「分からなさ」から、互いに関わり合うことを抑制する姿勢
が浮かび上がり、それぞれが様子を窺いながら葛藤をしていたことが推測さ
れる。
　また、カワモト先生は、4月当初からいきなり「学級の危機」に直面して
いた（第4章）。学級経営がうまくいかない状況のなかでもち上がりである
ナカニシ先生とマツムラ先生から子どもに関する情報を伝えられることに
「最初の頃はほんとになんか、『あの子はできるんです』って言われること
が私にはすごいストレスだって……それを言われると辛いというか」（X＋
1/6）とストレスやプレッシャーに感じて辛かったと振り返っている。
　学級経営に関してはそれぞれの教師が個々のスタンスをもっているため、
協力指導のマツムラ先生は担任教師への遠慮から自身の意見や考えを伝える
ことに躊躇していたと言う。また子どもへの関わりについても「やっぱり最
初はやめました、自分では。担任の先生もおられるし」（X+1/6）と述べる
ように抑制していたことが推察される。個々の教師が独自のやり方で学級経
営や教育実践に取り組んでいたものの、教師間の相互作用や連携は遠慮や思
惑のズレなどにより硬直化の状況にあったことが窺える。そこでは、自身の
学級に閉じた自己流や個業の学級経営（観）が自明視され、問い直されるこ
となく維持されていることが推測された。

（2）アクションリサーチにおける学年団教師の協働性の萌芽（X年4月〜7月）

　こうした遠慮や分からなさによる硬直した関係性に風穴をあける主な契機
となったのは、改善協議を中核とした教師間のコミュニケーションの質の変
化と筆者の指摘であったとカワモト先生は振り返って以下のように語ってい
る。

あの子はできるじゃなくて「僕のときはこうしていました」とか、自分
が経験したこととか、「こんな風に対応したよ」っていうのを（マツム
ラ先生が）言ってくれるようになってから、そうしてみようとか。多分
マツムラ先生も遠慮があって言わなかったんだと思います。（X+1/6）

　このようにカワモト先生は、具体的な実践の方法を語り合うことが重要な
契機の一つとなったと意味付けている。
　また、筆者の指摘については次のように語っている。

あれは○○先生（筆者）が言ってくれたんじゃないですか。「お互い遠
慮し合っていますよね」っていう。お互い遠慮し合っているのは勿論分
かっているんですけど、そこを乗り越えるにはそうやって外部の先生
からズバッと言ってもらったことで、乗り越えたのかなあと思います。
（X+2/3）

　この語りからは、ARに第三者が入ることの有効性が示唆されるが、同時
に、「関わってない先生から言われると腹が立つんですけど、○○先生（筆者）
も結局チームだから外部ではないんですよね」とも語っている。内部者であ
り外部者という二つのモードを引き受け、関わる筆者の立場が受け入れられ
ていることが窺える語りである。

　さらにマツムラ先生は、当初の遠慮を縮減していったのは改善協議を中核
とした「子どものために何とかしたい」という思いの共有や連携・協働による
実践の成果の看取であったと次のように振り返っている。

一番最初の頃は、やっぱり気を遣っていたりとか遠慮があったんですけ
ど……それぞれのポジションで動けることを考えて、そのために協力し
て（児童への指導や支援が）大変だったときもあったりして、また3人
で個別に（児童に）話をしたりとか、そういうのを繰り返しているうち

に学級もそこの目標に向けて落ち着いて。(X+1/6)

学年団全員の先生で子どものために何とかしたいっていう思いがあって
……やっぱりその作戦会議（改善協議）が大きかったのかなあと。(X/7)

　改善協議では、例えば、人間関係の構築に課題を抱える子ども同士の問題
が起きたときには、本質的な課題（問題の意味や背景）とは何かを問い直し、
学級の枠を越えてそれぞれの立場でできる関わりを実践していった。このよ
うなプロセスを通じて「子どものために何とかしたいっていう思い」が共通
の目的として改善協議で可視化され、教師同士の連携や協働が萌芽し、例え
ば以下のように多様な場で学級が開かれることが促進された。

　国語の授業の後半、カワモト先生が突然1組の教室に参観にきた。初め
てのときはお互いに予告してからの参観だったが、いつの頃からか二人
とも予告なしでそれぞれのクラスの授業を短い時間ではあるが参観する
ようになっていた。お互いのクラスの週予定表は手元にあるので、この
授業の進め方を参考に見たいと思うときに自由に行き来をするとのこと
であった。(FN・X/6/24)

　このような日常的な授業交流は、授業改善や学級経営実践を学び合う機会
にもなっていた。また、学級の実態や課題、教師のニーズなど、その時々
の目的や必要に応じて柔軟に連携や協働が形成され新たな実践が創造されて
いった。例えば、学習に苦戦していた2組のヨシオの抽出指導に関する3名
の教師の連携と協働、ソーシャルスキル学習の実践におけるマツムラ先生と
カワモト先生との連携や協働はそれにあたる。

　以上のように、初期状態において硬直化していた教師間の相互作用は、子
どもを中核に据えたコミュニケーションや教育実践の連携・協働を通じて活
性化していった。そのプロセスにおいて、教師のそれぞれの多様な見方や考
え方が尊重され、交流され、共有される場として、改善協議が中核的な機能
を果たしていたことがマツムラ先生の次の語りからも窺える。

チームで一つの方向に向かって協力してやるというのは目的も同じです
し、ただチームなので色々な見方とか考え方があって、いいのはそうい
うのを共有できる、生徒指導も一人じゃないし、同じ思いがあって、同
じ子どもを支えたりっていう思いがある。あるから大丈夫って、そこは
間違いないだろうなあって、本当に思ってるんですけど。だから、本当
に学年会（改善協議）とかも、○○先生（筆者）とナカニシ先生と僕と
カワモト先生の4人でやってたのは、すごく心地良い疲れというか楽し
かったんです、すごく。自分の勉強にもなるし。（X/7）

　こうした教師間に見られる日常的な助け合い、信頼、開放性を特徴とする
関係性は、ハーグリーブスのいう「協働文化型（Collaborative Culture）」、
またその時々の目的や必要に応じて柔軟に集団のあり方が変化する関係性
は、「自由に動くモザイク型（The Moving Mosaic）」の萌芽として捉えるこ
とができるのではないであろうか。こうした結びつきの影響を受けて、マツ
ムラ先生が述べるように「子どものために何とかしたい」という価値や前提、
「チームで一つの方向に向かって協力してやる（実践する）」という態度や行
動様式が共有され、それぞれの学級（教室）が開かれていったと思われる。
　しかしながらこの時期は、学級経営実践の改善方策を明らかにすることを
目的とするARであったこと、アサダ校長によるチームでの学級・学年経営
を企図した配置のもと、連絡・調整中心の学年会を子どもの話題を中心にす
る学年会に変えたいというアサダ校長の期待が改善協議には込められていた
ことなどの背景があったことに留意しなければならない。つまり、こうした
背景の下で萌芽した教師間の連携や協働であったという点である。したがっ
て、この時期の検討のみにて、「協働文化型」や「自由に動くモザイク型」
の特徴を有する協働が萌芽したと論じることは早計であろう。教師間に真に
自発的な協働が形成されたかどうかという点については、AR終了以降にお
ける教師間の関係性の検討が必要である。

（3）アクションリサーチ終了以降における学年団教師の主体的な協働性の形成（X年8月～X+1年3月）

　それでは、AR終了以降の5年生後半における教師間の関係性はいかなるものだったのであろうか。3名の学年団教師や児童を通じて交流のある2名の通級指導教室担当教師、養護教諭の語りから、以下の7つの特徴が浮かび上がってきた。

　第一に、日常的な教師間の顔の見える対話的関係性である。「結構放課後、授業のこともですし、子どものこともかなりよく話はしていましたね」（カワモト先生・X+1/6）、「子どもの悪口を言うような話はしたくないとはずうっと思っていて、だから、そういう話をしないように、でも子どもの状況がより良くなっていくようにどうしたらいいのだろうなという話が（3人で）自然とできることが増えたかなと思って」（ナカニシ先生・X+1/6）、の語りから、授業や子どもの話題を中核として「子どもの状況がより良くなっていく」ためにはどうしたら良いのかという問いが立てられ、放課後だけでなく休憩時間も何かあった場合は、誰ともなく話題が出され話し合っていた。それは例えば、「最近この子元気ないなあとか、この子とこの子の関係はあまりよくないなあ」（ナカニシ先生・X+1/6）、「今日、誰がこんなことがんばれたとか」（ナカニシ先生・X+1/7）というように、子どもの様子や子ども間の関係性について、心配な面や良い面を含めて話題に挙がっていた。そして、気になる課題に対しては、単に連絡・報告で終わるのではなく、それぞれの立場でどう動いた方が良いのかという話し合いにまで発展したという。

　こうした関係性について、養護教諭のD先生は「3人で話しているのが本当に多くて、3人まとまってというチームが感じられましたね」（X+1/7）と述べている。

　また、担任教師とマツムラ先生のTTを柔軟に導入し、それぞれの授業に関しても、「プチ反省会」として率直な意見交流や振り返りを「研究授業みたいな感じ」（マツムラ先生・X+1/7）ではなく日常的に行っていた。加えて「なんかよく喋るからやっぱりその人の考え方が分かったりとか」（カワモト先生・X+1/7）と述べるように、教師間に存在するさまざまな差異を越えて互

いに理解し合うことを促したようだ。

　第二の特徴は、日常的な相互扶助・支援の関係性である。ナカニシ先生は「知らず知らずにいっぱい助けてもらって」（X+1/6）楽になったと述べ、カワモト先生は、ナカニシ先生とマツムラ先生に「陰でとても支えて」（X+1/6）もらっていたと述べている。こうした陰日向なく行われていた日常的な助け合いや支え合いの根底には、「『持ちつ持たれつですね』とかいつも言ってます。カワモト先生も言ってくれるし」（ナカニシ先生・X+1/6）、「自分のクラスのことじゃないのに、何かあったときは遅くまで待ってくれていたりとか、相談にのってくれたりとか」（カワモト先生・X+1/7）の語りにあるように、相互扶助・支援の大切さを互いに気持ちの面でも共有できていたことがあったと推測される。

　第三の特徴は、信頼関係の構築である。子どもが楽しみ活躍できるような教育活動を一緒に考えたり企画したりする場と時間を日常的に共有したり、任せる／任されるという関係性を維持したりすることにより信頼関係が構築されていったとマツムラ先生は語っている。

　　色んなことを一緒に考えたりとか企画するというか、そういうのも大きいかなあと思います。野外活動でもそうですし、学習発表会の内容を決めるのもそうですし。どうしたら子どもが楽しんでそれぞれが活躍する場があるかなあというのを、……考える時間をみんなで共有していってそれが目標にもなっていたのかなあと。それが（信頼感を）深める要因になったような気がします。（X+1/7）

　そうした教育活動の企画は、「結構雑談のなかで、『次何しましょうか』とか言って」（ナカニシ先生・X+1/7）生まれることもよくあったという。その根底にナカニシ先生が語るように、「子どものために」という思いがぶれずに共有されていたから、信頼関係が形成されたと思われる。

　　子どものためにやろうというのは3人共通。3人が3人、自分がしんど

い思いをしても、何かこう、いいものをつくりたいなあというのが、結構３人の心のなかにちゃんとあったので、だからぶれることなくがんばれたのかなあという気はします。（ナカニシ先生・X+1/7）

　また、ことばときこえの教室担当のE先生が「（カワモト先生とナカニシ先生は）マツムラ先生を信頼して任せていた」（X+1/7）と語っているように、ナカニシ先生は「カワモト先生と組んだことによって、マツムラ先生がサポートに入ってくれることによる信頼感というか、そういう意味ですごく良かった」（X+1/6）と捉えていた。さらに、カワモト先生はナカニシ先生のことを「（同学年で）働いてみてすごいなあと思って、あの熱さとか。でも熱さのなかにすごい丁寧さがあって」（X+1/6）と語っているように間近で見る日々の学級経営への姿勢に信頼を高めていったと思われる。

　第四の特徴は、学級が開かれる関係性である。ナカニシ先生は、「隣のクラスも何か自分のクラスみたいな」（X+1/6）と語り、マツムラ先生も「カワモト先生もナカニシ先生も自学年の５年生の子どもたちという目で見ていたので、お互い何かあったら必死でこう聴いたりとか」（X+1/7）と語っているように、子どもの状況がより良くなっていくために３人で学年を見るという子どもを中核に据えた姿勢が共有されていたことがみて取れる。こうした姿勢に基づく日々の実践は、ナカニシ先生とカワモト先生に学級を開くことを促していった。日本語教室担当のF先生と養護教諭のD先生は、そうした様子を次のような場面で感じていた。

　クラスの垣根は低いですよね。だから子どもたちの行き来は多分……同じクラスのような感じで「（廊下の窓から覗いて）何してんの？」言うたら「僕とこ、ここ終わったで」みたいな、なんかそういう交流はあって……一つのクラスみたいな感じになっていて。（F先生・X+1/7）

　他の先生だったら自分のクラスの子だったら「どうや？」って見に来たりとかはしていたのですけど、ナカニシ先生であったりカワモト先生で

あったりマツムラ先生は、去年であったら 5 年生の子どもが保健室にいるって分かったら「どうしたんや」っていう風に声をかけていたのが、なんかクラスって言うよりもう 2 クラスが 1 クラスのように感じましたね。（D 先生・X+1/7）

　第五の特徴は、不一致への寛容の関係性である。同僚教師との調和や学年の調和の重視は、行き過ぎると同調圧力を生み（永井 1988）、教師の自律性や創造性を抑制することがある。この点に関してカワモト先生は、以下のように述べている。「自分が変と思うことは言っていい」、「私のスタイルに合わないところはやっぱりそこは譲らなくてもいいのかなあ」（X+1/6）。また、マツムラ先生は、3 名の教師がそれぞれ自分の考えをしっかりともっていることを認め合い、そのことを前提に議論し合うことを是としていると語る。ことばときこえの教室担当の E 先生は、両クラスの図工の作品が違うものが展示してあったこと（いわゆる揃えていないこと）を捉えて、「それでいいのかなと思って」（X+1/7）と評価している。3 名の教師間の関係性には、同調圧力を抑制する不一致への寛容という特徴が捉えられる。
　第六の特徴は、情動的な交流・共感やケアリングが共有された関係性である。ナカニシ先生は、職員室で話す時など「楽しいし、あとは安心できるし」（X+1/6）と語り、その理由として年齢が近いことを挙げている。また、次のカワモト先生やマツムラ先生の語りからも窺えるように、フォーマル・インフォーマルな場におけるメンタル面への共感や配慮は、教師間の関係性にあたたかさを醸成していた。しかし、それはそもそもマツムラ先生が「あたたかい学年にしたいなあという思い」（マツムラ先生・X+1/6）が 3 人にあったと述べているように、学級・学年経営に共有されていた価値観であったと言えよう。

ナカニシ先生やマツムラ先生（という）隣のクラスの先生とか 7 年の先生が見てくれているという、なんか子どもにとっても私にとっても安心感がすごくありました。（カワモト先生・X+2/3）

一生懸命指導して教室で残念だったりとかっていうことも逆にあったりとかもしますし、そんなときはちょっと僕が落ち込んでたりするんですけど、そういうときは……ナカニシ先生だったら「大丈夫ですか」とか、「僕も同じだし分かります」であったりとか（声をかけてくれて）素直に嬉しいなあと思いますし。カワモト先生は、なんかメッセージカードだったりとかコメントとかおやつだったりとか色々ですけど。（マツムラ先生・X+1/7）

　日本語教室担当のF先生は、「本当に一つのクラスみたいな感じに思いました。すごくいいですよね、あったかいし」（X+1/7）とその自然と滲み出るあたたかさを教室の雰囲気や教師間の関係性に感じていたと語っている。また、上述のように「楽しい」「安心感」といった感情がナカニシ先生とカワモト先生に共有されていたことは注目したい特徴である。地域や家庭の実態が厳しいA校のなかでも一番しんどい学年であると言われている当該学年の学級経営は、とりわけ若手教師にとっては困難であり、強い不安感を抱えることが推測される。そのようななかで教職経験年数の近い若手教師同士が構築した関係性に、「楽しい」「安心感」を感受できることは、不安感を軽減し、チームによる協働化の有効性を個々の教師に内在化させる大きな要因になったと考えられる。ケアリングは、情動的な共感という気質を保ちながらメンバーが行動することに基づくものであり、それは同時に十分な安心感を抱くことに基づく（A・ハーグリーブス 2003=2015：p.225）。このように見ると、教師の感情への着目は重要である。
　第七の特徴は、対等性・平等性が担保されていた関係性である。前述の任せる／任される関係性の背景には、学年主任の立場にあったナカニシ先生が「パワーバランスというか。……僕はだからと言って、学年主任が偉くないですからね。……だから、本当に助けてもらって1年間、3人でやったなあと」（X+1/7）と語るように、「パワーバランス」への配慮があった。そうした関係性は、例えば、ことばときこえの教室担当のE先生が捉えていたナカニシ先生とカワモト先生の「どっちがリーダーとかじゃなくてね、相談し

て動かれてるなあと感じ」た光景やマツムラ先生が「中心になるような場面」
（X+1/7）の光景からも窺える。

　以上のように、対話的関係性に基づく教育実践、そこにおける対等性・平
等性、相互扶助・支援、不一致への寛容が担保された関係性の経験、そして
教師間の情動的な交流・共感の深化は、それぞれが連関し合い、信頼関係の
構築を促したことが見出される。こうした関係性の結びつきは、「協働文化型」
「自由に動くモザイク型」の特徴を有しており、3 名の学年団教師は、主体
的に同一学年のなかでの協働性を形成したと言えるであろう。

（4）6 年生にもち上がった学年団教師の主体的な協働性の確立
　　（X+1 年 4 月〜X+2 年 3 月）

　ナカニシ先生とカワモト先生は 6 年生にもち上がり、協力指導担当のマツ
ムラ先生は他学年の担任になり H 先生[81] に交代した。ここでは、前年度か
ら引き続いてのナカニシ先生とカワモト先生の関係性に着目したい[82]。二人
の関係性については、X+1 年度に A 校に異動してきた G 先生[83] が職員室で
日々目の当たりにしていた 。G 先生は以下のように述べている。

　　子どものことを常に話しているっていうのがすごいなあっていう風に感
　　じたんです。「今日、こうだった、ああだったって」……こんなに色ん
　　なことを話せる間柄であって、意見も「そこは、そうじゃないんじゃな
　　いですか」みたいなことも言えるし、それがすごくいいなあって。……で、
　　やっぱり子どもに対するそれこそ価値観とか大事にしたいところとかっ
　　ていうのも結構ちゃんと話し込んでいるし。（X+2/3）

---

[81] H 先生は、A 校で初めて学校現場に勤務することになった 20 代の講師である。
[82] 学年団教師間の関係性を捉えるには H 先生との関係性も考慮する必要があると考えるが、H 先生は他
　学年への協力指導の関わりが多く、当該学年への関わりはマツムラ先生のように大きくなかったことが捉え
　られたため、ここでは、ナカニシ先生とカワモト先生の関係性に焦点化して着目する。
[83] G 先生は講師として A 校に赴任。職員室の座席はナカニシ先生とカワモト先生の前に位置していた。

　子どもを中核に据えた日常的な対話的関係性をベースにした信頼性、対等性・平等性、不一致への寛容性が維持されていたことが窺える。役割分担については、6年のクラス替え時に関するカワモト先生の以下の語りが印象的である。

　　大きい課題の子どもを（ナカニシ先生が）引き受けてもらっているし、女子の難しい問題は私が引き受けたらいいかなあと思って役割分担的な感じで。高学年の女子、ナカニシ先生のこともすごく好きだけど、私に「男の先生だし言いにくい」ってこっそり言ってくれる子もいたりとかで求めてくれているところもあるし、それは何とか支えてあげようという。（X+1/6）

　カワモト先生は当該学年の前の担任時には、特に女子児童の関係性の問題に苦慮し、当時の校長の助言を受けて、子どもの問題にはあえて目を閉ざし、波風立てないような学級経営を指向していたと振り返っていた。しかし、ここでは、進んで女子児童の課題やニーズを引き受けたいと述べている。クラス替えに際して、カワモト先生は学年全体を俯瞰するとともに、子どもの声やニーズにも配慮して自律的に学年が抱える課題を役割分担として引き受けた姿勢が浮かび上がる。マツムラ先生が抜けた6年生をカワモト先生と安心してスタートできたと、ナカニシ先生も任せる／任される関係性について以下のように語る。

　　本当によく二人で「お互い様です」という、最近そういう言葉をよくかけ合うようになって、……非常になんかお互いのことがちょっとずつ分かったことでいい感じで任せる、任されるみたいな、そういうところが6年は安心してスタートできたかなと思って、それは強く感じます。（X+1/6）

　このように、マツムラ先生が抜けた6年生においてもナカニシ先生とカワ

モト先生の日々の相互扶助・支援の関係性はさらに深化し、自律的な役割分担のもとそれぞれのリーダーシップを発揮していたことが窺える。例えば、FNには次のように書かれている。

　4限の合同体育は、「マット運動」の単元。全5時間を学年で行っている。……ナカニシ先生からは「僕が得意な体育のスキルを活かしたい」という思いが語られた。授業の光景として、ナカニシ先生が前に立って全体指導を行い、カワモト先生がフォローをする形をとっている。子どもたちは、クラスの枠を超えて自由に混ざりながら練習場所を選んだり、両担任に指導や支援を求めたりしている。そうした姿から、学年というよりも一つのクラスを二人の教員がTT体制で授業を行っている感じであった。両教諭は子どもたちに積極的に声かけをしながらそれぞれの役割を自律的に果たしていた。（FN・X+1/6/18）

　開放性については、養護教諭のD先生の次の語りに注目したい。D先生は、講師を経てA校で新採用となった1年目（X年度）から当該学年の児童に関わり支援していた。A校全体がそうであるように、当該学年も心身の課題を抱えた児童が保健室に頻繁に来室していた。D先生は、6年生進級に向けたクラス替えに関して、ナカニシ先生とカワモト先生から以下のような相談を受けたと印象深く語っている。

　「保健室の面から見てこの子とこの子は良くないとか、女子の面とか、女子同士の関係でここ良くないとかありますか？」とか聞いてくれて。今までそんなの全然なくて、「アドバイスをしてください」みたいに言われることなんてなかったので、ああすごいなあと思って。結構保健室ってなんか存在感なく扱われることが多いんですけど、こういう風に私も認められた感じがして、色んなところからの子どもを知るために色んな先生の話を聴いて（クラス替えを）やるんだなあと思って、すごいなあと思いました。（X+1/7）

　D先生が述べるように、ナカニシ先生とカワモト先生が6年生のクラス替えに関して、担任教師とは異なる養護教諭の立場からの見解を求めたことは、学級が開かれ、学年が開かれ、同時に教師が多様な他者に開かれていたことの証左であろう。

　6年生にもち上がったナカニシ先生とカワモト先生の関係性は、子どもを中核に据えた日常的な対話的関係性をベースに、対等性・平等性や不一致への寛容性などは維持されつつ、さらにそれぞれの自律的な役割分担へと発展し、相互扶助・支援性や信頼性は深化し、学級は多様な他者に開かれていた。こうした関係性は、メンタル面での支え合いにもなり教師として成長したいという発達志向性を喚起させたとカワモト先生は以下のように語る。

　　子どものためにという根底は一緒で、でもそれぞれが成長したいっていう気持ちはあって、精神的な面では一人ではどうもメンタルがもたない。しんどいことも多いじゃないですか、楽しいことも一杯あるけど、子どもから元気をもらうことも一杯あるけど、でもメンタルをやられることも間違いなく多いので、……一緒にがんばる存在でもあるし、でもライバルみたいな存在でもあるし、切磋琢磨する…。(X+2/3)

　この語りの中の「一緒にがんばる存在」について、カワモト先生は卒業式前のインタビューで、ナカニシ先生との2年間を振り返って次のようにも語っている。

　　去年、今年と、ナカニシ先生と一緒にがんばらないとどうにもならないというか、ナカニシ先生一人がんばってくれていてもやっぱり力不足というか、だから一緒にがんばってようやくうまくいくっていう学年だったかなあと思います。だから、自分もがんばらないといけないというところに気付いた2年間です。(X+2/3)

　この語りには、生徒指導上の困難な課題を多く抱える当該学年の学級・学

年経営に対応するには、カワモト先生はナカニシ先生と共に若手教師である
がゆえの経験値や実践知のいわゆる「引き出しが少ない」という力量不足を
自覚していたことが窺える。しかし一方で、こうした自覚が「自分も（一緒
に）がんばらないといけない」という意識変容を促し、協働化の必要性の認
識に繋がっていったと思われる。前述の互いに「成長したい」という発達志
向性の喚起の背景には、こうした若手教師同士ゆえの特徴的な関係性の影響
があったことに留意が必要であろう。一方、ナカニシ先生もカワモト先生と
の関係性のなかで、教育活動の実践化には見通しをもつ力や学校全体を見る
力が必要であることを意識するようになったと、自身の成長を対象化して捉
えている。

　　カワモト先生と関わって自分が伸びたなあと思うのは、こう見通しをも
　　つ力というか、全体を見る力が、カワモト先生がいつもやってくれてい
　　たので、そこを自分もしないといけないなあと思うようになったのは、
　　カワモト先生と組んでの良さかなあと。（X+2/3）

　以上で見てきたように、学年団教師が主体的に形成した協働文化の特徴を
有する関係性のあり様は、教師が学級経営実践の視座に他者性を取り入れる
契機となり、他者や学年に開かれた学級経営観の変容（問い直しと再構成）
を促す要因になり、そのことが職能発達に繋がっていったと言えるであろう。
　こうしたA校での協働の経験は、それぞれの異動校での学級経営に引き
継がれ、さらに多様な他者との協働性の形成に発展していた。ナカニシ先
生は、異動校の2年目の学級経営においても進んで支援員との連携・協働関
係を形成しながら学級経営改善を進め、子どもや学級が大きく変容する成果
が見られたが、その要因として、B校のU校長は「（支援員との）協働的な
指導体制のおかげ」（X+4/3）と語っている。一方、カワモト先生も異動校
において「もう関わってもらえる先生は、積極的に声をかけてお願いして子
どもに関わってもらうっていうのは継続しています。厚かましいくらいに」
（X+3/11）と語っている。

3.　本書の成果と若手教師の職能発達への示唆

　ここでは、本書の成果を整理し、それをもとに包摂志向の学級経営の推進と若手教師の職能発達支援のあり方への示唆を提示したい。

（1）本書の成果―若手教師の職能発達過程を捉える新たな視角

　本書の成果は、以下の4点に整理できる。

　第一に、小学校若手教師の力量形成や成長・発達に関わる先行研究では、授業研究等に比べて関心が希薄だった生徒指導や特別活動を含む包括的な学級経営に焦点を当て、「教師になっていく過程」（安藤2000：p.99）の内実を教職経験4〜10年の若手教師に着目して明らかにし、若手教師の職能発達の新たな側面を解明したことである。本事例の2名の若手教師は当初、それぞれ強い自律性志向と強い他律性志向という対照的な教師であったが、いずれも、教師主導の管理主義から子ども主体の包摂の学級経営を目指す学級経営改善への主体性を高めるなかで、個業の限界を認識し協働性を重視するようになり、そのことによって職能発達をしていくことが見出された。そこでは、教職経験4〜10年の若手教師の職能発達の特徴として、「若手教師は現場で主体的に育っていく」過程を描き出すことができた。若手教師の捉え方は多様であり、先行研究では新任期や初任期（教職経験1〜3年）に関心が高く、4〜10年の期間を若手教師と位置付けて包括的な学級経営との関連で成長や発達を描出するものはほとんどなかった。教職経験1〜3年の「生き残り」の期間を乗り越えたおおよそ4年目以降、ようやく自身の学級経営を対象化する余裕が生まれるこの時期に、子どもを主体に位置付ける包摂の学級経営（観）を志向し学級経営改善に取り組むことは、新任期からの学級経営観を問い直し再構成していくことを促し、若手教師の主体的な職能発達に繋がることを明らかにできた。こうした知見は、統制＝管理主義の学級観が強まってきている（白松2014）という指摘があるなか、現職研修のあり方にも一石を投じるであろう。

　さらに、若手教師は「育てる対象」であるという認識から、若手教師は学級経営実践の「能動的な担い手」であると共に発達主体として状況を意味付け、自ら意味内容を創り上げながら（山﨑 2012c：pp.162-163）、「主体的に育っていく」という認識への転換を提起しており、教師の若年化が進行する今日の教師教育のあり方を考察するうえでも重要な示唆をもつと考える。

　第二に、若手教師の包括的な学級経営改善を通した職能発達研究におけるアクションリサーチの新たな可能性を示すことができたことである。先行研究でも、学級経営に直接関わり新任教師の成長・発達の契機などを解明するアクションリサーチの研究はあった（後藤 2011、2013、2014）。しかしそれらは、指導者の立場で新任教師の成長・発達の契機や学習プロセス、学習サイクルを実証的に明らかにするものであり、教職経験 4 ～ 10 年の若手教師に着目し、若手教師は包摂の学級経営を目指す学級経営改善を通してなぜ、どのように発達していくのか解明してきたとは言えない。また、子ども同士の関係に着目したアクションリサーチでは、ビデオ録画を通したカンファレンスにおける教室談話の分析によって、アクションリサーチが教師の児童理解や子どもへの関わり方の改善などに意義をもつことが指摘されてきたが（秋田・市川・鈴木 2000、秋田 2001）、特定の場面に限定されており、学級に入ることや包括的な学級経営に注目して分析しているものではなかった。

　こうした先行研究とは異なる本研究のアクションリサーチの特徴として、筆者が担った役割に特化して述べたい。アクションリサーチにおいて、筆者は、「メンバーとのコミュニケーションを大切にして、個人やチームのプロセスに気付き、そのデータを生かしながら個人やチームの力を十分に発揮できるよう支援する」（津村 2010：p.12）ファシリテーター（facilitator）的な役割を強く意識した。具体的には、学級に入り直接的に子どもや教師と関わり、学級のリアリティを踏まえながら、子どもと教師、学年団教師、実践と実践を「繋ぎ」、学級経営改善を「促進する」役割を担った。こうした役割は、筆者が小学校教員として培った経験値を生かしたものである。

　第Ⅱ部の各事例部分で記述したように、筆者は自分の経験値に基づいて彼・彼女に示唆を伝える役割に徹し、実践するかどうかの判断は教師に委ね、教

師が自ら実践に向かう際には背中を押すという役割を貫いた。あわせて筆者は、生徒指導や特別活動を含む包括的な教育活動を題材とする若手教師同士のコミュニケーション回路（浜田 2012：pp.120-121）を開くことを促す役割を意識的に担った。

　このようなアクションリサーチを通して、各若手教師は主体的に自分の実践を捉え直すとともに、若手教師同士のコミュニケーションを活性化させていった。

　このように改善協議の場を中心に、筆者の経験値を生かした包括的な学級経営の実践的な示唆を、多様な視点からタイムリーに直接的に伝えることができたことは、本研究のアクションリサーチの特徴と捉えることができる。そして、重要なことは、こうした示唆を教師は言葉として鵜呑みにするのではなく、学級や子どもの状況を踏まえて主体的に取捨選択しながら実践することにより、子どもや学級の変化を看取していったことである。アクションリサーチは週に2回の割合であり、日々実践するのは、学年団教師である。約4か月という一定期間、改善協議を中核にした学年団教師間の連携・協働を基盤に、教師自身が努力しながら実践し、子どもや学級が変わっていくことを目の当たりに看取する過程を通して、実践を積み重ね、各々は主体的に教師になっていったと捉えられる。

　このように見ていくと、アクションリサーチだからこそ、すべての子どもの多様性に配慮する包摂の学級経営の実践は、可能になったとも言えるだろう。よって、ここに、若手教師の包括的な学級経営改善を通した職能発達研究におけるアクションリサーチの新たな可能性を成果として捉えることができる。

　第三に、包摂を理念とした学級経営実現を目指す必要性（重要性）を若手教師の職能発達との関連で示したことである。21世紀の日本の重要な課題として「格差社会」の解消がある（日本学術会議 2020：p.1）。さまざまな背景や特性を有する子ども達に平等な教育機会を保障しなければならない公立小学校の役割として、学校教育や学級経営の向かうべき方向性に「包摂」の概念を明確に位置付ける必要がある。小学校教育の基盤をなす学級経営にお

ける「包摂」は、子どもたち自身が互いの差異を認め合い、どの子も潜在力や可能性を発揮しながら安心して過ごせる学級づくりにとって不可欠である。小学校の教師にとって、学級経営が目指す方向性は、自分自身がどういう方向に向かって教師になっていくかという問題と表裏一体と言ってよい。とりわけ本書で考察対象とした若手教師の場合、長い教職生活を通じてどのように職能発達を遂げていくかという問題に連関する重要な点である。

　包摂を理念とする学級経営の具現化には、生徒指導や特別活動の視点は重要である。本書では、生徒指導として「教師による児童間関係理解」に、特別活動として話合い活動である学級会に着目し、包括的な学級経営改善を対象とした。こうした視点をもった包摂の学級経営を目指す実践は、周辺化されがちな目立たない子への着目やそのような子どもとの関係性、学級全体を俯瞰する学級観、多面的な児童理解や児童間関係理解に基づく児童尊重の指導観、子どもの潜在力を認め子どもを学級づくりに参画する主体として位置付ける子ども観等の再構成を教師自身に促した。それら一つ一つの実践の改善は児童個人及び学級集団の変化を生じさせ、そのことが小学校教師としての主体的な職能発達を促す要因になっていた。

　よって、「包摂」を理念とする学級経営の具現化において、生徒指導や特別活動の教育実践と教師の職能発達がどう関連しているのかについて横断的・複合的な観点で分析する研究の蓄積が必要であると考えるが、そうした研究は管見の限りほとんど見られなかった。本書の試みは、授業研究に焦点付ける傾向が強いと思われる教師教育研究や現職研修を、生徒指導や特別活動を含む包括的な学級経営の観点から拡張する示唆をもつと言える。

　第四に、若手教師の学級経営実践を通した職能発達過程を解明する過程において、他者（学年団教師、他の同僚教師）との協働の経験が不可欠であることを見出したことである。先行研究においても、教師の成長や発達に教師間の協働が必要であることは繰り返し論じられてきたが、本研究では、教師が主体的に教師になっていくうえで、若手教師同士による協働が極めて重要であることを新たに浮き彫りにした。例えば第5・6章で見てきたように、若手教師が学級経営の力量を高める契機には、必ず、学年団教師との関係性

が影響していた。そこでは、同調圧力の影響を受けることのない「楽しい」「安心感」などの情動交流を伴う日常的な対話的関係性、相互扶助・支援、信頼、開放性、不一致への寛容などをベースとして、他者（学年団教師）としての視点を互いに持ち寄ったり、進んで学級を開いたりする自律的な協働性が捉えられた（本章第2節）。こうした「協働文化型」（ハーグリーブス,A.1992、1994）の特徴を有する関係性は、若手教師同士だからこそ形成されたものだと言えるのではないだろうか。

　第1章で言及したように、団塊世代の大量退職により教師の若年化が進行しつつある今日の状況は、教師の職能発達にとってネガティブな状況だと捉えられる傾向にある。しかし、前述のことを踏まえると、若手教師が主体的、協働的に力量を高めていくうえで、必ずしもネガティブな面だけではないのではないだろうか。さらに言えば、先輩教師が後輩教師を指導する／教えるという関係を自明としたメンター制の限界性にも留意すべきではないだろうか。本研究からは、若手教師同士がさまざまな教育実践に関して連携・協働し合う関係性を形成する／形成できるように支援することも、長い教職生活を通じた職能発達を促すためには重要であることが示唆された。こうした若手教師同士の連携・協働関係の形成を促す契機となったのが、ARであった。ARは、教師の若年化が進行する現状において、若手教師が孤立に陥ることなく相互に連携・協働できる関係の形成を支援する方策として有効性をもつと期待される。

（2）「包摂の学級経営」の推進と若手教師の職能発達支援への示唆

　教育の問題が複雑化・多様化する今日、若手教師は学級経営や生徒指導において絶え間なく困難を抱え続ける現実がある。そのようななかで、子ども主体の包摂の学級経営を具現化することは容易なことではない。そこで、本研究で得られた知見をもとに、包摂志向の学級経営の推進と若手教師の職能発達支援のあり方への示唆として3点提示したい。

　第一に、これまで見てきたように、包摂を理念とする学級経営の具現化とそれを通した若手教師の職能発達に、生徒指導や特別活動の視点は重要であ

るという点である。先にも述べたように、本書では、生徒指導の視点として「教師による児童間関係理解」に、特別活動の視点として話合い活動である学級会に着目した。

　本事例からも明らかになったように、学級に存在する周辺化されがちな／排除されがちな子どもの隠れた排除を見つけたり子ども同士の良好な関係性の築きを促したりする支援には、心の理解を重視する「児童理解」だけでは限界があり、「子どもの心への直接的な教育的介入」（矢野 2016）の危険性を考慮に入れつつも、子ども間の関係性に意識的に着目する児童間関係理解は必要であろう。児童間関係理解を活かす実践では、教師間での情報共有がしやすく、担任教師一人では気付けない他者の視点を取り入れやすい。その際、教師が子ども間の関係性をどう捉え理解するのかという主語を明確に意識すること、冷たい「監視」のまなざしではなくあたたかく見守る「観察」のまなざしに留意することは重要である。何故なら、子どもは言葉に発しなくても、自分（たち）に向けられる教師のまなざし（視線）を全身（五感）で感じ「観察」しているからである。教師の力量として児童理解と児童間関係理解の視座を内在化した往還が求められていると考える。

　また、すべての子どもが潜在力や可能性を発揮するには、教科学習だけでは限界があり、自主的・自発的な活動である学級会は重要な教育活動である。学級会のような話合い活動に取り組むことは、学習指導要領にも記載されており実践は当たり前という前提があるが、第1章でも触れたように、近年、さまざまな背景により自主的・自発的な学級活動は活性化と不活性化の二極化の傾向が窺える。そのため、学級会実践を個々の教師の責任や対応のみに帰することはできないだろう（中村 2021）。よって、学校現場では学校体制として話合い活動である学級会の活性化を図ることが必要である。その際、児童の話し合いスキルの向上（上手くなる）に教師の指導・支援が偏重するのではなく、本事例にも見られたようにさまざまな理由により学級（学校）不適応傾向が窺われる個も含めて、すべての児童が自己実現でき成長への意欲を高める活動になること、そして同時並行的な学級集団（社会）の発展という相互作用を促す活動になること、を目標に見据えておくことは重要であ

る。つまり、包摂の学級経営の実現に必要であるすべての児童を対象とする成長促進型生徒指導としての学級会の意義（中村 2016b）を、学校現場で改めて捉え直し、活性化を図ることが必要であると考える。そうした学級会を学級経営に活用する実践は、教師の力量形成に繋がっていくと考える。

　第二に、先にも述べたように、小学校若手教師は「育てる対象」であるという認識から、学級経営の実践を通して「現場で主体的に育っていく」という認識への転換の必要性を提起したい。安藤（2000：p99）による「教師になっていく過程」とは、「育てる」ではなく「育つ」ことに着目している。教職という仕事に慣れるのが精いっぱいで余裕のない新任期や初任期（教職経験1〜3年）とは違って、教職経験4〜10年の期間は中堅期に連なる重要な時期である。この時期の若手教師を「育てる対象」と見るのか、それとも「現場で主体的に育っていく」と見るのかにより、支援のあり方は異なってくるだろう。例えば後者に注目すると、学校を離れた座学の研修だけでなく学校現場において学級経営に直接関わるような支援、若手教師同士の主体的な協働関係の形成を促すような支援、指導する／されるという権力的な関係ではなく若手教師と対等な関係でファシリテーター的役割を担う人材の配置、等に重心を置くことが有効になると思われる。よって、教職経験4〜10年の若手教師は「現場で主体的に育っていく」という認識への転換とそうした過程をいかにサポートするかという視点を学校現場や現職研修において共有することを提起したい。

　第三に、若手教師が「現場で主体的に育っていく」職能発達支援のあり方として、本研究における AR の指向性やスタンスが示唆的であるという点である。これまで見てきたように、本研究における AR は、「若手教師が主体的に育っていく」過程の支援方策として有効性をもつと考えられる。第2章で述べたように、筆者が AR の基盤に据えた指向性やスタンスは、PAR の特徴（徳永 2021a、2021b）を有していたと意味付けることができ、AR の実際を通して有効であったと思う4点を示唆として提示したい。

　1点目は、当事者である若手教師の声やニーズを聴き、実践をどのように意味付けているのか、不安に感じていることはどのようなことかなどの感情

も含めて改善協議（学年会）の俎上に載せ、コミュニケーションを継続することで、若手教師自身が考え、振り返る機会となり、学級経営改善への主体性を高めることに繋がったことである。

　2点目は、若手教師の不安感や葛藤にも寄り添い、時には背中を押す役割を担いながら個々の若手教師が本来的に有する成長意欲や可能性という強み（ストレングス）を伸ばし、職能発達を遂げることの重要性に着目したことは、教師の実践への主体性を高めることに繋がったことである。第2章で述べたように、本書では、若手教師を教職経験が短いことによる経験値や実践知の少なさという欠如の視点のみでは捉えていない。例えば、A校のヨシオカ校長は、X＋2年2月のインタビューにおいて、自校の教師の急激な若年化の実態を困難な状況とは捉えず、若手教師の「授業力の課題」等を踏まえたうえで、若手教師の有する可能性を「伸びしろが一杯ある」強味として捉え、むしろ積極的に受け入れていると語っていた。そうした視角に基づく職能発達支援を通して、若手教師の確かな成長・発達の手応えを看取しているとも述べている。ヨシオカ校長のスタンスは、本書と通底する。

　3点目は、当然ではあるが若手教師を学級経営の実践や実践知を創造する教職の専門家として認識し、主体性や自律性を尊重し、対等な協働関係の築きに留意しながら異なる立場での知見を伝えるようにしたことである。そうした関係性を基盤に据えながら、若手教師と協働し、すべての子どもの状況が良くなることを目指す包摂志向の学級経営改善に繋げたことは、若手教師の主体的な実践と共に信頼関係の構築に繋がったと思われる。

　4点目は、上述のようなスタンスを基盤にした若手教師と顔の見える対話的関係でのラポールの形成は、ARの基盤となり、筆者が有する権力性の自覚、抑制にも繋がったことである。

　以上の指向性やスタンスは、ARに限らず、若手教師の職能発達支援のあり方として示唆的であり、学校現場や現職研修に広く活かされることが有効であると考える。

　しばしば、若手教師に対する評価として、中堅教師やベテラン教師と比較した経験値や実践知の不足、力量不足等の「欠如の視点」（徳永2021c、

2022）が指し示される。しかし本事例の知見から、若手教師が学級経営の困難性に強い不安感や葛藤を抱えていることについても理解しつつ、「子どもの状況をより良くしたい」という「教育の当事者」（紅林 2014）としての熱意や主体性、豊かな実践のアイデアや創造力、同調圧力のない対等で「楽しい」「安心感」の情動交流を伴う主体的な協働関係の構築、「引き出しが少ない」という自身の経験値・実践知不足を率直に認識したうえで教師として成長したいという発達志向性、などを過小評価することはできないだろう。こうした若手教師が潜在的にもつ能力や可能性の発揮が、主体的に育っていく職能発達に繋がっている点にも、着目していく必要があるのではないだろうか。

「補 章」「包摂の学級経営」の実現と
若手教師の職能発達を促進した
組織的要件

　本章の目的は、本論で見てきたA校の事例から「包摂の学級経営」の実現と若手教師の職能発達を促進した背景要因として組織的側面に着目し、その特徴と要件を明らかにすることである。第3章〜第7章で見てきたように、A校の事例では、包摂の学級経営の実現を目指す改善が進み、若手教師の職能発達が促された主な要因として「チーム5年」の協働を捉えることができた。換言すると「チーム5年」の協働があったからこそ、プロセスとしての「包摂の学級経営」が実現し、職能発達が促されたと捉えることができる。したがって組織的な側面は重要と言える。

　さらに第1章でも述べたように「学校全体の教育を考える視点から学級のあり様を問わなければならない」（安藤2013b：p.127）。当然そこでは、子どもが生活する地域や家庭の実態が捨象されてはならない。これからの学校教育にとって「包摂」は必要な概念であり、包摂の学級経営を目指すことは重要である。よって、組織的な側面を捉えるには、これまで検討してきた事例との関連においてA校の校長のリーダーシップのあり様を明らかにしておく必要がある。なぜなら、インタビュー調査や参与観察を通して、A校の2名の校長に包摂の学校教育を志向し、包摂の学級経営の実現や若手教師の職能発達を支え促進するリーダーシップが見られたからである。

　だが、こうした組織的な側面については、本研究の主な目的ではなかったこともあり本論では十分に検討できていなかった。そのため、本章では補論として組織的側面からA校の事例を検討したい。本論で検討してきた包摂の学級経営を目指した実践と若手教師の職能発達に「チーム5年」の協働と校長のリーダーシップはどのように関連していたのか、組織的側面に焦点を

当てて検討し、プロセスとしての「包摂の学級経営」の実現と若手教師の職能発達を促した組織的要件を考察することを目的とする。

　そこで本章ではまず、Ａ校における「チーム５年」の協働に焦点を当て、組織的観点からプロセスとしての包摂の学級経営を実現させた要件を明らかにする（第１節）。次に、Ａ校の２名の校長のリーダーシップに焦点を当て、教師の急激な若年化の進行と共に社会経済的に厳しい家庭が多い地域の学校という現代的課題を内包する状況のもとで、包摂の学級経営の実現と若手教師の職能発達促進のために校長はいかなるリーダーシップを発揮していたのか、事例との関連に着目してその特徴を明らかにする（第２節）。そして最後に、これらを踏まえて包摂の学級経営の実現と若手教師の職能発達を促進した組織的要件について考察する（第３節）。考察材料としてはアサダ校長に行ったインタビュー調査（実施日：Ｘ年７月）、ヨシオカ校長に行った３回のインタビュー調査（実施日：Ｘ+2年2月、Ｘ+3年11月、Ｘ+5年3月）のほか参与観察のデータを用いる。インタビュー調査の詳細は表２－１（第２章で既出）の通りである。

１．プロセスとしての「包摂の学級経営」を実現させた　「チーム５年」の協働

(1)「チーム５年」の背景としてＡ校の組織力

　バーナード（Barnard,C.1968）によれば、組織とは「二人以上の人々の意識的に調整された活動や諸力の体系」であり（p.75）、組織として成立するためには「コミュニケーション」「貢献意欲」「共通目的」の３つの要素が必要にして十分な条件である（p.85）。つまり、組織とは、人が単独では達成できないことを他の人々との協働によって達成しようとしたときに生まれる協働体系であり、組織力とは協働によってものごとを達成する力である（曽余田 2010：p.2）。

　第７章第２節で見てきたように、チーム５年は「子どもの状況がより良く

なっていくために、チームで一つの方向に向かって協力して実践する」特徴をそなえていた。つまり、A校の事例の背景要因として、組織力があったと思われる。

　水本（2006）によると、組織力は「装置」「相互行為」「個人」「組織文化」の４要素がうまくかみ合って展開するときに高まる（図補－１）。学校の場合、「装置」とは教授学習組織、校務分掌組織などであり、「相互行為」とは教職員相互、教職員と児童生徒間、児童生徒相互に取り結ばれている多様な相互行為であり、「個人」とは組織成員であり、教職員の専門性、力量、意欲、教育観などが問題になる。また「組織文化」とは活動のなかで成り立っているある種のルールである（pp.34-35）。

　チーム５年における改善協議は、「装置」として位置付けることができる。水本は、装置とは組織における公式の役割と責任の体系であり、学校の場合の具体例として、前述の教授学習組織、校務分掌組織に加えて少人数指導やティーム・ティーチング、校内研修の組織や計画（2006：pp.35-36）、運営組織、教育課程など（2004：p.33）、幅広く挙げている。よって管理職承認のもと、

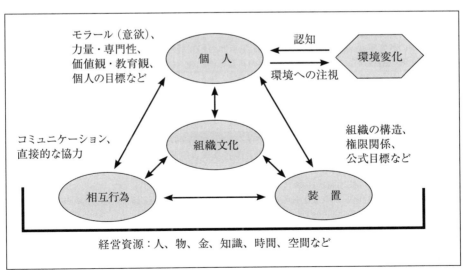

図補－１　組織の成り立ち

出典：水本（2006）p.34。

主に学級・学年経営に関わる学年会の役割と責任の体系として設定された改善協議は、装置として位置付けられる。また、「相互行為」については、教師間に焦点を当て[84]、「個人」については、チーム5年前半では支援ボランティアとして AR に参画した筆者も含む[85]。

「組織文化」とは、その組織の構成員の間で共有されている固有の性質をもつ価値観や思考・行動様式（浜田 2009：p.19）であり、これらは活動のなかで成り立っているある種のルールである（水本 2006：p.34）とも言えるだろう。また第7章第2節で分析枠組みとして援用したハーグリーブス(1992)による教師文化論の「内容（content）」の側面は、メンバー間に共有される価値や信念、前提、行動様式などから構成されるものであり（pp.219-220）、浜田や水本のいう「組織文化」に相当する。したがって、第7章第2節(2)(3)で読み取れたチーム5年に共有されていた価値観や思考、行動様式である「子どものために何とかしたい」「チームで一つの方向に向かって協力して実践する」「子どもの状況がより良くなっていくように」「子どもが楽しんでそれぞれが活躍できるような教育活動の創造」は、共通目的であると同時に、チーム5年のメンバー間で共有されていた組織文化だと言える[86]。ここで言う組織文化は個々の学校の独自性の次元に焦点を当てたもの（曽余田 2000）で

---

[84] 本事例での教育実践においては、当然教師と児童間の相互行為も組織力や教育効果に重要な影響を及ぼしたと考えられるが、ここでは教師間相互の相互行為に着目する。また教師と児童間の「相互行為」については、本論で着目し、ある程度描出できたと考える。

[85] 筆者は A 校の教職員ではないが、チーム5年前半の AR に参画して協働しており、ひとまず「個人」に含むことにする。近年、「開かれた学校」の推進の一環として、保護者や地域住民による「学校支援ボランティア」の導入が進行しており、こうした動向を受けて例えば、障害のある児童の支援のため授業に継続して携わる保護者・地域住民のボランティアが教室での学びの場に及ぼす功罪両面の影響に関する議論が見られる（武井 2017）。また多様な専門家や支援員等がスタッフとして学校に参画するようになっている。よって、支援ボランティアとしての筆者を「個人」に含めることは、今後の学校の「組織成員」「組織力」の捉え方の議論にも開かれていく事例であると考える。

[86] 3人の教師の関係性を「組織文化」の概念で捉えることの是非については、議論の余地があると思うが、前述のようにバーナードの組織論の定義によれば、「チーム5年」は「組織」としての特徴をそなえており、ここでは「組織文化」の概念で捉えて検討したい。

[87] 曽余田（2000）は、組織文化を三つの次元に区別している。第一に、社会システムの次元、第二に、職業集団の次元（教師文化）、第三に、個々の学校の独自性の次元である。また、組織文化を実態として明確に各次元で切り離すことは困難であり、どの次元のシステムの文化的特徴に焦点を当てようとしているのか、研究者自身は自覚的にならなければならないと指摘している。

ある[87]。

　以上を踏まえて、組織としてのチーム5年の協働がなぜプロセスとしての包摂の学級経営の実現を可能にしたのか、それぞれの事例の組織的な側面に改めて着目することで見ていきたい。なお、以下ではチーム5年前半（AR）、チーム5年後半に分けて分析する。

(2) アクションリサーチにおける「チーム5年」（前半）の協働と「包摂の学級経営」との関連—子どもの隠れた排除に向き合う

　2組の5年当初の学級の危機の事例（第4章第3節（1））では、改善協議（装置）において、逸脱行動を繰り返す3名の児童への対症療法に終始するのではなく児童間関係理解の観点から学級の実態を構造的に捉え直し（相互行為）、学年団教師が協働して逸脱行動を繰り返す児童の面談をしたり、担任教師と協力指導教師のTT体制を取り入れたりするなどの方策を検討した（相互行為）。そして協働して実践することにより（実践）、担任教師はそれまで十分に関わることができていなかった教室での学習や生活から周辺化されがちな目立たない児童にも関わることができるようになり（個人）、3名の児童や巻き込まれていた児童も徐々に落ち着きを取り戻し、授業が成立するようになった。当初の学級がうまく機能していない状況下では、3名の児童のみならずクラスの多くの子どもが教室での学習や生活に参加できにくい状況にあったと捉えることができる。こうした過程のなかでマツムラ先生の語りに見られるように「子どものために何とかしたい」という子ども主体の価値観が共有されていき（組織文化）（第7章第2節（2）参照）、その後の協働での実践に繋がっていった。

　第3章で見てきた、逸脱行動を繰り返すタダシの事例・クラスのリーダー的存在のミツオの事例・目立たないユウヤを疎外するミキの事例・発達障がいのあるショウタの事例、そして第4章で見てきた、学力不振のヨシオの事例・共に目立たないユリとアキラの事例におけるチーム5年の協働のプロセスでは、個人（担任教師・学年団教師、養護教諭、校長、筆者）が察知した子どもの異変や困り、問題状況などの情報を見過ごすのではなく、改善協議

（装置）で共有し（相互行為）、そこで起きていることから多くのことを学び、具体的な対応まで踏み込んで協議し（相互行為）、個々の教師の指導や支援による改善（個人・実践）に繋げたことが捉えられた。そうした過程において個人、相互行為、装置、実践が相互に影響を及ぼしながら、上述のように「子どものために何とかしたい」「チームで一つの方向に向かって協力して実践する」という組織文化が形成されていったと思われる。

　日々の教育活動において、「その過程で遭遇する偶然をいかに生かすことができるか、それが最も基底的なところで学校の組織力を支えている」（水本（2004：p.36）。チーム5年の協働では、上述のように個人、装置、相互行為、実践、組織文化がうまくかみ合って展開し、組織力を高めたことが、教室での学習や生活から排除されがちな子どもや周辺化されていた子どもの状況を改善し、プロセスとしての「包摂の学級経営」を実現させた組織的要因であったと捉えられる[88]。

（3）アクションリサーチ終了以降における「チーム5年」（後半）の協働と　「包摂の学級経営」との関連―どの子も活躍できる教育活動の創造

　夏休み明け以降の5年後半は、日々の職員室での学年団教師による協議（装置）において、例えば「授業のこともですし、子どものこともかなりよく話はしていましたね」（カワモト先生）、「子どもの状況がより良くなっていくようにどうしたらいいのだろうなという話が（3人で）自然とできることが増えた」（ナカニシ先生）、「軽いプチ反省会みたいなのもするんです、（TTで担当した）授業終わってすぐのときに」（マツムラ先生）の語りに見られるように（第7章第2節（3）参照）、子どもの実態やニーズ、授業や教材、指導・支援の方法など教育活動の話題を中核にした双方向・多方向のコミュニケーション回路が開かれていた（浜田2012：pp.120-121）。

　そこでは、「子どもの状況がより良くなっていくためにどうしたらよいの

---

[88] 水本（2006）は、危機管理を特別な事件・事故の予防と対策として理解するだけではなく、日常の活動での小さな徴候の敏感な察知とそれへの適切な対応の問題であると捉え返すことの必要性に言及している。さらに、そうした問題への対応を担任教師だけに求めるのは限界にきていることをいじめや学級崩壊の問題が示しており、学校が組織として粘り強く継続していくことが必要になっていると指摘する（p.39）。

か」という課題意識のもと、例えばそれぞれの教師が遭遇・察知した気になる児童や問題についての情報の共有（相互行為）のみで終わるのでなく、その日のうちに具体的な対応策まで踏み込んで協議していた（相互行為）。こうした連携・協働による取り組みに関してマツムラ先生が「先手を打つような感じの話し合いであったりとか取り組みというのはこんなに有効なんだということが、子どもの変化を見ながら僕もナカニシ先生もカワモト先生も感じていたのかなあとは思います」と語っているように、子どものニーズや困り、隠れた排除により早く向き合い適切な対応を試行錯誤することに繋がり、問題がより深刻な状況になるのを縮減する機能を果たしていた。チーム５年の連携・協働が、プロセスとしての「包摂の学級経営」を日々更新していたと捉えることができる。

　そうしたなかで、「どうしたら子どもが楽しんでそれぞれが活躍する場があるかなあというのを、……考える時間をみんなで共有していってそれが目標にもなっていた」とマツムラ先生が語っているように、新たな共有ビジョンが生み出されていった。

　具体的には、学年会（装置）などで「子どもが楽しんでそれぞれが活躍できるような教育活動の創造」（組織文化）のために、毎月アイデアを出し合い（相互行為）子どもたちを活躍させるための目標を設定し（相互行為）、例えばミニ運動会やオリジナル脚本の学習発表会、縄跳び大会などの教育活動の創造に協働して取り組んだ（実践）。そこでは、何かの分野に偏るのではなく、運動の得意な子や音楽の得意な子、縄跳びの得意な子など、どの子も能力や可能性を発揮できるように多様な活動を創造していた。

　例えば、10月のミニ運動会の取り組みでは、運営をすべて実行委員の子どもに任せ、教師は支援する側に徹していた。子どもたちが考えたチーム分けやルールには、運動の得意な子だけでなく苦手な子もみんなが楽しみ活躍できるような工夫がされていたという。だからこそ、マツムラ先生の語りにもあるように当日は「みんな最後の表彰式までいい顔をしていた」のだろう。また、事例に挙げていたユリも明るくいい表情をしていたことを教師たちは観察していた。どちらかというと運動が苦手で人間関係に困り感を抱えてい

た彼女にとっても、楽しい活動であったことが窺われる。こうしたすべての子どもが楽しみ、活躍したり可能性を発揮したりできるような教育活動の創造を毎月のように実践することは、一人の教師でできるものではなく、チーム5年の協働によるものである。そこでは「子どものためにやろうというのは3人共通」とナカニシ先生が語っているように、子ども主体の組織文化がぶれずに維持されていた。

　以上のようにチーム5年（後半）の協働においても、個人、装置、相互行為、実践、組織文化がうまくかみ合って展開し組織力を高めたことがプロセスとしての「包摂の学級経営」を実現させた組織的要因であったと捉えられるが、さらに注目されるのは「子どもが楽しんでそれぞれが活躍できるような教育活動の創造」という新たな組織文化が形成されていたことである。そのことは、子どもの困りやニーズ、隠れた排除に対応するのみでなく、さらにどの子も潜在力や可能性を発揮することや学級・学年社会に主体的に参加することを促しており、子どものエンパワメントを引き出すストレングス・アプローチ（徳永 2021c、2022）であり、「包摂の学級経営」の実現には有効であると言えよう。

　こうしたプロセスにおいて重要であったと考えるのは次の3点である。第一に、組織文化の形成の重要性である。AR で形成された協働が AR 終了とともに自然消滅しなかったのは、組織力を支える「子どものためにチームで一つの方向に向かって協働する」という5年の学年団教師による組織文化の形成にまで至っていたからであると考えられる。第二に第一とも関連して、「コミュニケーションを通じて、『個人』の意欲・課題意識の高揚などにつながってこそ、『組織文化』の変容につながり、新しい『共有ビジョン』の形成をもたらすものになる」（浜田 2009：p.28）という点である。AR 終了以降の5年後半においては「子どもの状況をより良くする」ために「どうしたら子どもが楽しんでそれぞれが活躍する場があるか」という新たな課題意識を共有し、具体的な方策まで踏み込んだコミュニケーション（相互行為）を通じて個人の意欲・課題意識が高揚し（個人）、「どの子も楽しみそれぞれが活躍できる教育活動の創造」という新たな組織文化の形成—それは共有ビ

ジョンでもあるが―をもたらしたと考えられる。第三に、実践の重要性である。マツムラ先生が「先手を打つような感じ」の連携・協働による実践が「こんなに有効なんだ」と語っているように、「自らの教育実践のなかで子どもの成長や変容の手応えを実感することは、ほかの何よりも増して一人ひとりの教師をエンパワーする」（浜田 2012：p.125）。こうした教師のエンパワメントは、「個人」の意欲を高め、力量形成に繋がり、組織力を高めていったと思われる。

　学級に存在する子どもの多様性を認識し個々のニーズに向き合い、問題の状況を改善し、どの子も潜在力を発揮できるような包摂の学級経営の実現には多様な対応が必要になり、教師一人では達成できない／気付けないことが多い。そうした課題をチーム5年は、協働性を重視し組織力を高めることによって改善・達成していったと捉えられる。図補－2は、プロセスとしての「包摂の学級経営」の実現を支え促したチーム5年の組織力の構造を示すものである。

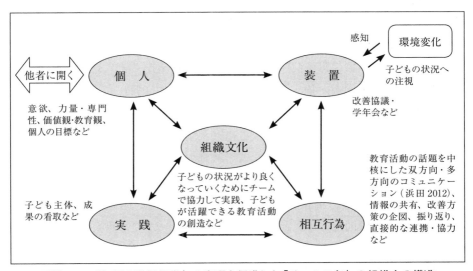

図補－2　「包摂の学級経営」の実現を促進した「チーム5年」の組織力の構造

出典：水本（2006）p.34 をもとに筆者改変。

2. プロセスとしての「包摂の学級経営」の実現と若手教師の職能発達を支えた校長のリーダーシップ

　　ここでは、A校の2名の校長が包摂の学級経営の実現と若手教師の職能発達に対してどのような理念や考え方をもち、具体的にどのようにしてそれを支え、促進しようとしたのか、事例との関連でその特徴を描出する。その際、包摂の学級経営と若手教師の職能発達を一体的に捉える。なぜなら後述のように、2名の校長は共に、学級経営と若手教師の職能発達を一体的に捉えているからである。

(1) アサダ校長のリーダーシップ（X年度）
①事例との関連—若手教師同士がチームでカバーし合う学級・学年経営を企図する人材配置

　　アサダ校長は、A校に教務主任で赴任し教頭を経て校長になっている。また、教務主任や教頭時に、学級崩壊のため担任教師が長休になったクラスの担任を兼務した経験を何度か有していた。そうした経緯から地域や家庭、児童の実態を熟知しており、A校の地域を「経済的にしんどいとか、色んな意味合いで厳しい家、母子父子、色んなものを抱えた子どもたちが暮らしている地域」と、子どもが抱える多様性の幅の大きさに触れている。

　　こうした実態を踏まえ、アサダ校長は、学校経営の方針として教職員が「チームA校」として一体感をもって連携・協働して実践することを重視しており、学級担任教師配置にあたり若手教師の育成という視点で中堅・ベテラン教師と若手教師をどのように組み合わせていくかが一番大事な点であると語っていた。だが、A校でも教師の急激な若年化が進行しており、大半の学年が若手教師同士の学年団編制となっていた。ただし重要な点は、そうした学年団編制をアサダ校長は、若年化によるやむを得ない措置という消極的な理由ではなく、「色んな種類の先生がいて、（児童が）色んな形で自己肯定感を高められるようなものがあって、上手にバランスとってチームで動く」

というチームでの協働を期待する積極的な理由による学級・学年経営を企図していた点にある。そこには、学力不振や家庭背景等により自己肯定感の低い児童が多いA校の実態から、例えばスポーツなど教師の得意なところで子どもを引っ張ってしまうと、それに合う子は自己肯定感を高めるが、そこに合わない子は逆に自己肯定感が低くなってしまうことがあるという危惧や配慮があった。つまり、子どもの多様性を包摂する学級・学年経営に、チームでの学年団教師の多様性による「カバー」を期待していた。こうした背景のもと、学校経営上の最重点学年である当該学年を若手教師同士がチームでカバーし合う学級・学年経営を企図して、当該学年を2年生から3年間担任してきたマツムラ先生を協力指導教師として配置していた。

　また、学級経営に関して見通しがもてないという不安から安心感をもちにくい若手教師が学級経営の力量を高めるために、アサダ校長は以下のような教師間の相互作用を重視していた。第一に、教師がクラスの様子や自身の指導のあり方を客観的に見直すことができる機会としてのTT体制の推進、第二に担任教師同士が教室を開いて交流し合い、「隣のクラスの先生がやってることを見る」ことを通じて情報共有を図ることを促す、ことである。こうしたアサダ校長の方針は、若手教師の職能発達を促す戦略と捉えることができ、チーム5年の学級・学年経営にも見られた光景である。

　さらにアサダ校長は、すべての教育実践の前提として、子どもに誠実に向き合う、子どもを理不尽に頭ごなしに叱らない、子どもの人格を尊重することを基本姿勢に置き、日頃から教職員に周知していた。この点について、アサダ校長は「子どもに誠実に向かい合わないといけない。あの子が悪い、親が悪いじゃなくて、自分がもった限りは、……少しでもいい子にっていう思いでみんなが常に関わってくれることがスタートね」と語っている。こうした子どもに向き合う姿勢を重視していたのは、地域や家庭の厳しい背景を抱えるA校の子どもたちは自己肯定感が低い傾向にあるため、学校は安心できる場所であり、教職員は信頼できる大人であることを実感させる必要があり、そうした環境で生活したり学習したりすることを通して自己肯定感を高め、学力を高めることに繋がると考えていたからである。

　以上からアサダ校長のリーダーシップの様相として以下の３点が浮かび上がる。第一に、急激な教師の若年化の進行や厳しい地域・家庭の実態を踏まえ、子どもの多様性を包摂する学級・学年経営に、チームでの学年団教師の多様性による「カバー」を企図する戦略である。第二に、若手教師の学級経営の力量を高めるために、TT体制や教室を開いて交流し合う相互作用促進の戦略である。第三に、子どもに誠実に向き合い子どもの人格を尊重する姿勢を、すべての教育実践の前提に置くことを教職員に周知徹底していたことである。こうしたリーダーシップの様相からアサダ校長は、包摂の学校教育、包摂の学級経営を志向し、それを実現するために若手教師同士がチームでカバーし合う学級・学年経営を企図する人材配置を行っていたことが窺われる。また、学級経営と若手教師の職能発達を一体的に捉えていることが特徴的である。

②事例との関連—学年会のコミュニケーションの質を変える戦略

　アサダ校長は、自身の教育実践の経験から教師が子どもの実態を把握したうえで子どもをどう育てていくかという見通しをもつために、学年会の内容を重視していた。そのため、近年の連絡・調整が中心の学年会の傾向を危惧し、子どもの実態や課題、対応を中核に話し合う学年会に変えたいと考えており、当該学年の学年会が子どもの話題を中核にするものになることを期待していた。筆者も教員経験を踏まえ、近年学年会の本来の目的が形骸化してきているのではないかという危惧をもっており、アサダ校長のそうした危機感を共有した。こうしたアサダ校長の考えや期待と筆者の研究関心から学年団教師の了承のもと、学年会（改善協議）に参画した。

　しかし、年度当初は、「２組の学級の危機」の状況にあっても教師間の相互作用や連携は、遠慮や思惑のズレなどにより硬直化の状況にあった。担任教師２名は自身の学級に閉じた自己流や個業の学級経営（観）を維持し、校長から支援を期待され配置されていた協力指導教師は、担任教師への遠慮から子どもや学級経営に積極的に関わることを抑制していた（第７章第２節(1)参照）。

　こうした硬直した関係性に風穴をあける契機の一つとなったのは、改善協議を中核とした教師間のコミュニケーションの質の変化と筆者の遠慮に対する指摘であったとカワモト先生は語っている（第7章第2節（2）参照）。例えば、マツムラ先生が改善方策を検討する4月の改善協議で「僕のときはこうしていました」など、実践した具体的な内容を話題にするようになってから、カワモト先生は自身の実践にも活かしてみようと思うようになったという。つまり、コミュニケーションの質が具体的な実践に焦点化した内容の協議に変化したことが、遠慮し合う硬直した関係性から協働の関係性へと踏み出す重要な契機の一つになったと捉えることができる。

　そして第3・4章で見てきたように子どもの話題をいつも真ん中におく改善協議が指向されていった。そこでは情報共有で終わるのではなく、問題（状況）の背景や意味を問い、考え、状況を改善するための方策を協議し、実践し、その結果の振り返りを行うというプロセスが重視された。改善協議は、こうした循環的なプロセスの組織化と学年団教師の協働化が促進する機能を果たしていたと捉えることができ、同時にコミュニケーションの質を変える装置としての機能であったとも言える。曽余田（2010）は、学校の組織力を高める要となるのは「コミュニケーションの質の変革」(p.12)であると指摘する。アサダ校長の学年会を連絡・調整中心から子どもの話題を中核にするものに変えたいという意図は、学年会のコミュニケーションの質を変革したいという意図であったと言えるだろう。

　ナカニシ先生は、当初、学年会がどういうものかよく分からないと筆者に語っていたが、AR終了後の7月のインタビューで「あれだけクラスのことを細かく見る、今の現状を話すみたいな時間を毎週ああやって取れるのは、……すごくプラスになった」と語っている。マツムラ先生も「チームで一つの方向に向かって協力してやる（実践する）」という目的や「色々な見方とか考え方」を共有できる場として、学年会は楽しく勉強になったと述べている。こうした認識は、実際に経験したからこそ得られたものであり、アサダ校長がARを活用した意図がそこにあったと思われる。

　ここで重要なことは、改善協議（学年会）という装置をつくっただけでは

コミュニケーションの質は変わらないという点である。そこに教師同士が双方向、多方向で、教育活動（授業や生徒指導）そのものを主題材として行うコミュニケーション回路を開く（浜田 2012：pp.120-121）という相互行為が取り交わされることが必要であることを本事例は明らかにしている。上述のマツムラ先生の「僕のときはこうしていました」という話題提供は、「自分自身が行っている教育実践の事実を内容とするコミュニケーション」（浜田 2009：p.26）であり、また筆者の遠慮に対する指摘は第三者としての声であり、どちらも教師間のコミュニケーション回路を開くきっかけづくりや「繋ぐ」、「促進する」ファシリテーター（facilitator）的役割の例と言えるだろう。したがって、硬直した関係性ではコミュニケーション回路を開き、関係性を繋ぐファシリテーターの役割も必要になるかもしれない。

　こうした経緯を踏まえると、校長のトップダウンによるチームでの協働を企図した学年団配置（「企てられた同僚性」A・ハーグリーブス 2003=2015）がなされても／なされるだけでは、教師の主体的な協働性が形成されるとは限らないことが明らかになったが、同時に、アサダ校長による過渡的な措置としてそうした意図での学年団配置が導入されたからこそ、その後の学年団教師の主体的な協働の形成に繋がっていったと言えるだろう。A・ハーグリーブス（2003=2015：pp.243-244）は、「企てられた同僚性（Contrived Collegiality）」の導入について、持続可能な改善を生み出すことはほとんどないが、自発的には生まれにくい「協働文化」を生起・形成する過渡的な措置として意味付けている。そして、そこにおいて重要であったのは、教師間のコミュニケーションの質である。

　よって、若手教師同士の協働を生起・形成する過渡的な措置として校長による若手教師同士がチームでカバーし合う学級・学年経営を企図する人材配置や、AR を活用した学年会のコミュニケーションの質を変える戦略は、有効であり示唆的であると言えるだろう。そうした戦略は、チーム 5 年の協働によるプロセスとしての「包摂の学級経営」の実現やその更新を下支えするリーダーシップの発揮であると意味付けることができる。

③事例との関連―ボトムアップとして上がってくることを意識した校長のリーダーシップ

ここでは、「学力不振のヨシオに向き合う」事例（第4章第3節（2））に関わる校長のリーダーシップの側面に着目して掘り下げる。

学年団教師からの相談を受けてヨシオの抽出指導を英断したアサダ校長は、低学年時からヨシオの学力不振の状況を熟知していたので、「この学年の最優先事項はタダシ。けれども隣のクラスの最優先事項はヨシオ」と学校経営に位置付け、ヨシオの状況にも危機感をもちながら状況改善のためのビジョンを提示してきていた。マツムラ先生による指導や支援を想定した教育指導計画に「5年生については協力指導、場合によっては個別指導、個別抽出もあり」と明記したのはそうした低学年時からのビジョンの線上にある。高学年になり担任による一斉指導だけでは「もう勉強はもたない」ことを想定したうえでのビジョンであり、マツムラ先生による個別指導や抽出指導が柔軟に選択できるように配慮されたものであった。マツムラ先生に5年生のチーム支援を期待した配置には、ヨシオへの支援の役割も含まれていた。

こうした背景について、アサダ校長は次のように語っている。

2年生のときに、この子は抽出してでも勉強させとかないとダメだと。それこそビジョンだから、5年6年と勉強できなくなるとね。A校の典型のパターン、授業妨害、面白くないからみんなの邪魔をし始める。2年生のときに勉強を本当にしてなかったから、常勤講師が来てくれているときに4か月間か、ずうっと勉強、「とにかく字が書けるように」というのでやった。その後もそんな状態だからちょっと個別にねというのはやってきたけどね。……だけどもう勉強はもたないから、何か方法を考えないとと。……今年マツムラ先生がいるんで、一応協力指導という形でやってくれているので。君（マツムラ先生）との関係があるのだから、向こうが何しようが横につこうが何とかさせられるなと。ところが、（マツムラ先生は）横にいるだけではしんどいと。それだったら抜いたらいいという話ね。ただし、抜く時間は限界あるしね。

　アサダ校長は、ヨシオが２年生時に既に学力不振に陥っていることや授業中に全く学習に参加していない様子に危機感をもち、とにかく文字が書けるようになることを目的に講師に４か月間の抽出指導を依頼していた。中学年の担任になったマツムラ先生にも「何とか勉強キープしないと」と言い続け、マツムラ先生も個別指導を取り入れてはいたが、「歴然としんどい課題を持ち続けていて、どう考えても同じ課題を与えても違う現状があるので」と担任として対応に苦慮してきたことを語っている。

　小学校では学力差は学年が上がるに従って拡大する傾向が強い。こうした背景からアサダ校長はマツムラ先生によるヨシオとの関係性を活かした指導や支援を念頭に置き、教育指導計画に「５年生については協力指導、場合によっては個別指導、個別抽出もあり」と記していたのであった。

　アサダ校長は前述の語りにもあるように、マツムラ先生にヨシオへの支援を促していたが、担任教師や学年団に「この方法でやるように」というトップダウンで下ろすことはしなかった。ヨシオや学級、学年の様子を注視しつつ、協力指導か個別指導かあるいは抽出指導かの選択は担任教師や学年団の判断に任せ、その決定が学年団から上がってくることを意識して待っていたと語っていた。ここで見られるのは、ヨシオに対するビジョンは提示するが、具体的な方策（実践）は学年団に任せるリーダーシップのあり方である。こうした校長のリーダーシップは、結果として学年団教師の主体的な協議や協働に繋がり、学年団として「マツムラ先生による週３時間の抽出指導」の方策案を決定し、３人で揃って校長に相談するというボトムアップの提案に繋がった。カワモト先生が、改善協議でヨシオの抽出指導の方策が決まったとき、「５年はチームで動くんですね」と思わず発したのは、協働の重要性が腹に落ちた瞬間だったのではないかと思われる。

　AR終了後の７月のインタビューでアサダ校長は、ヨシオの抽出指導の良い効果を看取した「カワモト先生が嬉しそうだったね」と語っている。カワモト先生が担任教師として主体的に関わった実践、協働であったからこそ得られた達成感だったのではないだろうか。

　本事例は、チーム5年の協働と、ビジョンは提示するが具体的な方策（実践）の決定は学年団教師の協議に任せボトムアップで上がってくることを意識した校長のリーダーシップによる相互補完的な組織的な取り組みであったと捉えることができる。校長が年度当初に企図した「チームでカバーし合う」という学年団編制の戦略が、学力不振の子どものニーズへの対応や学級経営改善に繋がった事例である。

　以上を踏まえると、アサダ校長が発揮したリーダーシップには以下の4点の特徴が捉えられる。

　第一に、教師の若年化の進行や地域・家庭の厳しい実態を踏まえ、子どもの多様性を包摂する学級・学年経営に、チームでの学年団教師の多様性によるカバーを企図する戦略である。そうした一環に、若手教師の職能発達を促す目的のTT体制や担任教師が教室を開いて交流し合う相互作用の促進の戦略も含まれるだろう。学校経営上の最重点学年である当該学年の2名の児童に対するビジョンを示し、前年度まで担任教師だったマツムラ先生を配置し、若手教師同士が「チーム」でカバーし合う学級・学年経営を企図する戦略は、若手教師同士の協働を生起・形成する過渡的な措置として有効であった。第二に、子どもに誠実に向き合い子どもの人格を尊重する姿勢をすべての教育実践の前提に置く包摂の学校教育、包摂の学級経営を志向していたことである。第三に、学年会のコミュニケーションの質を変革したいという企図でARを活用したことである。アサダ校長は何度か改善協議に途中から参加することがあったが、黙って聴いていることが多く、改善協議の場を尊重し、学年団教師に任せていた。それは、アサダ校長が期待していたように改善協議の内容が子どもの話題を中核に据え、気になる児童には明日から具体的にどのような方策をとるのかまで踏み込んで協議していたからであろう。第四に、ビジョンは提示するが、具体的な方策（実践）の決定は学年団教師の協議に委ねボトムアップとして上がってくることを意識した校長のリーダーシップの発揮である。

　こうした校長のリーダーシップの発揮は、チーム5年の協働によるプロセスとしての「包摂の学級経営」の実現を支えた背景要因・基盤的要因として

捉えることができる。それは同時に、若手教師の職能発達を支え促した背景要因・基盤的要因であると言えよう。

(2) ヨシオカ校長のリーダーシップ（X+1年度〜X+4年度）

　ヨシオカ校長はX年度はA校の教頭職2年目として当該学年に関わり、X+1年度にアサダ校長の異動に伴いA校の校長に就任した。したがってヨシオカ校長は3年間、ナカニシ先生とカワモト先生に管理職として関わっている。ここではアサダ校長のようにチーム5年が協働した事例との直接的な関わりではなく、少しレンズを引いてA校のように教師の急激な若年化の進行と共に社会経済的に厳しい家庭が多い地域の学校という現代的課題を内包する状況のもとで、包摂の学校教育・包摂の学級経営の実現と若手教師の職能発達を支えるために校長はいかなるリーダーシップを発揮していたのだろうかという視点で分析し、そのうえでチーム5年の協働との関連を考察したい。そのため、ある程度長期のスパンでの調査が有効であると考えた。そこで分析には本章冒頭で述べたように、X+2年〜X+5年の間に行った3回のインタビュー調査データのほか参与観察データを用いる。

①「チームA校」としての連携・協働の推進

　ヨシオカ校長は、アサダ校長の「チームA校」としての連携・協働による一体感をもった実践を基盤に据える学校経営方針を基本的に引き継ぎ、さらにチーム力が学校力に繋がるとして重要視していた。ヨシオカ校長のチームA校の考え方には、以下の3つの特徴が見られる。第一に、チーム力とかチームA校という考え方は「みんなが右向け右っていう考え方ではなく」、子どもに関する情報を共有することにより、教職員がそれぞれの立場でその子どもに関わりチームで「色んな角度から」子どもを見ていくことを可能にし、そのことが学校力に繋がっていくという考えである。

　例えば子どもに対する対応を思ったときに、今子どもはこんな状況でこんな風になってるんですよという情報を伝えますよね。そしたらね、じゃ

あ委員会（活動）に来たときには私はこういう風に接しますねとかね、あるいは掃除の時間に見かけたらこういう風に接しますねとか、……栄養教諭はランチルームや教室に入ったときにはこの子は見ときますねとかね、それぞれがその子に自分の役割のなかでどう接しようっていう風に考えてくれるのがチームなんですね。保健室に来たときにはこうしますねとかね、だからそういうチーム力が結局は最終的には学校力になっていくっていう風な考え方をもっています。

　子どもに関する情報をヨシオカ校長は、包み隠さず教職員に伝え共有するという。その前提として、自校の教職員を「信用してます」と言い切る姿があった。情報を隠さず伝えることにより、教職員は自分たちを信用してくれていると思い、やりがいを感じてモチベーションが高くなることを計算したうえで、「戦略としてやっている」とも述べている。そしてそうしたチームA校にエースの教師は必要ないと考えていた。エースというのは一つの教科や領域のスペシャリストであり「特効薬みたいな」もので、そのエースが異動していなくなると元に戻るので、それは学校力が高まったことにはならないという。それよりも、「みんながそれぞれの役割を必死になって演じる姿が必要」だと述べている。つまり、チームで多様な視点から子どもに関わりその子が抱えている問題状況の改善やニーズに組織で対応する組織力を高めていくことが学校力を高めることに繋がるという戦略である。またチームで多様な視点から子どもを見ていくことを可能にするために、多様な個性をもった人が教師になってほしいとヨシオカ校長は言う。こうした考え方は、アサダ校長にも見られたものである。

　第二に、「チームA校というのが大元にあり、それが安定した状態で動いているからこそ、その中の部分部分のチーム」があり、「逆に部分部分のチームが集合体になって大きなA校というチームをつくっている」という考えである。こうしたチームの考え方には、「全体としてのチームA校」による連携・協働とその内部の「部分としてのチーム」による連携・協働の相互循環の必要性が明確に見据えられており、重要な視座である。「チーム５年」

による連携・協働は教師間の協働を中核とする「チームＡ校」の内部（部分）のチームとして位置付けられる。

第三に、スクールカウンセラーなどの専門家や児童相談所、子ども支援センターなどの外部機関、地域、PTA、時には教育委員会も学校のサポーターとして「全部チームに巻き込んでいく」という考えである。例えば虐待の問題や子どもの貧困対策の取り組みとして学校外の関係機関との連携・協働も積極的に図り「使えるものは全部使います」と語っている。そしてこうしたチームは、多様な背景を抱える子どもを支えるのみならず「担任を支えるチーム」として機能するという。これは、学校内外の援助資源と積極的に連携・協働する「全体としてのチームＡ校」の推進であり、「チームとしての学校」（中教審答申 2015）のあり方として位置付けられるだろう[89]。

一方、チームＡ校の課題もたくさんあるという。その一つとして教職員の高いモチベーションをいかに維持できるかという点を挙げている。Ａ校はＸ年度の数年前までは学級崩壊が繰り返される厳しい状況にあった。しかし、アサダ校長からヨシオカ校長に引き継がれるなかで徐々に学校力が高まり、児童も一生懸命前を向いて学習するようになってきたが、学力的な伸びがあまり見られないため、教職員のモチベーションが停滞しないか悩んでいるという。学力向上は、「Ａ校の根本の最重要課題である」と述べる。

こうした課題を内包しながらヨシオカ校長は、チーム体制や学校内外の援助資源の積極的な活用で子どもの状況改善やニーズに対応し、担任教師を支える戦略にリーダーシップを発揮していたと言えよう。

---

[89] 安藤（2016）は「チーム学校」論の組織観の特徴を3点指摘し、そのうち「拡張的組織観」について教師の過剰労働との関連から以下のように言及している。「専門的能力をもった職・人材を学校教職員として明確に内部化し、貧困や虐待への対応、外国にルーツを持つ子どもへの対応なども含めてあらゆる問題を学校で扱うべき問題として内部化しようとしているように見える。その一方で、学校組織の内部では分業体制が整えられ、教師の役割からはむしろそれら諸課題への対応を外部化しようとしていると見ることもできる。（中略）教師の職務範囲からは外部化しようとしているのだが、学校組織については、その職務範囲も組織規模も、より拡張する方向で捉えられている。このような拡張的組織観によって、仮に、そのシャドウワークを担うのが教師だけではなくなったとしても、学校教育のシャドウワーク化自体は改善しないのではないか」（pp.28-29）。教師の過剰労働との関連は本章の対象ではないが、「チーム学校」論と組織との関連を多面的に捉えるには、こうした議論にも留意しておくことが必要であると考える。

②向かう方向は明示し「緩やかな徹底」の手法で見える化し、アプローチは個々の教師に委ねるリーダーシップ

こうしたチームＡ校が目指す方向として、ヨシオカ校長はすべての教育実践において「徹底的に子どもを大事にする」という基本的構えのあり方を以下のように具体的に教職員に明示していた。

まずヨシオカ校長は、そもそも教師が子どもに関わる基本姿勢として、子どもを侮ってはいけないと以下のように指摘する。

> 子どもはその直観力とかものすごい力をもっているから、それで相手を見抜くから子どもに信用されないとだめだというのはね、それはなにかというたら本当に内から湧き出るようなあなたのことが大事なんですよ、あなたのことを分かろうとしているんですよっていうそういう内から出る思い、それがあるかどうか、もうそこに尽きるでしょうね。そういう気持ちで子どもに本気で接していたら、絶対に学級は荒れないと思いますよ。

こうした子ども観や教育観をもつヨシオカ校長はすべての教育実践に対する基本的構えを、いつどんなときも「子どもにとってどうか」という判断基準に置いていた。この基本的構えは、若手期からの学級経営を通じて身に付けてきたものでぶれずに貫いてきたという。そして、Ａ校に教頭で就任した当時から教職員に対して「もう絶対に迷うんだと」、そうした考えや判断に迷いがあるときには「子どもにとってどうか」ということを判断基準にして、「今子どもにとって最善の方法はどうなんだ」とそこに戻って考えるように、そして「それが子どもを大事にする第一歩」だと常に言ってきたという。つまり子どもの多様なニーズや状況改善に取り組む構えとして「とにかく子どもにとって一番いい方法を考えることに戻る」という「すべての矢印、ベクトル」が子どもに向いていたら、すべてのこと（教育実践）がぶれないという子ども主体のコンセプトを基本に据えていた。

こうした「子どもにとってどうか」をすべての判断基準に置くことを基本

的前提に、ヨシオカ校長は子どもにどう向き合うか／寄り添うかという点についても教職員に明示していた。A校の手法は、子どもに誠実に向き合う、子どもを頭ごなしに叱らない、間違った行為は正してもその子の人格を否定することは絶対にしないというものであった。この点についてヨシオカ校長は、次のように語っている。「学級経営もそうです。子どもたちを頭ごなしに怒ったらだめだし、これだけしんどい状況の子どもたちがいるんだから必ずその背景は何かあるし、全部が子どもの責任じゃないところで動いていることが山ほどあるから」。これらの手法は、前述のようにアサダ校長の「あの子が悪い、親が悪い」ではなく常に子どもに誠実に向き合い人格を尊重する関わりを重視する基本姿勢と共通するものであり、二人の管理職により共有されていたものである。それは、A校の管理職として以下のようなA校の役割の認識に基づいていた。

　A校は、Y市の施策として低所得者層を対象にした住宅を建てた地域にできた学校である。ヨシオカ校長は「親の状況が厳しいとか、生活が不安定とか、貧困家庭が多いとかいうのは、もともとのうち（A校）の役割としてそういう子どもたちを預かるための学校である」と語り、そうした厳しい環境のなかで生きるA校の子どもたちに、あらゆる機会を見つけて「とにかくあなた（子ども）を守ります」とメッセージを送り続けることが重要であると言う。それは「子どもが安心した状態で、安定した状態で子どもの気持ちがやる気になっていってくれなかったら絶対学力は上がら」ないので、「学校に来たらとにかく安心だしとか、学校に来たら守ってもらえる」という安心感を与え、自尊感情を高めるベースにしたいという考えに基づくものであった。アサダ校長も子どもの「自己肯定感を高める」ことを重視しており、2名の管理職によってこれらのコンセプトは周知徹底されてきていた。

　勿論こうした子どもの人格を絶対に否定しない、安心・安全な状態で自尊感情や自己肯定感を高めることができるような関わりは、「どこの学校に行っても一緒なんだと。けれどもそれが（家庭で十分にしてもらってないのでそうした配慮が）必要な子どもがA校にはたくさんいる」ということが、A校の実態であり役割であるとヨシオカ校長は語っている。

　以上のような基本的な構えや手法で「徹底的に子どもを大事にする」こと
を学校としての統一感をもって目指しているのは「子どもにたくさん関わっ
て、子どもにいい思いをたくさんさせて、あるいは経験をたくさん積ませて、
……最終的に学力をつけて生きる力をつけていく」ためであるとヨシオカ校
長は述べている。

　ヨシオカ校長が目指す「徹底的に子どもを大事にする」ということは、す
べての子どもの人格を尊重し、誠実に向き合い「子どもにとってどうか」を
判断基準に置き、その「子どもにとって一番いい方法を考える」ことで子ど
も主体の状況改善やニーズに取り組んでいく、つまりすべての子どもを包摂
することを目指す向き合い方であると言えるだろう。

　それでは、ヨシオカ校長が明示する徹底的に子どもを大事にし、すべての
子どもを包摂することを目指す向き合い方を、どのような手法で教職員に周
知していたのだろうか。その具現化としてヨシオカ校長は、「緩やかな徹底」
の手法を挙げている。それは、「絶対やれ」というトップダウンの手法はと
らないが、「絶対に外したらだめなポイント」をありとあらゆる機会に語る
ことで「緩やかな徹底」を図っていくことを意図しているという。例えば、
学級経営に関する「緩やかな徹底」の具体例としてヨシオカ校長は、以下の
ように述べている。

　　正面から子どもと向き合うであったりとかね、とにかく徹底的に話を聴
　　いてやるとかね、それから自信をもって自分の価値観とかを（押し付け
　　るのではなく）子どもにしっかり伝えるとかね……そこにぶれがあると
　　感じたときに、「ここはこんな風に修正したらいいよ」とか……いうよ
　　うなことをこまめに評価していると、なんかね不思議とね、Ａ校スタイ
　　ルみたいなのができるんですよ。

　このように、学級経営の基本的な子どもへの関わり方に関して、校長のコ
ンセプトと齟齬が起きていると感じた場合はその都度個々の教師に直接伝
え、修正を促す方法をとっていたのである。また、そうした対応のベースと

して学級経営に不安感をもつ若手の担任教師に対しては、「普段はできるだけ褒めて褒めて褒めて」自信をつけることができるようにし、どうしてもここはっていう（齟齬が起きていると感じた）ところに関してだけは「ビシッとやっぱり言わないとダメだし」、そうすることでその指摘した意味が「ものすごく重く」なると言う。

　そこでは、結果としてＡ校としてのスタイルを統一する方向に重点が置かれており、ヨシオカ校長は「だから緩やかな徹底なんですよ」と述べる。そしてこうして統一されていくＡ校スタイルを、単なるスタイルではなくＡ校の「文化」であると強調していた。「子どもにとってどうか」をすべての判断基準に置き、子どもを徹底的に大事にする指導や支援のスタイルを「Ａ校の文化」として形成していくために、ヨシオカ校長は強い命令や指示のトップダウンではなく「緩やかな徹底」という手法で戦略的に行っていたことが特徴的である。「緩やかな徹底」と校長のリーダーシップを関連させて、ヨシオカ校長は次のように言及している。

　　そのリーダーシップが孤高のリーダーシップになってもだめだし、「校長が言ったことは絶対ね」みたいになったらだめなんですよね。そういうリーダーシップはもう何の意味もないので。そうじゃなくて「向かう方向はここなんだよ」っていうことを示すリーダーシップなんですよ。だからそこへのアプローチの方法はそれぞれが色んなアプローチの仕方をしてくれていいよ。でも最終向かうところはここねっていう。

　こうしたリーダーシップに関して、次のようなエピソードをヨシオカ校長は語っていた。初めての異動を前に、ヨシオカ校長がナカニシ先生にＡ校に勤務して良かったことは何かと尋ねたことに対して、「一番良かったのは、……いつでも自分がこうやりたい、ああやりたいということを本当に自由にさせてもらえた」と答えたという。それに対してヨシオカ校長は以下のように応答したと語っている。

あくまでも自分がやりたいとか自分の勝手な思いだけが先行したことを、それを認めることは絶対しないよと。そのことが、言ってることが、本当に子どもにとっていいなあと、ためになるなあと思ったから、だから認めたんだと。その意味では子どもを大事にしよう、子どもと正面から向き合おうという気持ちで、ちゃんとそこが出来上がっているから、だからやってることは間違いないし認められるんやでっていう話をしてたんですね。

そこには、「子どもにとってどうか」という判断基準をベースに「思い切ってやりたいことをやれ」「悩みながら右往左往しながら（教育活動を）つくっていったらいい」というヨシオカ校長の若手教師の自律的・主体的な実践を支援するリーダーシップが浮かび上がる。それは、ナカニシ先生の「やりたいということを本当に自由にさせてもらえた」の語りと符合し、ヨシオカ校長による緩やかな徹底（統制化）のリーダーシップには、一方で若手教師の育ちを促す自律性や主体性が重視されていたことが窺える。

つまり、向かう方向は校長がトップダウンで明示し、その向かう方向がぶれないように「穏やかな徹底」の手法を通して日常的に見える化を図り、アプローチは個々の教師の自律性・主体性にできるだけ委ねるというリーダーシップを発揮していたと捉えることができる。そうした戦略により、「子どもにとってどうか」をすべての判断基準に置き子どもを徹底的に大事にするという指導や支援のスタイルを「Ａ校の文化」として形成し、教職員が統一感をもってチームＡ校として連携・協働し、実践することを企図していた。

③「子どもを大事にする」ために「教職員を大事にする」リーダーシップ

先にも言及したようにＡ校は、近年急激な教師の若年化が進行しており、Ｘ年度の学級担任教師（特別支援学級・通級教室指導担当教師を除く）の平均年齢は30代前半であったが、Ｘ+2年度には30歳、そしてＸ+4年度は20代後半になっている。こうしたなかでヨシオカ校長は、すべての子どもを大事にする（包摂する）子ども主体の学級経営と若年化する担任教師をどのよ

うに支援していたのだろうか。その特徴は以下の２点に整理できる。

　第一に、その教師が担任しているクラスの子どもや学級を褒める手法である。具体例としてヨシオカ校長は学習発表会のことを挙げている。学習発表会の終了後に全教室を回って、「今回はあなたたちはこのことが良かったよ」と直接子どもたちを褒めるという。このようにヨシオカ校長は、大きなイベントを達成するたびに必ず教室に行って「素晴らしかった、ありがとう」と子どもたちに感謝の気持ちも直接伝えるという。こうした行為の意図について、ヨシオカ校長は以下のように語っている。

　　（教師は）自分のつくり上げている学級を褒めてもらうことがとても心
　　地いいんですよ。で自信になるんですよ、自分のやってることが間違い
　　じゃなかったっていう。だから子どもを褒めるんです。勿論（子ども）
　　一人一人を褒めることもあるんだけれども、でも学級全体に対して心か
　　らお礼を言うっていうことはすごく大事なことなんだね、子どもたちに
　　とっては。だから子どもも校長であろうが教頭であろうが担任であろう
　　が関係ないんですよ、そこは。皆さんありがとうございましたって、そ
　　こですよね。だからそういう風なことをすると子どものモチベーション
　　も担任のモチベーションも上がって、Ａ校ってすごいねってやっぱりそ
　　うなっていくんですよね。

　このように、校長が学級に入って直接全員の子どもたちに「上っ面の言葉じゃなくて心から発する言葉」で褒めたり感謝を伝えたりすることは、子どもと教師のモチベーションを上げることになり、結果として教師の達成感や学級経営の自信に繋がることになると言う。子どもも教師もいかにしてモチベーションを上げていけるようになるかを「戦略として考えている」ことは、校長による教師と子ども双方に対するピグマリオン効果を企図したリーダーシップの発揮であると言えるだろう。

　第二に、子どもを大事にしてほしいから教職員を大事にするという手法である。子どもを大事にするという向かう方向に教職員が安心感と統一感を

もって力を発揮できるように教職員を徹底的に大事にするという。その具現化として「職員室の雰囲気づくり」「安心感の醸成」「絶対的な公平さ観の徹底」の３点を挙げている。

　まず、「職員室の雰囲気づくり」に関する思いや考えについて、ヨシオカ校長は以下のように語っている。

　　僕は放課後の職員室の雰囲気っていうのは、楽しかったりほっとできたり安心できたりそういう場所でないとだめだという風に思ってきたから、だから校長が勝手にうどん作ったりなんやかや「食え」言うて持ち上げたりはしてるのだけども、実はねその雰囲気が先生たちにとっては相談できる雰囲気であったりとか語れる雰囲気であったりとか、あるいはほっとしたり笑ったりとか、そういう場がないとうちではもたない。孤立したら絶対無理です、うちでは。とても担任一人で抱えきれるような範疇を超えている。

　厳しいＡ校の実態を背景に、特に学級担任教師は一人で抱える限界を超える学級経営の課題や困難に直面することが多い。そうしたなかで、教師がほっとしたり、安心感を得たり、同僚教師や管理職に相談したりできる雰囲気づくりを、ヨシオカ校長は日々行っていた。そうすることで、教師が孤立することを防ぐ意図もあった。例えば、X+1 年５月 14 日のフィールドノーツには、以下のように記述されている。

　　放課後、職員室奥のテーブルで学年会（６年生）を行っていた。メンバーは、ナカニシ先生・カワモト先生・マツムラ先生・Ｈ先生（マツムラ先生と交代の少人数指導講師）の４人。マツムラ先生は、当該学年から抜けていたが、参加したいという希望により同席していた。学年会の最中に、ヨシオカ校長が職員室奥の調理台で作った軽食を職員室にいる教職員に声をかけて振舞っていた。

　これ以降も筆者はこうした光景を何度も目にした。また X 年の AR の期間（ヨシオカ校長は教頭職）においても、何度も見てきた。
　次に、「安心感の醸成」に関して、ヨシオカ校長は以下のように語っている。

　A 校の全部の若手教員に言えることなんだけれども、平均年齢30（学級担任教師）のうちで言うとね。どれだけ安心して仕事ができるかという、……もうそこに尽きます。僕は年度当初から子どもをとにかく大事にしてほしいから、僕はあなたたちを大事にしますよと、あなたたちが安心して仕事ができる職場にするからあなたたちは子どもを徹底的に大事にしてくれという話をしました。

　先に触れたように、アサダ校長も自校の若手教師は学級経営に不安感が強く、安心感をもてるように支援がいると述べている。ヨシオカ校長も安定した学級をつくるためには、教師が安心して仕事ができる学校の環境が必要であると考えていた。そのため、とりわけ不安感の強い若手教師には安心感がもてるように、「いつも見てるで、必ず助けるから、しんどい親は一人でもたさない、必ずバックアップするからなと。あるいはそれで大丈夫やで」というような声かけを個別に行っていると語っている。
　加えてこうした声かけは、若手教師のみならずすべての担任教師に対しても同じように行っているという。それは、特に管理職は「絶対的な公平さ観」をもってすべての教職員に接しなければならないというヨシオカ校長のスタンスであった。この「絶対的な公平さ観」は、自身の若手期における学級経営の失敗から学んだことであり、学級経営における担任教師の子どもに対する姿勢にも学校経営における管理職の教職員に対する姿勢にも同様に必要なスタンスであるという。ヨシオカ校長は、公平に声をかけてバックアップしている状態をつくると教師も安心して仕事ができ「結局100％子どもにかえっていくんですよ。安心した学級経営ができるんです」と述べている。
　以上のように、ヨシオカ校長のリーダーシップに見られたチームでの連携・協働の推進、向かう方向は校長がトップダウンで明示し「緩やかな徹底」の

手法で日常的に見える化を図り統一していく、そのアプローチはできるだけ個々の教師の自律性・主体性に委ねる、子どもを大事にするために教職員を大事にする、戦略は、語りでも触れられているように主に学級経営を支える、つまり学級崩壊を絶対に起こせないために（若手）教師を支え職能発達を促す戦略であった。学級崩壊には不全状態にいたる経過や深度があり、学級の日常機能（生活機能・学習機能）が不全状態に陥る（松浦2000）と、授業が成立しない、子ども同士の関係性は断裂しいじめの問題が起きるなど、多くの子どもが教室での学習や生活から排除されがちな状況を生むことに繋がる。学級崩壊が子どもにもたらす計り知れない負の影響をアサダ校長とヨシオカ校長は知り尽くしていた。よってそうしたヨシオカ校長のリーダーシップの発揮は、包摂の学級経営の実現と若手教師の職能発達を支える背景要因・基盤的要因として意味付けることができるだろう。また、そこではアサダ校長と同様に、学級経営と若手教師の職能発達が一体的に捉えられていることが特徴的である。

　A校のように学級経営に不安感を抱える若手教師が多いという実態、学力的な伸びという目に見える形での教育の成果が得られにくい実態、担任教師が一人で抱えることが困難な課題に直面することが多い実態などを踏まえると、必要で有効な校長のリーダーシップだと言えるかもしれない。

　以上を踏まえるとヨシオカ校長のリーダーシップの発揮は、安定した学級経営の実現を目指してチームA校として統一感と安心感をもって連携・協働し、子どもを徹底的に大事にする（包摂する）というスタイルをA校の文化として戦略的につくることを企図していたと捉えることができ、アサダ校長のリーダーシップと重なる部分が読み取れる。

　それではA校の教職員は、そうしたスタイルをどのように認識していたのだろうか。

④「チームA校」の学校組織文化の形成を牽引

　筆者がX+2年3月にA校の全教職員を対象に実施した「自校における課題解決や教師の成長のためのチームづくりに対してどのような意識をもって

いるのか」を問うアンケートの結果から一部を抜粋し見ていきたい[90]。

　まずA校の教職員は、概ね「学校組織全体としてチームとしての教育活動が有効に機能している」と認識していた（とても思う50％、やや思う45％、あまり思わない5％、全く思わない0％）。その認識の理由を問う自由記述の内容には、「常に子どもたちのためにを考えて連携がとれていると思う」「教職員全員が子どものためにという視点で一丸となって動くことができている」「自分の学年以外の子にも教職員があたたかく声をかけてくれている」「生徒指導としては学校全体で対応している」「さまざまな場面でそれぞれの役割を考え行動している」「子どもや保護者理解を含めてどのように支え育てていけばよいかを話し合い、考え、実践しようとしている」「自分とは違う方法で指導してくださったり、子どもにとって良い影響を他の教職員の方々が与えてくれる」「学級間、学年間を越えて必要に応じて担任、担任外が指導に関わっている」など、チームとしての連携・協働への肯定的な意見が多く見られた[91]。また、約8割の教職員が自身も「さまざまな場で、チームとしての教育活動に積極的に参加している」と認識していた（とても思う41％、やや思う41％）。

　これらの結果から、日々の学級や生徒指導の問題に対して「子どものために（子どもにとってどうか）」という判断基準が教職員に共有され、必要に応じて学級、学年を越えてチームとして連携・協働しながら自律的、主体的に子どもを支える教育実践が行われていたことが文脈から窺える。また、「教職員があたたかく声をかけてくれている」というコメントから、子どもに誠実に向き合う、子どもの人格を否定しないというA校のスタイルが浸透し

---

[90] 質問紙調査票（記述回答方式で22名より回収）は、X+2年3月に筆者がA校の職員室で対面にて配布した。実施にあたって、職員朝会終了後にまずヨシオカ校長が全教職員に協力を呼びかけた。その後筆者が質問紙調査の趣旨を説明し、協力を依頼した。回収方法は無記名で個別に封筒に入れて封をし、職員室に設置した回収用袋の中に直接入れる方法をとった。回収に1週間ほど期間を設けた。なお、22名の内訳は、管理職を除く教務主任、教諭（養護教諭を含む）、講師（非常勤講師を含む）である。回答者の年齢構成は、20代10名、30代5名、40代4名、50代3名である。性別の内訳は、女性13名、男性9名、職種の内訳は、教諭16名、講師6名である。
[91] 少数ではあるが、「まだ学校組織全体とは言えない」「負担が大きい人、学年がどうしてもできてしまう」「ケース会議や日常の情報共有・交換の機会は少ないと思う」という否定的な記述もあったことを付記しておきたい。

ていることが窺われる。そこでは「徹底的に子どもを大事にする（包摂する）」という向かう方向に「学校としての統一感」が読み取れる。また注目されるのは、情報の共有に関する記述が目立ったことである。例えば、「いいことも悪いことも情報共有・交換できる雰囲気がある。それだけでも心強かった」「必要な情報共有がよくされている」「各先生が情報共有をしようと努め、皆が同じ方向に向かおうとしている」「常に職員室で気にかかる子の情報交換が活発にできる」等である。ヨシオカ校長が語っていたように包み隠さず情報を共有するという戦略が、全校体制でそれぞれの教職員が得た情報のもとでそれぞれの立場で子どもを支援するという組織的な対応に繋がりヨシオカ校長の企図の通り「子どもに還元」されていたことが推測される。

　こうした結果は、2名の校長がコンセプトにしてきた「チームA校」としてチームで多様な視点から子どもに関わり問題状況の改善やニーズに組織で連携・協働して対応するというビジョンが、一部の否定的な意見を踏まえたとしても概ね浸透しつつあることを感じさせるものであり、日常の教育活動に方向性を与え、教職員集団の凝集性や一体感の醸成に働きかける学校組織文化[92]（今津2012b）として形成されていたと捉えることができるのではないだろうか。つまり校長が明示する学級経営や教育実践の向かう方向（展望）を多くの教職員が共有していることが窺われる。ここで重要なことは、「できるだけ多くの教職員個々が抱く『ビジョン』と通じあうことによってはじめて、『共有ビジョン』になるということである」（浜田2009：p.26）。

　2名の校長は、社会経済的に厳しい家庭が多く教師の若年化が進行するA校において、「徹底的に子どもを大事にする（包摂する）」という包摂の学級経営、包摂の学校教育の方向に向かってチームで連携・協働する子ども主体の学校組織文化の形成を牽引するリーダーシップを発揮していたと捉えることができる。こうした学校組織文化は、チーム5年の「子どもの状況をより

---

[92] ここでは今津（2012b）による以下の「学校組織文化（school organizational culture）」の定義に依拠する。「当該学校の教師に共有された行動・思考の様式で、その学校での日常の教育活動に方向性を与え、問題解決や意思決定の判断枠組みを提供するとともに、教師集団の凝集性や一体感の醸成にはたらきかけるものである。そして、この学校組織文化は形成され、伝達され学習されるとともに変革され新しく創造されていく」（pp.14-15）。

良くするためにチームで連携・協働する」という子ども主体の組織文化と通底するものであり、相互循環の影響関係にあったことが窺われる。

（3）プロセスとしての「包摂の学級経営」の実現と若手教師の職能発達を支え促した組織的要件

　本章では、包摂の学級経営を目指した実践と若手教師の職能発達に「チーム5年」の協働と校長のリーダーシップはどのように関連していたのか、組織的観点から検討してきた。ここではそれらを踏まえて、プロセスとしての「包摂の学級経営」の実現と若手教師の職能発達を支え促したと考えられる組織的要件を整理し、示唆として提示したい。

　まず、チーム5年の協働では、個人、装置、相互行為、実践、組織文化がうまくかみ合って展開し、組織力を高めたことが教育の効果を高め（水本2006：p.35）、プロセスとしての「包摂の学級経営」を実現させた組織的要件としてあげることができる。

　そこで重要であったのは、主に次の4点である。一つ目は、改善協議（学年会）などの協議（装置）におけるコミュニケーションの質（内容）である。「子どもの状況がより良くなるために」という課題意識を共有し、子どもの話題（子どもの実態やニーズ、授業や教材、指導・支援の方法など）を中核にし、問題状況に関しては情報共有で終わるのではなく、具体的な対応策まで踏み込んで協議し、実践し振り返る、ことを繰り返すことの重要性である。そのプロセスは、周辺化されやすい子どもの隠れた排除を見つけ、向き合い、子どもの多様性を包摂することに繋がった。アサダ校長が企図したように学年会のコミュニケーションの質（内容）を連絡・調整中心から子どもの話題を中核に据えたものに変えていくことが必要になっているのかもしれない。

　二つ目は、前述のコミュニケーションの質（内容）にも関するが、協議に担任教師以外の多様な視点（声）が入ることにより学級・学年が開かれることである。チーム5年では学年団教師や校長、養護教諭、筆者などの視点が入ったが、とりわけマツムラ先生のような人材（協力指導教師）が配置され、日常的に異なる視点（声）が入ることが強く望まれる。制度的な面にも関係

するためそうした人材配置がない場合は、例えばカワモト先生が異動校のC校において理科専科の教師の視点（声）を進んで取り入れたことや、ナカニシ先生が異動校のB校（単級）においてベテラン支援員の視点（声）を日常的に取り入れたことは参考になるだろう。また2022年度より小学校高学年に教科担任制が導入されたので、今後子どもに関する多様な視点（声）が協議に入ることが期待される。

　三つ目は、組織文化の形成の重要性である。「子どものためにチームで一つの方向に向かって協力して実践する」という子ども主体と協働性重視の組織文化が、ARにおいて形成されたことにより、AR終了以降においてもチーム5年の協働が継続し、さらに新たな「子どもが楽しみそれぞれが活躍できる教育活動の創造」という組織文化が形成された。そうした組織文化の形成により子どもの困りやニーズ、隠れた排除に向き合うのみでなく、どの子も潜在力や可能性を発揮し、学級での学習や生活への参加を増やす多様性の包摂へと繋がっていった。

　四つ目は、実践の重要性である。マツムラ先生の語りに見られたように、自らの教育実践を通じて子どもの成長や変容の手応えを実感することは教師をエンパワーする（浜田2012：p.125）。本論でも見てきたように、こうした教師のエンパワメントは力量形成に繋がっており組織力を高めていったと思われる。

　次に、2名の校長のリーダーシップから、以下の4点が、プロセスとしての「包摂の学級経営」の実現と若手教師の職能発達を支え促した背景・基盤的要因として見出された。

　第一に、急激な教師の若年化の進行や社会経済的に厳しい家庭の実態を踏まえ、子どもの多様性を包摂する学級・学年経営に、チームでの教職員の多様性によるカバーを企図する戦略を牽引した2名の校長のリーダーシップである。チームで多様な視点から子どもに関わりその子が抱えている問題状況の改善やニーズなどに組織で対応する組織力（学校力）を高めていくことにより、子どもの多様性を包摂することに繋げるという戦略である。

　そこで重要であると感じたのは、次の点である。それはヨシオカ校長が語

るように、「全体としてのチームＡ校」による連携・協働とその内部の「部分としてのチーム」による連携・協働の相互循環の必要性を見据えたうえで、どちらのチームのあり方も重視する戦略である。前者は、例えばヨシオカ校長が語るように学校内外の援助資源を積極的に活用し、子どもや担任教師を支えるチームの推進である。よってチームＡ校は「チームとしての学校」（中教審答申 2015）のイメージで捉えることができるだろう。後者は、例えばアサダ校長が、チーム５年のように若手教師同士の連携・協働により学級・学年経営をチームでカバーし合うことを企図した戦略である。

　実際の場では、両者が重なる場合があるだろうし単純に分けて捉えることはできないことに留意が必要であり、またどちらの連携・協働のあり方も包摂の学校教育や包摂の学級経営には必要であろう。だがここで注目したい点は、日々の教育実践の中核となるチーム５年のような教師間の連携・協働の重要性である。第１章でも述べたように、近年教師の私事化（油布 1994）や孤立化・個人主義化、若年化の進行により、教師間の連携や協働はこれまで以上に困難になっていることが推測され、「チームとしての学校」（中教審答申 2015）推進の陰で空洞化が危惧されるからである。

　第二に、ビジョンは提示し、具体的な方策（実践）の決定は学年団教師の協議に委ねボトムアップとして上がってくることを意識するというアサダ校長に見られたリーダーシップの発揮である。そうした戦略は学年団教師の主体的な協議や協働に繋がり、チーム５年の協働と校長のリーダーシップによる相互補完的な組織的な取り組みになり、学力不振の子どもだけでなく周辺化されていた目立たない子どもの学習の参加を保障した。第一で言及した内部の「部分としてのチーム」による連携・協働を重視する校長のリーダーシップの発揮が教師間の連携・協働を支持し活性化することに繋がった事例である。

　第三に、ヨシオカ校長に見られた「向かう方向は明示し、緩やかな徹底の手法で統一感を目指し、具体的な実践のアプローチは個々の教師に委ねる」というリーダーシップの発揮である。教職員アンケートで見られたように、「子どもを徹底的に大事にする（包摂する）」という向かう方向に統一感が感

じられ、そのなかに個々の教職員の自律性、主体性が読み取れた。教育実践の最前線において、個々の子どもに関わるのは個々の教師であり、教師の自律性、主体性は重要である。「個々の子どもの発達特性や生育環境などの多様性があるために、組織的決定のみでは保証しきれない実践の不確実性を個々の教師の専門性に委ねることによって縮減するのである」（安藤 2016：p.31）。こうしたヨシオカ校長のリーダーシップは、Ａ校のような学校環境にある学校のみならず、教師の若年化が進行する現代の公立小学校における包摂志向の学級経営や若手教師の職能発達を支える校長のリーダーシップのあり方として参考になるのではないだろうか。

　第四に、チームＡ校の学校組織文化の形成とそれを牽引した 2 名の校長のリーダーシップの発揮である。チーム 5 年が形成していた組織文化の「チームで子どもの状況が良くなるために一つの方向に向かって連携・協働する」「どの子も活躍させたい」と、チームＡ校が形成していた学校組織文化の「チームで連携・協働して徹底的に子どもを大事にする」は通底する。どちらもすべての子どもを包摂することを目指す子ども主体であり、チームで多様な視点から子どもに関わり問題状況の改善やニーズに組織で対応することを目指している。よって、全体としてのチームＡ校の学校組織文化とその内部のチーム 5 年の組織文化は、相互循環の影響関係にあったと思われる。組織力を高め、教育効果を上げるためには組織文化の形成はきわめて重要であった。したがって、チームＡ校の学校組織文化の形成はチーム 5 年による「包摂の学級経営」を実現するための組織的要件であったと言えるのではないだろうか。それは同時にそうした学校組織文化の形成を牽引していた校長のリーダーシップが「包摂の学級経営」を実現するための背景要因・基盤的要因であったと言えるだろう。

　以上を踏まえると、教師の急激な若年化の進行と社会経済的に厳しい家庭の背景を抱える子どもが多い公立小学校という現代的課題を内包する状況のもとで発揮された 2 名の校長のリーダーシップは、包摂の学校教育、包摂の学級経営を志向し、その実現のために若手教師の職能発達を支え促していたと捉えることができる。よって、そうしたリーダーシップはプロセスとして

の「包摂の学級経営」の実現と若手教師の職能発達を支え促した背景要因・基盤的要因であり、それは同時に組織的要件として意味付けることができると考える。

参考文献一覧

・秋田喜代美（1994）「教師の実践的思考とその伝承」稲垣忠彦・久冨善之（編）『日本の教師文化』東京大学出版会 ,pp.84-96.
・秋田喜代美（1996）「教師教育における『省察』概念の展開―反省的実践家を育てる教師教育をめぐって」『教育学年報』5, 世織書房 ,pp.451-467.
・秋田喜代美（1997）「教師の発達課題と新任教師のとまどい」『児童心理 4 月号』第 51 巻 , 第 5 号 , 金子書房 ,pp.118-125.
・秋田喜代美（1998）「実践の創造と同僚関係」佐伯胖・黒崎勲・佐藤学・田中孝彦・浜田寿美男・藤田英典（編）『教師像の再構築』岩波書店 ,pp.235-259.
・秋田喜代美・市川洋子・鈴木宏明（2000）「アクション・リサーチによる学級内関係性の形成過程」『東京大学大学院教育学研究科紀要』第 40 巻 ,pp.151-169.
・秋田喜代美（2001）「教室におけるアクション・リサーチ」やまだようこ・サトウタツヤ・南博文（編）『カタログ現場心理学―表現の冒険―』金子書房 ,pp.96-103.
・秋田喜代美・市川伸一（2001）「教育・発達における実践研究」南風原朝和・市川伸一・下山晴彦（編著）『心理学研究法入門―調査・実験から実践まで―』東京大学出版会 ,pp.153-190.
・秋田喜代美（2005）「学校でのアクション・リサーチ―学校との協働生成的研究―」秋田喜代美・恒吉僚子・佐藤学（編著）『教育研究のメソドロジー―学校参加型マインドへのいざない―』東京大学出版会 ,pp.163-183.
・秋田喜代美（2006）「教師の力量形成―協働的な知識構築と同僚性形成の場としての授業研究―」東京大学大学院教育学研究科基礎学力研究開発センター（編）『日本の教育と基礎学力―危機の構図と改革への展望』明石書店 ,pp.191-208.
・秋田喜代美（2009）「教師教育から教師の学習過程研究への転回―ミクロ教育実践研究への変貌」矢野智司・今井康雄・秋田喜代美・佐藤学・広田照幸（編）『変貌する教育学』世織書房 ,pp.45-75.
・秋田喜代美・藤江康彦（2019）「データの分析」秋田喜代美・藤江康彦（編著）『これからの質的研究法―15 の事例にみる学校教育実践研究』東京図書 ,pp.24-31.
・安藤知子（2000）「『教師の成長』概念の再検討」『学校経営研究』第 25 巻 ,pp.99-121.
・安藤知子（2013a）「『学級経営論』の展開から何を学ぶか―専門職業人としての教師の実践と研究」蓮尾直美・安藤知子（編）『学級の社会学―これからの組織経営のために』ナカニシヤ出版 ,pp.15-34.
・安藤知子（2013b）「学級を対象とする研究の領域とアプローチ」蓮尾直美・安藤知子（編）『学級の社会学―これからの組織経営のために』ナカニシヤ出版 ,pp.115-129.
・安藤知子（2016）「『チーム学校』政策論と学校の現実」『日本教師教育学会年報』第 25 号 , pp.26-34.
・安梅勅江（2021）（編著）『エンパワメントの理論と技術に基づく共創型アクションリサーチ―持続可能な社会の実現に向けて―』北大路書房 .
・浅田匡（1996）「教師の信念と教授行動との関連性に関する基礎的研究」藤岡完治ほか「授業における教師の知識の機能に関する実証研究―教師教育の観点から―（研究成果報告書）」平成 5・6 年度科学研究費補助金（一般研究 B）,pp.4-22.
・朝倉雅史（2016）「教師が "よい学級" を問う意味とは―学級づくりのノウハウ流通の問題と学級観の重要性―」末松裕基・林寛平（編著）『未来をつかむ学級経営―学級のリアル・ロマン・キボウ』学文社 ,pp.64-78.

・C. I. バーナード（著）山本安次郎・田杉競・飯野春樹（訳）（1968）『新訳経営者の役割』ダイヤモンド社.

・Clarke, D. & Hollingsworth, H.（2002）"Elaborating a model of teacher professional growth", Teaching and Teacher Education, 18, pp.947-967.

・藤井達也（2006）「参加型アクションリサーチ—ソーシャルワーク実践と知識創造のために」『社会問題研究』第 55 巻第 2 号 ,pp.45-64.

・藤﨑直子・越良子（2008）「教師間の協働関係における相互作用と教師の教育観との関連 —ソーシャル・サポートの観点からの検討」『学校教育研究』23 巻 ,pp.144-158.

・藤田英典（2015）「教師・教職の現在と教師研究の課題」『日本教師教育学会年報』第 24 号 ,pp.8-19.

・藤原文雄（1998）「教師間の知識共有・創造としての『協働』成立のプロセスについての一考察」『東京大学大学院教育学研究科教育行政学研究室紀要』第 17 号 ,pp.2-21.

・藤原文雄（2000）「学校経営における協働論の回顧と展望」『自律的学校経営と教育経営』日本教育経営学会 ,pp.165-181.

・藤原文雄（2004）「研究と実践の壁を越える可能性をもつアクション・リサーチ」小野由美子・淵上克義・浜田博文・曽余田浩史（編著）『学校経営研究における臨床的アプローチの構築—研究—実践の新たな関係性を求めて—』北大路書房 ,pp.127-131.

・学級経営研究会（2000）「学級経営をめぐる問題の現状とその対応—関係者間の信頼と連携による魅力ある学級づくり—」『学級経営の充実に関する調査研究』（最終報告書）.

・後藤郁子（2011）「小学校初任教師の力量形成を中核に据えた協働学習のデザイン—拡張的学習の理論から捉えた管理職の役割—」『日本教師教育学会年報』第 20 号 ,pp.111-120.

・後藤郁子（2013）「小学校初任教師の主体的発達を生む学習サイクル—拡張的学習理論における仲介的概念ツールに視点を当てて—」『教師学研究』12,pp.31-39.

・後藤郁子（2014）『小学校初任教師の成長・発達を支える新しい育成論』学術出版会.

・浜田博文（2009）「『学校の組織力向上』を考えるための理論」浜田博文（編）『「学校の組織力向上」実践レポート』教育開発研究所 ,pp.10-32.

・浜田博文（編著）（2012）『学校を変える新しい力—教師のエンパワーメントとスクールリーダーシップ—』小学館.

・浜田博文（2014）「現代の教職と学校」浜田博文（編著）『教育の経営・制度』一藝社 ,pp.11-24.

・浜田博文（2017）「ガバナンス改革における教職の位置と『教員育成指標』をめぐる問題」『日本教師教育学会年報』第 26 号 ,pp.46-55.

・Hargreaves,A.（1992）"Culture of Teaching: A Focus for Change" in Hargreaves, A. and Fullan,M.G.(Eds.) Understanding Teacher Development,Cassel,pp.220-231.

・Hargreaves,A.（1994）Changing Teachers, Changing Times: Teachers'Work and Culture in The Postmodern Age, Cassel,pp.163-239.

・Hargreaves,A.（2003）Teaching in the Knowledge Society: Education in the Age of Insecurity. New York,NY: Teachers College Press.= アンディ・ハーグリーブス（著）木村優・篠原岳司・秋田喜代美（監訳）（2015）『知識社会の学校と教師—不安定な時代における教育』金子書房.

・蓮尾直美（2013）「学級社会への新たな視座」蓮尾直美・安藤知子（編）『学級の社会学—これからの組織経営のために』ナカニシヤ出版 ,pp.131-155.

・波多江俊介（2013）「教員間における協働概念の検討—『きょうどう』論の分析を通じて—」『九州大学飛梅論集』13,pp.51-67.

・畑中大路（2013）「学校経営におけるミドル論の変遷—『期待される役割』に着目して—」『九州大学大学院教育学コース院生論文集飛梅論集』13,pp.87-101.

・姫野完治（2013）『学び続ける教師の養成―成長観の変容とライフヒストリー―』大阪大学出版会 .
・平田治（2013）「学校掃除『自問清掃』実践者の教師成長―＜自己成長感＞の連関的形成―」『教師学研究』12,pp.11-20.
・広田照幸（2003）『教育には何ができないか』春秋社 .
・広田照幸・武石典史（2009）「教員集団の同僚性と協働性」全国公立学校教頭会（編）『学校運営』51(4),pp.16-19.
・今津孝次郎（1995）「教師の発達」竹内洋・徳岡秀雄（編）『教育現象の社会学』世界思想社 ,pp.114-129.
・今津孝次郎（2000）「学校の協働文化―日本と欧米の比較」藤田英典・志水宏吉（編）『変動社会のなかの教育・知識・権力―問題としての教育改革・教師・学校文化』新曜社 ,pp.300-321.
・今津孝次郎（2012a）『教師が育つ条件』岩波書店 .
・今津孝次郎（2012b）『学校臨床社会学―教育問題の解明と解決のために―』新曜社 .
・石原陽子（2010）「新任教員の困難に関する考察―質的・量的調査分析から―」『プール学院大学研究紀要』第 50 号 ,pp.161-174.
・石原陽子（2011）「教師の『実践的指導力』育成」に関する考察―新任教師の属性に着目して―」『プール学院大学研究紀要』第 51 号 ,pp.203-216.
・伊藤智裕・石川英志（2013）「若手教師の力量向上についての基本的視座と今後のビジョンの構築」『岐阜大学教育学部研究報告　教育実践研究』第 15 巻 ,pp.149-169.
・岩川直樹（1994）「教職におけるメンタリング」稲垣忠彦・久冨善之（編）『日本の教師文化』東京大学出版会 ,pp.97-107.
・門脇厚司（1999）『子どもの社会力』岩波新書 .
・金田裕子（2010）「学校における『協働』を捉える―授業研究を核とした教師たちの協働」『南山大学人間関係研究』第 9 号 ,pp.43-57.
・金子真理子（2005）「教師はカリキュラムの編成主体たりうるか―相対的自律性の低下と＜再＞主体化の可能性」『家計経済研究』67, 家計経済研究所 ,pp.30-39.
・勝見健史（2011）「小学校教師の『鑑識眼』に関する一考察―熟達教師と若手教師の授業解釈の差異性に着目して―」『学校教育研究』第 26 巻 ,pp.60-73.
・河村茂雄・藤村一夫・浅川早苗（編）（2008）『Ｑ－Ｕ式学級づくり小学校低学年―脱・小1プロブレム「満足型学級」育成の 12 か月』図書文化社 .
・Kenneth.J.Gergen（1999）An Invitation to Social Construction, English language edition published by Sage Publications of London. Thousand Oaks and New Delhi. ＝ケネス・Ｊ・ガーゲン（著）東村知子（訳）（2004）『あなたへの社会構成主義』ナカニシヤ出版 .
・北田佳子（2009）「校内授業研究会における教師の専門的力量の形成過程 -―同僚との協同的学習過程を分析するモデルの構築を目指して―」『日本教師教育学会年報』第 18 号 ,pp.96-106.
・小国喜弘・木村泰子・江口怜・髙橋沙希・二見総一郎（2015）「インクルーシブ教育における実践的思想とその技法―大阪市立大空小学校の教育実践を手がかりとして―」『東京大学大学院教育学研究科紀要』第 55 巻 ,pp.1-28.
・国立教育政策研究所（2013）「平成 24 年度学習指導要領実施状況調査　教科等別分析と改善点（小学校　特別活動（質問紙調査））」. https://www.nier.go.jp/kaihatsu/shido_h24/01h24_25/10h24bunseki_tokkatsu.pdf（最終アクセス日：2020/10/30）
・国立教育政策研究所（2018）「小学校学習指導要領準拠　みんなで，よりよい学級・学校生活をつくる特別活動　小学校編」まえがき.https://www.nier.go.jp/kaihatsu/pdf/tokkatsu_h301220-01.pdf（最終アクセス日：2020/10/30）
・小松郁夫ほか（2002）「小学校における学級の機能変容と再生過程に関する総合的研究（中間報告

書・資料集）」平成 12-14 年度日本学術振興会科学研究費基盤研究 B(2).

・厚生省（現・厚生労働省）(2000)「社会的な援護を要する人々に対する社会福祉のあり方に関する検討会」報告書（2000 年 12 月 8 日）.https://www.mhlw.go.jp/www1/shingi/s0012/s1208-2_16.html（最終アクセス日：2021/8/27）

・厚生労働省 (2011) 第 22 回社会保障審議会「社会的包摂政策を進めるための基本的考え方（社会的包摂戦略（仮称）策定に向けた基本方針）」「一人ひとりを包摂する社会」特命チーム,2011 年 8 月 29 日, 資料 3 － 1 － 6).https://www.mhlw.go.jp/stf/shingi/2r9852000001ngpw-att/2r9852000001ngxn.pdf（最終アクセス日：2021/8/27）

・紅林伸幸 (2014)「高度専門職化と＜考える教師＞―教師文化論の視点から―」『日本教師教育学会年報』第 23 号,pp.30-37.

・黒羽正見 (1999a)「教育行為に表出する教師の信念に関する事例的考察―公立 S 小学校対象のエスノグラフィーを通して―」『日本教師教育学会年報』第 8 号,pp.89-97.

・黒羽正見 (1999b)「授業行為に表出する『教師の信念』に関する事例研究―ある小学校教師の挿話的語りに着目して―」『日本教科教育学会誌』第 21 巻第 4 号,pp.27-34.

・黒羽正見 (2012)「学校の自律性の確立に向けた課題と方法―教師の自律性を促す充実した信念―」『学校教育研究』第 27 巻,pp.8-24.

・草郷孝好 (2007)「アクション・リサーチ」小泉潤二・志水宏吉（編）『実践的研究のすすめ―人間科学のリアリティ』有斐閣,pp.251-266.

・松尾睦 (2006)『経験からの学習―プロフェッショナルへの成長プロセス―』同文館.

・松下一世 (2012)「『集団づくり』論の推移―人権の視点からの再考―」『佐賀大学文化教育学部研究論集』第 16 巻第 2 号,pp.1-10.

・松浦善満 (2000)「『学級崩壊』と子ども―学校再生の可能性をよみとる」『日本教育経営学会紀要』第 42 号,pp.94-96.

・箕浦康子 (2009)「アクションリサーチ」箕浦康子（編著）『フィールドワークの技法と実際Ⅱ―分析・解釈編―』ミネルヴァ書房,pp.53-72.

・水本徳明 (2004)「学校の組織力をどう捉えるか」『学校経営研究』第 29 巻,pp.32-38.

・水本徳明 (2006)「スクールマネジメントの理論」篠原清昭（編著）『スクールマネジメント―新しい学校経営の方法と実践』ミネルヴァ書房,pp.27-42.

・文部省（現文部科学省）(1999)「小学校学習指導要領第1章総則第5指導計画の作成等に当たって配慮すべき事項2（3）」『小学校学習指導要領解説　総則編』東京書籍.

・文部科学省 (2005)「平成 16 年度特別活動実施状況調査」「内容ごとの児童生徒の活動状況」「（1）学級活動・ホームルーム活動」.http://www.mext.go.jp/b_menu/shingi/chukyo/chukyo3/004/siryo/attach/1399174.htm（最終アクセス日：2019/06/30）

・文部科学省 (2008)「小学校学習指導要領解説特別活動編」. http://www.mext.go.jp/component/a_menu/education/micro_detail/__icsFiles/afieldfile/2009/06/16/1234931_014.pdf（最終アクセス日：2021/03/15）

・文部科学省 (2010)『生徒指導提要』教育図書.

・文部科学省 (2012 年) 初等中等教育分科会「共生社会の形成に向けたインクルーシブ教育システム構築のための特別支援教育の推進（報告）」.https://www.mext.go.jp/b_menu/shingi/chukyo/chukyo3/044/houkoku/1321667.htm（最終アクセス日：2021/8/27）

・文部科学省 (2013)「教職員のメンタルヘルスの現状等」.https://www.mext.go.jp/component/b_menu/shingi/toushin/__icsFiles/afieldfile/2013/03/29/1332655_04.pdf（最終アクセス日：2021/03/16）

・文部科学省 (2018)『小学校学習指導要領（平成 29 年告示）解説　特別活動編』東洋館出版社.

・森口朗（2007）『いじめの構造』新潮新書 .

・森田京子（2011）「ブラジル人児童と多様化する教室のマイノリティー」多文化関係学会（編）『多文化社会日本の課題―多文化関係学からのアプローチ―』明石書店 ,pp.79-99.

・森田洋司（1991）『「不登校現象」の社会学』学文社 .

・森田洋司（監修）（2001）『いじめの国際比較研究― 日本・イギリス・オランダ・ノルウェーの調査分析―』金子書房 .

・永井聖二（1977）「日本の教員文化―教員の職業的社会化研究（1）―」『教育社会学研究』第 32集 ,pp.93-103.

・永井聖二・小島弘道・天笠茂（1981）「若い教師の研修需要に関する実証的研究―25 歳以下教師群の意識調査の分析を通して -」『筑波大学教育学系論集』第 5 巻 ,pp.71-110.

・永井聖二（1988）「教師専門職論再考―学校組織と教師文化の特性との関連から―」『教育社会学研究』第 43 集 ,pp.45-55.

・内閣府（2012）「社会的排除にいたるプロセス～若年ケース・スタディから見る排除の過程～」社会的排除リスク調査チーム .https://www.mhlw.go.jp/stf/shingi/2r9852000002kvtw-att/2r9852000002kw5m.pdf（最終アクセス日：2021/8/27）

・中留武昭（2001）「学校における協働文化の形成とその戦略」『九州大学教育経営学研究紀要』5,pp.1-9.

・中原美惠・都丸けい子（2016）「小学校におけるすべての子どもへの包括的な支援に関する一考察―『学校教育相談』のこれからを探る―」『ライフデザイン学研究』第 11 号 ,pp.57-77.

・中村映子（2016a）「学級会実践を契機とする若手教員の職能発達事例に関する研究―A 小学校におけるアクション・リサーチを通して―」『学校教育研究』31 巻 ,pp.130-143.

・中村映子（2016b）「成長促進型生徒指導としての『学級会』の意義と課題に関する研究―A小学校の実践事例に着目して―」『生徒指導学研究』第 15 号 ,pp.79-89.

・中村映子（2021）「学級経営における学級会実践を通じた小学校若手教員の職能発達に関する研究」『学校経営研究』第 46 巻 ,pp.52-66.

・中村雄二郎（1992）『臨床の知とは何か』岩波書店 .

・中塚健一（2010）「教育受難期における小学校教師の自律性に関する一考察」『太成学院大学紀要』第 12 巻 29 号 ,pp.199-208.

・日本学術会議(2014) 社会学委員会・経済学委員会合同「包摂的社会政策に関する多角的検討分科会」提言「社会的包摂：レジリエントな社会のための政策」.http://www.scj.go.jp/ja/member/iinkai/kanji/pdf22/siryo197-5-8.pdf（最終アクセス日：2021/8/27）

・日本学術会議（2020）心理学・教育学委員会「排除・包摂と教育分科会」提言「すべての人に無償の普通教育を：多様な市民の教育システムへの包摂に向けて」．http://www.scj.go.jp/ja/info/kohyo/pdf/kohyo-24-t295-2.pdf（最終アクセス日：2021/8/27）

・西穣司（1981）「教師の職能に関する実証的研究のための予備的考察（Ⅱ）―教師の職能を構成する諸要因の関連構造論―」『東京女子体育大学紀要』第 16 号 ,pp.135-147.

・西穣司（1987）「教師の職能発達論の意義と展望―英・米両国における近年の諸論を中心に―」『日本教育行政学会年報』第 13 号 ,pp.187-202.

・錦戸典子（2017）「いろいろな研究デザイン（6）アクション・リサーチ」『産業ストレス研究』第 24巻 ,pp.233-238.

・野中信行（2011）『新卒教師時代を生き抜く学級づくり3原則』明治図書 .

・織田成和（2003）「学級」山﨑英則ほか（編）『教育用語辞典』ミネルヴァ書房 ,p.78.

・小笠原忠幸・石上靖芳・村山功（2014）「同僚教師との協働省察と授業実践の繰り返しが若手教師の授業力量向上に果たす効果―小学校学年部研修に焦点をあてて―」『教師学研究』14, 日本

教師学学会 ,pp.13-22.

・大谷尚 (2019)『質的研究の考え方』名古屋大学出版会 .

・小柳和喜雄 (2004)「教師の成長と教員養成におけるアクション・リサーチの潜在力に関する研究『奈良教育大学教育実践開発研究センター研究紀要』第 13 号 ,pp.83-92.

・小柳和喜雄 (2013)「メンターを活用した若手支援の効果的な組織的取組の要素分析」『奈良教育大学教育実践開発研究センター研究紀要』第 22 号 ,pp.157-161.

・小柳和喜雄 (2014)「学校における組織的な教育力の向上と関わるピア・グループ・メンタリングの方法」『奈良教育大学教職大学院研究紀要　学校教育実践研究』第 6 巻 ,pp.45-50.

・小島弘道 (1983)「『若い教師』における力量形成の独自性に関する研究 (1)」『筑波大学教育学系論集』第 7 巻 ,pp.19-48.

・小島弘道 (2008)「教師の専門性と力量」『第 3 版 教師の条件―授業と学校をつくる力』学文社 ,pp.161-203.

・佐古秀一 (1996)「学校経営における『協働化』の意味と課題」『日本教育経営学会紀要』第 38 号 ,pp.161-163.

・佐古秀一 (2006)「学校組織の個業化が教育活動に及ぼす影響とその変革方略に関する実証的研究―個業化 , 協働化 , 統制化の比較を通して―」『鳴門教育大学研究紀要』第 21 巻 ,pp.41-54.

・桜井厚 (2002)『インタビューの社会学―ライフストーリーの聞き方』せりか書房 .

・佐々木昭 (1997)『学級経営の研究と実践』教育開発研究所 .

・笹屋孝允・森脇建夫・秋田喜代美 (2016)「小学校教師の学級経営観と授業実践の関係の検討―学年共同の研究授業における 3 学級同一内容の説明文授業の比較―」『三重大学教育学部研究紀要』第 67 巻 ,pp.375-383.

・佐藤博志 (2012)「日本の学校経営」佐藤博志 (編集)『学校経営の国際的探究―イギリス・アメリカ・日本―』酒井書店 ,pp.63-104.

・佐藤郁哉 (2008)『質的データ分析法―原理・方法・実践』新曜社 .

・佐藤一子・森本扶・新藤浩伸・北田佳子・丸山啓史 (2004)「アクション・リサーチと教育研究」『東京大学大学院教育学研究科紀要』第 44 巻 ,pp.321-347.

・佐藤学・岩川直樹・秋田喜代美 (1990)「教師の実践的思考様式に関する研究 (1) ―熟練教師と初任教師のモニタリングの比較を中心に―」『東京大学教育学部紀要』第 30 巻 ,pp.177-198.

・佐藤学 (1994)「教師文化の構造―教育実践研究の立場から」稲垣忠彦・久冨善之 (編)『日本の教師文化』東京大学出版会 ,pp21-41.

・佐藤学 (1997)『教師というアポリア反省的実践へ―』世織書房 .

・佐藤学 (1998)「教師の実践的思考の中の心理学」佐伯胖・宮崎清孝・佐藤学・石黒広昭 (著)『心理学と教育実践の間で』東京大学出版会 ,pp.9-55.

・佐藤学 (1999)『教育改革をデザインする』岩波書店 .

・佐藤学 (2016)「教育改革の中の教師」佐藤学・秋田喜代美・志水宏吉・小玉重夫・北村友人 (編)『学びの専門家としての教師 (岩波講座 教育 変革への展望 4)』岩波書店 ,pp.13-33.

・島田希 (2008)「アクション・リサーチによる授業研究に関する方法論的考察―その意義と課題―」『信州大学教育学部紀要』第 121 号 ,pp.91-102.

・志水宏吉 (2001)「研究 VS 実践―学校の臨床社会学に向けて―」『東京大学大学院教育学研究科紀要』第 41 巻 ,pp.365-378.

・清水睦美 (1998)「教室における教師の『振る舞い方』の諸相」―教師の教育実践のエスノグラフィー―」『教育社会学研究』第 63 集 ,pp.137-156.

・下村哲夫 (1982)『学年・学級の経営』教育学大全集 14, 第一法規 .

・白松賢 (2014)「授業／学級づくりに関する教育方法学的研究 (1) ―教育課程にみる『学級経営』

概念の日本的特色に着目して—」『愛媛大学教育学部紀要』第 61 巻 ,pp.71-78.

・白松賢 (2017)『学級経営の教科書』東洋館出版社 .

・曽山いづみ (2014)「新任小学校教師の経験過程—1 年間の継時的インタビューを通して—」『教育心理学研究』第 62 巻 ,pp.305-321.

・曽余田浩史 (2000)「我が国の学校組織文化研究のレビュー」『日本教育経営学会紀要』第 42 号 ,pp.146-156.

・曽余田浩史 (2010)「学校の組織力とは何か—組織論・経営思想の展開を通して—」『日本教育経営学会紀要』第 52 号 ,pp.2-14.

・スティーブン P. ロビンス(著)髙木晴夫(訳)(2009)『新版 組織行動のマネジメント—入門から実践へ』ダイヤモンド社 .

・末松裕基 (2016)「学校のコラボレーションへの挑戦—学校の未来—」スクールリーダー・フォーラム事務局（編）『むすぶ教師の学習コミュニティ：大学・学校・教育委員会の協働』pp.2-4.

・諏訪英広 (1995)「教師間の同僚性に関する一考察—ハーグリーブス (Hargreaves, A) による教師文化論を手がかりにして—」『広島大学教育学部紀要』第 44 号 ,pp.213-220.

・鈴木麻里子 (2002)「『学級経営論』の系譜からみた学級経営の今日的課題」『京都女子大学教育学心理学論叢』2 号 ,pp.51-68.

・鈴木雅博 (2010)「ミクロ・ポリティクス的視角による学校の組織・文化研究の再検討」『東京大学大学院教育学研究科紀要』第 50 巻 ,pp.295-304.

・鈴木翔 (2012)『教室内カースト』光文社新書 .

・田垣正晋 (2007)「グループインタビュー」やまだようこ（編）『質的心理学の方法—語りをきく—』新曜社 ,pp.114-123.

・高橋克己 (1998)「学級に関する二つの概念モデル—『教授効率志向』と『集団づくり志向』—」『名古屋大学教育学部紀要 (教育学)』第 4 5 巻第 1 号 ,pp.163-176.

・武田丈 (2011)「ソーシャルワークとアクションリサーチ〔1〕—アクションリサーチの概要」『ソーシャルワーク研究』第 37 巻第 1 号 ,pp.46-54.

・武田丈 (2015a)「コミュニティを基盤とした参加型リサーチ（CBPR）の展望—コミュニティと協働する研究方法論」『人間福祉学研究』第 8 巻第 1 号 ,pp.9-25.

・武田丈 (2015b)『参加型アクションリサーチ（CBPR）の理論と実践—社会変革のための研究方法論』世界思想社 .

・武井哲郎 (2107)『「開かれた学校」の功罪—ボランティアの参入と子どもの排除／包摂』明石書店 .

・田中孝彦 (2006)「教師教育の再編動向と教育学の課題—3 年間の特別課題研究についての報告—」『教育学研究』第 73 巻第 3 号 ,pp.218-229.

・飛田義幸 (2015)「我が国における参加型アクションリサーチ実践に関する文献的検討」『静岡福祉大学紀要』第 11 巻 ,pp.29-36.

・德舛克幸 (2007)「若手小学校教師の実践共同体への参加の軌跡」『教育心理学研究』第 55 巻 ,pp.34-47.

・Tokunaga,T. (2021a) "Co-Creating *Ibasho* at a Part-Time High School in Tokyo: Affirming Immigrant Students'Lives through Extracurricular Activities"Educational Studies in Japan: International Yearbook No.15,pp.27-39.

・德永智子 (2021b)「コロナ禍を生きる移民の若者との協働実践—若者参加型アクションリサーチ（YPAR）を通して—」『日本文化人類学会第 55 回研究大会発表要旨』.

・德永智子(2021c)「アメリカの NPO による中国系移民生徒の教育支援—ストレングス・アプローチから」恒吉僚子・額賀美紗子（編）『新グローバル時代に挑む日本の教育—多文化社会を考える比較教育学の視座』東京大学出版会 ,pp.113-128.

- 徳永智子（2022）「誰一人取り残さない教育―外国人児童生徒を包摂する教育に向けて―」『教育振興基本計画部会 2022 年 7 月 12 日資料6』．
- 津村俊充（2010）「"教育ファシリテーター"になること」南山大学人文学部心理人間学科（監修）津村俊充・石田裕久（編）『ファシリテーター・トレーニング〔第2版〕―自己実現を促す教育ファシリテーションへのアプローチ』ナカニシヤ出版 ,pp.12-16.
- 筒井真優美（2018）「アクションリサーチの意義と魅力―人々とともに，人々のためにある研究方法―」『看護研究』51(4)(増刊号), 医学書院 ,pp.288-301.
- 町支大祐・脇本健弘（2015）「これからの教師教育研究―学校現場・教育委員会・大学の三者間連携」中原淳（監修）『教師の学びを科学する―データから見える若手の育成と熟達のモデル―』北大路書房 ,pp.207-213.
- 植木克美（2017）「『印象に残った保護者』とのかかわりにおける小学校教師の成長と世代継承―熟年教師と若手教師の事例比較―」『教育情報学研究』第 16 号 ,p.21-34.
- 上山登・松本敏・藤井佐知子（2014）「教員の自律性と組織性を高める学校改善の在り方―小学校における教育課程編成過程に着目して―」『宇都宮大学教育学部教育実践総合センター紀要』37 号 ,pp.157-164.
- UNESCO (2005) Guidelines for Inclusion: Ensuring Access to Education for All, pp.12-13. http://www.ibe.unesco.org/sites/default/files/Guidelines_for_Inclusion_UNESCO_2006.pdf(最終アクセス日：2021/08/27)
- ウヴェ・フリック（著）小田博志（監訳）（2002）『質的研究入門―〈人間の科学〉のための方法論』春秋社 .
- ウヴェ・フリック（著）小田博志（監訳）（2011）『新版 質的研究入門―〈人間の科学〉のための方法論』春秋社 .
- 和井田節子（2015）「若い教師の現状が教師教育研究に提起するもの」『日本教師教育学会年報』第 24 号 ,pp.42-50.
- 脇本健弘・町支大祐（2015）「総括―若手教師の成長と育成」中原淳（監修）『教師の学びを科学する―データから見える若手の育成と熟達のモデル―』北大路書房 ,pp.183-194.
- 鷲田清一（1999）『「聴く」ことの力―臨床哲学試論』阪急コミュニケーションズ .
- やまだようこ（1997）「モデル構成をめざす現場心理学の方法論」やまだようこ（編）『現場心理学の発想』新曜社 ,pp.161-186.
- 山村賢明（2008）, 門脇厚司・北澤毅（編）『社会化の理論―山村賢明教育社会学論集―』世織書房 .
- 山下晃一・榎景子（2015）「公立小学校初任教師の入職直後における葛藤と自己変革に関する事例研究―責任感の生成・変容の意義に焦点を当てて―」『神戸大学大学院人間発達環境学研究科研究紀要』第 9 巻第 1 号 ,pp.17-27.
- 山﨑準二（2002）『教師のライフコース研究』創風社 .
- 山﨑準二（2012a）『教師の発達と力量形成―続・教師のライフコース研究―』創風社 .
- 山﨑準二（2012b）「教師教育改革の現状と展望―『教師のライフコース研究』が提起する＜ 7 つの罪源＞と＜オルタナティブな道＞―」『教育学研究』79 巻 2 号 ,pp.182-193.
- 山﨑準二（2012c）「教師の専門的力量と発達サポートの構築」小島弘道（監修）『講座 現代学校教育の高度化5「考える教師」―省察，創造，実践する教師―』学文社 ,pp.153-172.
- 矢守克也（2010）『アクションリサーチ』新曜社 .
- 矢野智司（2016）「子ども論の生命論的転回のほうへ―対称性の知性を育む生成 - 発達論」秋田喜代美（編）『岩波講座 教育 変革への展望3 変容する子どもの関係』岩波書店 ,pp.187-216.
- 横山剛士（2016）「多職種構成による学校組織開発の論点―近年の学校経営研究および教育政策

　　における組織観の比較分析―」『学校経営研究』第 41 巻 ,pp.18-25.
・吉田敦彦 (1999)『ホリスティック教育論―日本の動向と思想の地平―』日本評論社 .
・油布佐和子 (1994)「Privatization と教員文化」久冨善之 (編著)『日本の教員文化』多賀出版 ,pp.357-
　　383.

＜新聞記事＞

「聞く　ノンフィクション作家　柳田邦男さん② 相手への心遣いと冷静な視点」朝日新聞， 2008-11-26,
　　朝刊 ,14 判 ,p.3.

おわりに

　私は、これまで三つの職業に就いてきた。小学校教員、スクールカウンセラー、大学非常勤講師である。関心は「学校教育」にあり、「公立小中学校とは何か」そしてその中核をなす「学級経営とは何か」を問い続けている。また、教員時に京都大学に内地留学し、心理学を学んだことも研究のベースにある。

　小学校教員を30年余勤め、退職後、筑波大学大学院に進学し、8年かけて修士・博士課程を修了した。本書は、筑波大学大学院在籍中に研究した知見をまとめたものである。

　その間、スクールカウンセラーとして主に公立中学校の現場に勤務し、青年期前期の子どもが抱える多様な不安感や生き辛さを肌で感じながら多くの生徒に日々向き合ってきた。そこで改めて気付かされたことの一つは、いわゆる目立たない生徒が小学校のときから抱え続けている問題の深さである。

　同時に、大学の非常勤講師として教職課程科目を担当し、学生の声から特別活動の話合い活動である学級会の不活性化の進行と生徒指導が管理主義傾向を強めていることを感じてきた。十分なエビデンスに基づいているわけではない点に留意が必要であるが、これまで複数の大学の授業で毎年学生に尋ねてきた結果、小中学校時代に学級会のようにクラスの問題等を話し合う活動を定期的に経験した学生は、どのクラスも1割に満たない状況であった。また、小中学校時代に経験してきた生徒指導を想起してもらうと、校則やきまりに関する厳しい指導等の対症療法的な内容のものが多く、「生徒指導」を本来の目的からかけ離れた管理主義的なイメージで捉えている学生が多かった。

　本研究は、小学校教員時の問題意識に基づくアクションリサーチから開始したが、上述のように中学生や大学生の声からも、小学校段階から目立たない子どもにも意識的に向き合い、全ての子どもを包摂する子ども主体の学級経営を目指して実践する必要性を改めて確認することができた。

＊＊＊＊

　本書は、2021年12月に筑波大学から博士（教育学）の学位を授与された論文「公立小学校における包摂の学級経営実現のための実践を通した若手教師の職能発達に関する研究—アクションリサーチを契機とする変容過程に着目して—」を

基にしたものであり、公刊に際して、補章をはじめ全体を通じて加筆修正を施した。なお本書の一部は、以下の既出論文が元となっているが、複数の章や節にまたがる場合もあり、対応関係を明確に示すことは難しい点を付記しておきたい。

・中村映子（2016）「学級会実践を契機とする若手教員の職能発達事例に関する研究―A小学校におけるアクション・リサーチを通して―」『学校教育研究』第 31 号 ,pp. 130-143.
・中村映子（2016）「成長促進型生徒指導としての『学級会』の意義と課題に関する研究―A小学校の実践事例に着目して―」『生徒指導学研究』第 15 号 ,pp.79-89.
・中村映子（2017）「小学校若手教員の学級経営改善のためのアクション・リサーチの意義と可能性―職能発達を促進する機能に着目して―」『学校経営学論集』第 5 号 ,pp.37-50.
・中村映子（2018）「小学校における若手教員の学級経営を通じた意識と行為の変容プロセス」『学校経営学論集』第 6 号 ,pp.31-40.
・中村映子（2021）「学級経営における学級実践を通じた小学校若手教員の職能発達に関する研究」『学校経営研究』第 46 巻 ,pp.52-66.

　最後になったが、本研究が多くの方々のご指導・ご支援をいただいたことでひとまずの区切りを迎えるに至ったことを記し、感謝の意を伝えたい。
　まず、調査にご協力くださった学校関係者の方々に心から御礼を申し上げたい。本研究では主に A 校の管理職、教職員の方々に全面的にご支援をいただいた。A 校のお二人の校長先生は、私と教職員の方々を常に繋いでくださり、調査を進めやすいようにご配慮をいただいた。またお忙しい中「教育」についてたくさんお話を聞かせていただき、いつもその言葉の重さが心に深く染み込んだ。三人の若手の先生方は、直面する課題に葛藤や苦悩しながらも同僚の先生方や子どもたちとの協働を前向きに楽しんでおられた。三人の先生方との出会いは、私の宝である。私を受け入れてくださった A 校のすべての子どもたちと教職員の皆様に心を込めて「ありがとうございます」。また、B 校、C 校の校長先生にもインタビューで大変お世話になった。ここにお名前を記すことはできないが、感謝申し上げたい。
　研究をまとめるにあたっては、博士論文の主査をしていただき、指導教員であった浜田博文先生（筑波大学）に、本当に多くのことをご教示いただいた。一貫してこの研究の可能性を信じて論文の完成までご指導・ご支援を続けてく

ださった。また、浜田先生のご尽力のおかげで本書の刊行が実現した。厚く御礼申し上げたい。同じく、筑波大学の学校経営学研究室でご指導いただき、博士論文の副査もしていただいた佐藤博志先生にもお世話になった。

論文審査の段階では、安藤知子先生（上越教育大学）、徳永智子先生（筑波大学）に副査をしていただきご指導いただいた。安藤先生には、上越教育大学のゼミにも参加させていただき、特に学級経営に関して深いご指導をいただいた。長年にわたり大変お世話になった。水本徳明先生（同志社女子大学）には、広い視野からご指導・ご助言いただき大変お世話になった。荒川麻里先生（元白鷗大学）は、筑波大学から白鷗大学に移られてからもゼミに参加させていただき、若いゼミ生の方々との世代を超えての刺激的な議論や楽しい交流の場を設けてくださった。さらに、根津朋実先生（早稲田大学）、末松裕基先生（東京学芸大学）には、特別活動や学級経営の研究に関して、貴重なご教示・ご支援をいただいた。諸先生方のご厚情に深く謝意を表したい。

紙幅に限りがあり、ここにお名前を記すことはできないが、筑波大学学校経営学研究室でお世話になった多くのゼミ生の方々にも感謝したい。

最後に、ジアース教育新社の加藤勝博社長や市川千秋氏には、多大なるお力添えをいただいた。この場を借りて御礼を申し上げたい。

2023 年 2 月

中村　映子

中村　映子（なかむら　えいこ）

筑波大学大学院博士後期課程人間総合科学研究科修了。博士（教育学）。
公立小学校教員（京都大学内地留学（2008 年 4 月～ 2009 年 3 月））、スクールカウン
セラー、大学非常勤講師を経て、2023 年 3 月現在、中央学院大学非常勤講師、筑波
大学非常勤研究員。公認心理師。

著書・論文
末松裕基・林寛平編著『未来をつかむ学級経営─学級のリアル・ロマン・キボウ』（共
　　著）学文社、2016 年
「学級会実践を契機とする若手教員の職能発達事例に関する研究─A 小学校における
　　アクション・リサーチを通して─」『学校教育研究』第 31 号、2016 年
「成長促進型生徒指導としての『学級会』の意義と課題に関する研究─A 小学校の実
　　践事例に着目して─」『生徒指導学研究』第 15 号、2016 年
「学級経営における学級会実践を通じた小学校若手教員の職能発達に関する研究」『学
　　校経営研究』第 46 巻、2021 年　ほか

包摂の学級経営

若手教師は現場で主体的に育っていく

2023 年 3 月 31 日　初版第 1 刷発行

- ■　著　　　中村　映子
- ■発行者　　加藤　勝博
- ■発行所　　株式会社 ジアース教育新社

〒 101-0054　東京都千代田区神田錦町 1-23　宗保第 2 ビル
TEL：03-5282-7183　FAX：03-5282-7892
E-mail：info@kyoikushinsha.co.jp
URL：https://www.kyoikushinsha.co.jp/

- ■DTP・カバーデザイン　土屋図形 株式会社
- ■印刷・製本　シナノ印刷 株式会社
- ○カバーイラスト　eri ／ PIXTA（ピクスタ）
- ○定価はカバーに表示してあります。
- ○乱丁・落丁はお取り替えいたします。（禁無断転載）

Printed in Japan
ISBN978-4-86371-652-0